여성의 영적인 자유
(상)

The Spiritual Liberation of Women

일러두기 / 지금 지구는 여성이 처한 현재 상황에 대한 인식을 높이고 새로운 문명으로의 전환을 앞둔 실로 중요한 단계에 있습니다. 상승 마스터들은 2020년 이후 10년 동안을 "여성"이라는 주제에 전념하기로 결정하였고, 이 책은 그 작업의 시작을 알리기 위해 2020년 5월 30일부터 6월 1일까지 사흘간 진행된 컨퍼런스(2020 유럽 웨비나)에서 발표된 매우 중요한 메시지들을 포함합니다. 지구가 성 저메인의 황금시대에 더 가까이 다가가기 위해 극복하고 초월해야 할 것들을 이 책을 통해 알 수 있습니다.

여성의 영적인 자유(상)

ⓒ2021~, Kim Michaels

킴 마이클즈를 통해 전해진, 한국의 미래를 위한 상승 마스터들의 메시지를 '그리스도 의식을 추구하며' 카페에서 공부하는 상승 마스터 학생들이 번역하고 디자인 및 편집을 해서 직접 이 책을 펴냈습니다. 이 책의 한국어판 저작권은 저작권자인 킴 마이클즈와 계약을 한 '그리스도 의식을 추구하며' 카페에 있습니다.

아이앰 출판사(http://cafe.naver.com/iampublish)는 '그리스도 의식을 추구하며' 카페에 의해 상승 마스터의 가르침들을 널리 알리기 위한 목적으로 설립되었으며, 2015년 9월 4일(제 2015-000075호)에 등록되었습니다. 주소는 서울시 송파구 장지동 송파파인타운 11단지 내에 있으며, 인터넷 카페는 http://cafe.naver.com/christhood입니다.

2022년 4월 10일 펴낸 책(초판 제1쇄)

번역 및 출판에 도움을 주신 분: 아이앰 편집팀
이 책은 최대한 내용의 명확한 전달에 초점을 맞추어 번역되었음을 알려드립니다.

ISBN 979-11-974539-7-7

이 도서의 국립중앙도서관 출판시도서목록(CIP)은 서지정보유통지원시스템 홈페이지(http://seoji.nl.go.kr)와 국가자료공동목록시스템 (http://seoji.nl.go.kr/kolisnet)에서 이용하실 수 있습니다.

여성의 영적인 자유
(상)

The Spiritual Liberation of Women

킴 마이클즈

I AM

킴 마이클즈(Kim Michaels)

1957년 덴마크 출생. 킴 마이클즈는 60여권의 책을 펴낸 저자이자 이 시대의 가장 탁월한 메신저 중의 한 사람입니다. 14개국에서 영적인 컨퍼런스와 워크샵을 이끌면서 많은 영적인 탐구자들의 상담자 역할을 해왔으며, 영적인 주제를 다루는 다수의 라디오 프로그램에 출연하기도 했습니다. 그는 다양한 영적 가르침들을 광범위하게 연구해왔으며, 의식을 고양시키는 다양한 실천 기법들을 수행했습니다. 2002년 이래로 그는 예수를 비롯한 여러 상승 마스터들의 메신저로 봉사하고 있습니다. 그는 신비주의 여정에 관한 광범위한 가르침들을 전해주었으며, 그 가르침들은 그의 웹사이트에서 무료로 제공되고 있습니다.

공식 한국어 번역 사이트 (네이버 카페)

http://cafe.naver.com/christhood

그리스도 의식을 추구하며 카페에서는 킴 마이클즈가 지난 10여 년 동안 웹사이트에 공개한 상승 마스터들의 메시지 및 기원문을 제공합니다. 누구나 가입해서 내용을 보고 공부할 수 있습니다.

매달 서울, 대전, 대구 지역에서 오프라인 모임이 그리고 매주마다 온라인 모임이 활발하게 이루어지고 있으며, 같이 공부하고자 하시는 분은 누구나 참여하실 수 있습니다. 또한 매월 마지막 주 일요일에는 '성모 마리아 500인 세계 기원'이 전 세계적으로 동일한 시간대에 진행됩니다. 매년 상승 마스터 컨퍼런스가 정기적으로 개최됩니다. 상세한 내용은 카페 공지사항을 참조하시기 바랍니다.

차례

성 저메인

대천사 미카엘

예수 그리스도

소개

  이 책은 "세계 영성화" 시리즈에 속합니다. 이 시리즈의 책들은 구체적인 세계 문제들을 해결하는 데 도움이 될 실제적인 도구들과 가르침을 제공하는 수행서로서 상승 마스터들께서 전해 주었습니다. 이 책에는 여성 해방의 새로운 주기를 시작하는 데 필요한 지식과 도구가 포함되어 있습니다. 그러나 이 책은 상승 마스터들과 그 가르침에 대한 기본 지식을 담고 있지는 않습니다. 이 책을 효과적으로 사용하기 위해서는, 다음과 같은 일반 지식을 알고 있어야 합니다.

  먼저 상승 마스터가 누구이고, 가르침이 어떻게 주어지며, 그 가르침을 개인과 행성 차원에서 최대한 활용할 수 있는 방법을 알아야 합니다. 세상의 변화를 돕는 방법(How You Can Help Change the World)"과 "영원한 나를 찾아가는 여정(The Power of Self)" 같은 책에서 더 폭넓게 상승 마스터의 가르침을 발견할 수 있습니다.

  여러분은 지구가 어떻게 우주의 학교로서 기능하는지 알아야 합니다. 여러분은 육화 중인 영적인 존재로서 자신의 역할과 권한을 알아야 합니다. 또한, 상승 마스터의 역할을 알아야 합니다. 육화한 여러분만이 상승 마스터들에게 무한한 힘을 사용하여 지구를 변화시킬 수 있는 권한을 줄 수 있다는 사실을 알아야 합니다. 이 시리즈의 첫 번째 책인 "세상의 변화를 돕는 방법"에서 이에 관한 주제를 더 많이 발견할 수 있습니다.

여러분은 상승 마스터에게 받은 실제적인 도구들을 사용하는 방법을 알아야 합니다. 세상의 변화를 돕는 방법"과 웹사이트: www.TranscendenceToolbox.com에 이에 관한 더 많은 주제가 있습니다.

여러분은 어둠의 세력들이라는 존재와 그들의 수법을 알아야 하고, 지구상의 문제들을 만들어내는 궁극적 책임이 그들에게 있음을 알아야 합니다. 더 자세한 내용은 "악의 우주론(Cosmology of Evil)" 책에 있습니다.

이 책을 사용하는 방법

이 책에 제시된 가르침과 도구를 사용하는 방법은 한 가지가 아닙니다. 그러나 세계 문제 해결에 큰 기여를 하고 싶다면 이 프로그램을 따라하는 것부터 시작하는 것이 좋습니다.

이 주제에 대한 이해를 높이기 위해 이 책에서 한 장(chapter)을 완전히 읽습니다.

같은 장을 다시 공부하면서, 하루에 한 번씩 9일 동안 그 장과 관련된 기원문을 합니다.

이 프로그램은 책의 각 장이 점차 앞으로 나아가도록 구성되어 있습니다. 여러분은 장마다 기원문을 낭송하면서, 특정한 환영과 에너지에서 자신의 의식을 정화합니다. 이것은 다음 장의 가르침을 받아들이고 적용하기 쉽게 해줍니다.

물론 이 책 전체를 읽고 나서 하나 혹은 그 이상의 기원문을 낭송하겠다고 선택할 수도 있습니다. 하지만, 9일 또는 33일 동안 하루에 1회씩 기원문을 낭송하는 것이 더 강력합니다.

이 책에 나오는 기원문의 일부는 상당히 길어서, 두 부분 혹은 그 이상으로 나누어져 있습니다. 각 부분을 낭송하는 데 약 15~20분이 걸립니다. 원한다면 한 번의 요청에 대해 모든 파트를 연속해서 낭송해도 됩니다. 이 경우 첫 번째 요청 후 또는 다음 요청 후 봉인할 필요가 없습니다. 연속해서 기원문을 할 경우, 처음에 서두를 한 번만 낭송하고, 다음 기원문부터는 서두나 봉인을 낭송하지 않아도 됩니다. 이후 기원문 본문을 계속 낭송합니다. 그리고 마지막에 봉인을 한 번만 낭송합니다.

.

1
여성에 대한 최종적인 진실은 존재하지 않습니다

상승 마스터 성모 마리아

나는 상승 마스터 성모 마리아입니다. 이 컨퍼런스를 열게 되어서 대단히 기쁩니다. 왜냐하면, 이 컨퍼런스는 지구를 성 저메인의 황금 시대로 더 가까이 다가가게 하기 위해 우리가 계획해 온 것들과 관련 해서 실로 대단히 중요한 단계이기 때문입니다. 우리는 여성 해방뿐 만 아니라 여성이 처한 지구상의 모든 상황에 대한 인식을 높이기 위 해, 2020년 이후 10년 동안을 여성이라는 주제에 전념하기로 했습니다.

정말 이제는 때가 되었습니다. 어떤 면에서는 오래전에 해야 했던 일이지만, 다른 면에서는 지금이, 남성들에 의해서가 아니라 앞으로 우리가 이야기할 또 다른 힘들에 의해, 여성이 억압받고 착취당해 왔 던 많은 방식과 여성의 상황에 관해 관심을 집중할 적절한 시기입니 다. 앞으로 10년 안에 (상승 마스터에 대해 친숙하지 않고, 친숙할 필 요도 없는) 아주 많은 사람이 여성의 상황에 관심을 집중하고, 여성의 상황과 관련된 다양한 문제들을 토론하며, 여성의 상황을 개선하기 위해 물리적인 사회변화를 과감하게 가져올 필요가 있음을 알아차리게 될 것입니다.

긍정적 변화 뒤의 숨겨진 힘

사랑하는 이들이여, 우리는 당연히 어떤 식으로든, 상승 마스터들과 상승 마스터를 알고 있는 사람들만이, 지구에서 여성들의 상황을 개선하기 위해 일하는 유일한 사람이라고 암시하고 싶지 않습니다. 남녀 모두, 오랫동안, 여성의 상황을 개선하기 위해 조치를 취해온 많은 사람이 육화해 왔다는 것을 우리는 매우 잘 알고 있습니다. 상승 마스터들인 우리가 공을 차지하려는 것이 아닙니다. 그렇다고 해도 다른 한편으로 여러분은, 상승 마스터 학생으로서, 이 행성에서 일어나는 상향의 움직임 안의 진전과 진보 뒤에는 상승 마스터들이 있다는 사실을 반드시 인식해야 합니다.

우리가 이 행성의 영적 보호자이며 영적 수호자들이기 때문입니다. 우리는 특정한 에너지, 특정한 아이디어를 방출하는 존재들이고, 앞서도 말했듯이, 우리는 이러한 에너지를 집단의식 속으로, 지구의 에너지장 속으로, 지구의 정체성체와 멘탈체와 감정체 속으로 방출하고 있습니다. 이 말은 우리가 이 신호들을 방출할 때 사람들이 그것을 알아차릴 수 있다는 뜻입니다. 그들은 아이디어들을 이해하고, 그 에너지를 느낄 수 있습니다. 그래서, 갑자기 깨어나 행동을 취하며, 그들 스스로 숙고할 수 없었던 다양한 문제들에 관해 토론하기 시작합니다.

숨김없이 말하자면, 이 행성은 타락한 존재들과 어둠의 세력들에게 너무 많은 영향을 받아왔고, 이 행성의 정체성, 멘탈, 감정체 안에는 두려움에 기반을 둔 낮은 에너지가 너무 많아서, 만약 상승 마스터들이 없다면 인류는 스스로 여기에서 해방될 수 없을 것입니다. 그런데 이 말이 많은 사람이 우리의 에너지와 우리의 아이디어들에 조율해 왔으며, 그에 따라 기꺼이 행동해 왔던 사실을 격하시키는 것이 아닙니다. 비록 그들이 우리 존재를 모른다 해도, 우리는 그들이 그렇게 한 것에 대해 존경을 표합니다. 앞에서 말했듯이, 그들은 우리 존재를 알 필요가 없습니다. 우리는 상승 마스터 학생들이 밖으로 나가서 "당신들이 하는 일은 모두 다 상승 마스터 덕분입니다."라고 말하기를 바라지 않습니다. 우리는 상승 마스터 학생들인 여러분이 이 행성의 역학을 알기 바랍니다. 이 역학을 알게 되면, 여러분은 여러분이 요청하고, 에너지를 강화하고, 그 에너지와 아이디어들을 집단의식 속으로 내보내 점점 더 많은 사람이 그 아이디어들을 이해할 수 있게 하는 것이, 현실적으로 얼마나 중요한 일인지 알 수 있습니다. 이전에도 말했듯이, 여러분은 창의 끝(tip of the spear), 즉 선구자로서 행동할 수 있습니다. 사회적으로 적임(適任)인 사람들이 결정을 내리고, 행동을 취하도록 그들을 자유롭게 해달라고 여러분은 요청할 수 있고, 여러분의 요청이 없었더라면 그들이 할 수 없었을 일들을 행동으로 옮길 수 있도록 그들을 자유롭게 해주는 역할을 할 수 있습니다.

평등은 원래 심리적인 과정입니다

물론, 이 컨퍼런스의 등장으로, 여성 해방이 시작되는 것은 아닙니다. 분명 여성을 해방하는 과정은 소위 현대 민주국가 중 많은 곳에서 한 세기 이상 계속되어왔습니다. 하지만 세계에는 뒤처져 있는 나라들도 있다는 것을 알 수 있습니다. 여러분의 나라, 여러분이 처한 환경에서 한 걸음 물러나 지구상의 여성의 상황과 많은 다른 사회들을 보면, 엄청난 차이가 있음을 알 수 있습니다. 예를 들어, 여성의 상황을 크게 개선한 (우리가 현대 민주국가라 부르는) 많은 나라가 있음을 알 수 있습니다. 그런 나라는 남성과 여성 간의 평등을 창출해야 할 필요성을 훨씬 더 많이 인식하고 있습니다.

자, 우리는 남녀평등을 성취한 사회가 있다고 반드시 말할 수는 없는데, 왜냐하면, 이것은 다소 길고 복잡한 과정이기 때문입니다. 남녀의 평등을 촉진하는 법을 만들기 위해서 행동을 취한 몇몇 나라들이 있다고 말할 수는 있습니다. 그러나 그런 법들조차 완전한 영향력을 갖지 못했는데, 그 이유는 여성의 해방, 즉 남녀평등이 법적인 과정이 아니기 때문입니다. 그것은 심지어 물리적인 과정도 아닙니다. 그것은 심리적인 과정입니다. 그것은 한 사회와 개인의 감정체, 멘탈체, 정체성체의 변화를 요구합니다. 따라서, 어떤 사회가, 장차, 남녀의 완전한 평등을 가져오거나, 모든 억압이나 제한으로부터 여성을 해방할 수 있는 일련의 법률을 제정할 수 있는 것이 아닙니다. 평등은 전적으로 법률적이거나 정치적인 과정이 아니기에, 법적으로 할 수 없었습니다. 내가 말했듯이, 그것은 변화를 요구합니다.

물론, 현재에는, 한 국가가 그 사회를 여성 해방과 남녀평등으로 나아가게 하는 법을 제정할 수 있습니다. 하지만 이것이 집단의식과 그 사회에서 살아가는 사람들의 개인 의식 속에까지 스며들려면 시간이 걸릴 것입니다. 일부 국가들은 심리적 과정에서 큰 진전을 이루기도 했지만, 어떤 나라도 아직은 황금시대에 성취할 수 있는 것, 황금시대에 성취될 것을 이루지는 못했습니다. 자, 이에 대한 부분적인 이유는 정의될 수 있는 특정 목표라는 것이 존재하지 않기 때문입니다. 상승 마스터 학생으로서 여러분은 마음이 특정한 목표에 고정되지 않도록 주의해야 합니다. 여러분은 이 지점에서 이 메신저를 통해, 그리고 지난 세기 동안 다른 메신저들을 통해 우리가 준 것은, 우리가 점진적인 계시(progressive revelation)라 말해 온 것임을 인식해야 합니다.

성취해야 하는 절대적인 목표는 없습니다

지난 세기에는 아주 많은 상승 마스터 학생들이, 계시라는 단어에는 지나치게 많은 관심을 가지면서도, 점진적이라는 단어에는 거의 관심을 두지 않았습니다. 사랑하는 이들이여, 여러분도 보다시피 하나의 예로써, 근본주의 크리스천 혹은 근본주의 무슬림들, 또는 어떤 경향을 가진 근본주의자들이 항상 말하는 것이 무엇인가요? 그들은 이렇게 말합니다. "우리에게는 절대적인 진리가 있다. 우리의 종교 경전은 신이 직접 주신 절대적 진리이다." 코란, 성경, 여러분이 가지고 있는 경전들, 나아가 물질주의 패러다임, 공산당 선언문, 그 무엇이든 간에, "여기에 절대적인 진리가 있다."라고 믿는 사람들이 있습니다. 음, 만일 어떤 것이 절대적인 진리라면, 어떻게 그것이 개선될 수 있을까요? 어떻게 그것이 바뀔 수 있을까요? 만약 뭔가가 절대적 진리라면, 점진적인 계시를 위한 여지는 어디에 있을까요?

물론, 이러한 근본주의자들은 상승 마스터들이나 다른 출처를 통한 점진적인 계시를 부정할 것입니다. 하지만 상승 마스터 학생인 여러분은 여기서 더 나아가, 이전의 상승 마스터 계시를 통해 무엇이 말해지고 무엇이 암시되었든 간에, 절대적이거나 최종적인 계시를 주는 것이 결코 우리의 목표가 아니었음을 알아야 합니다. 만약 계시가 점진적이라면, 어떻게 그것이 최종적일 수 있을까요? 어떻게 그것이 절대적일 수 있을까요? 점진적 요소를 위한 여지가 어디에 있겠습니까?

자, 우리는 광신주의에 대한 가르침에서, 광신주의의 기본적인 정의는 어떤 것이 개선될 수 없다고 생각하는 관점을 가지는 것이라고 말했습니다. 이것이 바로 광신주의의 본질입니다. 근본주의 크리스천이든, 마르크스주의자든, 이슬람교도든, 혹은 상승 마스터 학생이든, 만약 여러분이 "여기 이 메신저 또는 이 시혜를 통해 주어진 가르침은 절대적인 진리이고 절대적 계시이다."라고 말한다면, 여러분은 광적인 사고방식에 발을 들여놓은 것이며, 점진적인 계시를 부정하고 있는 것입니다. 여러분은 마음속으로, 더 높은 계시를 내놓을 수 있는 우리의 능력을 부정하는 것입니다. 사랑하는 이들이여, 이것을 명심하는 것이 얼마나 중요한지 이해하겠습니까? 우리가 이전에도 말했듯이, 성 저메인의 황금시대는 최종적인 목표도, 정해진 목표도 아닙니다.

이런저런 것들이 실행될 때 황금시대가 구현될 것이고, 황금시대가 다음 2000년 동안 변함없이 유지될 것이다. 이것은 성 저메인의 계획이 아닙니다. 이것은 성 저메인의 계획도, 성 저메인의 비전도 아닙니다. 그가 강조했듯이, 또 다른 마스터들이 말했듯이, 다음 2000년 동안 성취될 수 있는 잠재력은 여러분이 지금 지구에서 눈으로 볼 수 있는 것들보다 훨씬, 훨씬 더 너머에 있습니다. 그 차이가 너무 크기에, 성취될 수 있는 잠재력을 헤아리거나 받아들일 수 있는 사람은 거의 없습니다. 현재의 상태와 성 저메인의 황금시대 잠재력 사이에는 너무 큰 차이가 있어서 단 한 번의 도약으로, 단 한 번의 짧은 진화로 그 격차를 넘을 방법은 없습니다. 이 과정은 매우 오래 걸릴 것이고, 그 과정은 반드시 수많은 단계를 거쳐야만 합니다.

그러므로 여러분은 지금 당장 우리가 목표로 하는 것, 그리고 1930

년대나 1970년대에 점진적인 계시를 통해 우리가 목표로 했던 것이, 여러분에게 최종적인 계시를 주는 것이 아니었음을, 심지어 황금시대에 대한 최종적인 계시를 주는 것도 아니었음을 알아야 합니다. 우리는 이 행성을 현재의 단계에서 다음 단계로 끌어올릴 계시를 주는 것을 목표로 합니다. 그런 다음, 임계수치의 사람들이 의식 안에서 그런 변화를 일으키면, 우리는 지구를 그다음 단계로 이끌게 될 더 높은 수준의 계시를 주는 것을 목표로 합니다. 이런 과정이 황금시대가 진행되면서 무수히 다양한 단계를 거치며 계속될 것입니다.

사랑하는 이들이여, 나는 이전 단체의 학생들이 자신들은 어떤 최종적인 계시를 받았다고 믿었고, 또는 물병자리 시대의 다음 2000년 동안 지구를 영적으로 인도하기로 되어 있는 가르침을 가지고 있다고 믿었음을 잘 알고 있습니다. 왜냐하면, 이런 학생들은 내가 방금 말한 내용을 깊이 이해할 수가 없었기 때문입니다. 그것을 받아들일 수 없었던 이유는, 우리가 이전에도 말했듯이, 그들이 물고기자리 시대의 사고방식에 갇혀 있었기 때문이며, 따라서 그들에게는 물고기자리 시대에 만연해 있던 것, 즉 우리에게 최종적인(바뀔 수 없는) 진리가 있다는 믿음이 필요했던 것입니다. 물고기자리 시대의 사고방식에서 벗어나고, 물고기자리 시대의 입문을 통과하여 물병자리 시대의 사고방식을 갖기 위해서는, 최종적 진실, 최종적 계시를 가지려는 이런 꿈을 버려야 합니다. 누가 이런 일을 할 수 있을까요? 음, 일부 남자들은 할 수 있습니다. 일부 남자들은 이해할 것입니다. 하지만 더 많은 여성에게 이렇게 할 수 있는 잠재력이 있습니다.

최종적 진리라는 개념은 여성을 억압하는 데 사용됩니다

이렇게 하는 것이 중요한 이유는 무엇일까요? 사랑하는 이들이여, 지금 전 세계에서 여성을 억압하고, 또 사회와 일상생활에서, 여성들 자신의 마음속에, 남성들 마음속에, 여성을 정해진 위치에 가두기 위해 사용되고 있는 주된 수단 중 하나가 무엇일까요? 그것은 어떤 최종적인 진리가 존재한다는 생각 아닌가요? 그리스도교가 최종적인 계시를 이끌어냈고, 성경은 신의 말씀이며, 이제 여기에 뭔가가 더 이상 더해질 필요가 없다고 사회가 믿기 때문에, 고정된 위치에 갇혀 있는 여성들이 세계적으로 얼마나 많은가요? 사람들은 성경에 나오는 여성에 대한 몇 안되는 구절이 영원히 계속되어야 할 절대적인 진리라고 생각합니다. 예를 들면, 여성은 교회 안에서 침묵해야 하거나, 인간의 타락에 대한 책임이 있으므로, 교회 조직 내의 결정권자 위치에서 배제되어야 합니다. 왜냐하면, 여성은 위험한 존재이므로 세상을 구하려는 신의 계획을 중단시킬 수 있고, 사람들을 모두 지옥으로 보낼 수 있기 때문입니다.

이런 믿음들은 글에서는 볼 수 없습니다. 공개된 자리에서도 거의 말해지지 않습니다. 하지만 수백만 명의 크리스천들이, 성경은 신의 말씀이고 절대적인 진리이며, 절대로 더 이상 확장될 수 없는 것이라고 믿기 때문에, 이런 믿음들을 고수하고 있다고 장담할 수 있습니다. 이슬람 국가들을 보세요. 얼마나 많은 이슬람 교도들이 코란에 대해서 똑같은 믿음을 가지고 있는지를요. 남성 지배적인 문화가 바탕을 이루던 모하메드 시대의 경전에 쓰여 있는 것이 무엇이든, 그들은 그것을 항상 옹호해야 할 절대적 진리로 믿고 있습니다. 힌두교, 인도, 중국을 보세요. 그들이 어떻게 사회적인 여성의 상황과 지위를 자신들이 규정할 수 있다는 특정한 믿음을 가졌는지를요. 심지어 물질주의자들, 무신론자들, 모든 종교를 경멸하는 사람들조차 여전히 진화가 남성과 여성의 특정한 차이들을, 신체적 차이뿐만 아니라 심리적 차이까지 규정하였고, 진화가 그런 식으로 되었기 때문에, 여성은 남성보다 열등하다고 믿고 있습니다.

당연히, 여성 해방의 길에 놓인 주된 이정표, 주된 목표 가운데 하나는 지구에 절대적 또는 최종적인 진실이 존재하고, 그것은 결코 확장될 수 없다는 관념에 이의를 제기하는 것입니다. 남자들이 이렇게 할까요? 사랑하는 이들이여? 확언컨대, 가까운 미래에는 아닙니다. 어쩌면 남성들이 충분히 개방되는 때, 임계수치의 남성들이 이 믿음에 도전할 만큼 충분히 마음을 여는 미래 언제쯤엔 그럴 수 있겠지요. 하지만 그것은 굉장히 오랜 시간이 걸릴 것이고, 확실히 여러분 중 누구도 육화한 동안에는 보지 못할 것입니다. 여성의 해방뿐만 아니라 남성의 해방을 위해서도 의미 있는 도약을 하려면, 여성들이 일어나서 절대적이고 최종적인 진리라는 이 관념에 도전해야 합니다.

당연히 이 관념은 남성들도 고정된 자리에 갇히게 하는데, 그 이유는 성경이든 코란이든 다른 어떤 경전이든, 사람들이 가진 이 절대적 진리는 남성에게도 고정된 역할을 규정하고, 비록 그들이 의식적으로 알지 못하더라도 그들 역시 이런 역할에 갇혀 버리기 때문입니다. 이것이 여성에게 주어진 하나의 기회입니다. 또한, 이것은 2020년대 이 10년 동안의 도전과제 중 하나입니다. 여성들이, 절대적 진리라는 이 관념에 도전하고, 이 관념이 여성뿐 아니라 남성과 사회까지도 어떻게 제한하고 있는지를 공개적인 토론으로 가지고 와서, 그에 대한 인식을 이끌어내기 위해 기꺼이 나서게 될까요?

세상에서 가장 위험한 관념

우리는 앞서 소련의 몰락, 소련의 붕괴가 이데올로기 시대의 종말을 의미한다고 말했습니다. 종교적이든 정치적이든 물질적이든 사회가 특정 이념에 기반을 두고 있는 시대의 사람들은, 자기네 사회가 이 절대적 진리에 따르도록 만들 수만 있다면, 모든 문제가 해결되고 이상적인 세상이 될 것이라고 믿었습니다. 이제는 이것이 잘못된 생각임을 대중에게 인식시켜야 할 때입니다. 그것은 위험하고 건설적이지 못한 생각입니다. 그것이 역사상 대부분의 갈등을 만들었고, 세계대전, 그리고 믿을 수 없는 만행과 박해를 초래했습니다. 사랑하는 이들이여, 이것이 왜 그럴까요? 그 이유는 만약 한 국가나 한 집단이 자신들이 절대적인 사상을 가졌다고 믿고, 자신들의 사상이 지구에 이상적인 사회나 이상적인 상태를 가져올 수 있다고 믿는다면, 그 사상을 공유하지 않는 사람들과 필연적으로 충돌하게 됩니다. 그들은 자동으로 다른 사람들이 그들의 사상을 받아들이도록 설득하거나 강요하게 됩니다. 그렇지 않으면 이상적인 상태가 지구에 구현되지 못할 테니까요?

사랑하는 이들이여, 진실은 물병자리 시대, 성 저메인의 황금시대에는 지구를 지배할 단 하나의 이념, 단 하나의 종교, 단 하나의 정치철학은 없으리라는 것입니다. 또 지구에 대한 지배권을 갖기 위해 서로 싸우는 경쟁적인 이데올로기도 없을 것입니다. 황금시대로 점점 더 나아감에 따라, 이런 이념과 사상체계의 영향력은 점차 줄어들 것이고, 점점 더 많은 사람이 깨어나서 자신들이 어떻게 갇혀 있었는지, 사회가 이런 이념과 사상체계에 어떻게 갇혀 있었는지를 깨닫게 될 것입니다. 점점 더 많은 사람이 여기서 벗어나야 하고, 절대적이라고 생각했던 이런 관념에서 벗어나려면 의식적이고 의도적인 노력을 해야 한다는 것을 볼 수 있고, 또 기꺼이 보려고 할 것입니다.

여성은 의사 결정에서 배제되어야 했습니다

사랑하는 이들이여, 여러분이 뒤로 물러서서 전 세계 여성들의 상황을 본다면, 이데올로기와 신념체계에 대해 내가 말한 내용은 주로 현대 민주국가의 여성들에게 적용된다고 말할 것임을 나도 잘 압니다. 왜냐하면, 그런 사회에는 여성들이 다양한 것들을 토론할 수 있는 개방성이 있고, 여성들에게 말할 기회가 있으니까요? 아주 분명히 볼 수 있듯이, 이슬람 세계의 많은 지역과 인도, 중국, 아시아의 많은 지역도 절대적이라고 여기는 사고 체계를 가지고 있습니다. 따라서 그런 사회에서도 그것은 중요한 주제입니다. 그것은 여성들이 시작하기에 가장 쉬운 것이 아닐 수도 있습니다. 첫 번째 주제는 아닐 수 있지만, 분명 우리는 이번 컨퍼런스 동안 다뤄야 할 필요가 있는 또 다른 문제들, 이들 국가와 이들 지역에 있는 여성들에게 좀 더 쉬울 수 있는, 그러면서도 확실히 적용 가능한 문제들을 제시할 것입니다.

가톨릭교가 아직도 지배하고 있는 남아메리카를 보면, 가톨릭교회와 가톨릭의 사고방식이 절대적 진리라는 개념에 기초하기 때문에, 여성들이 거기에 갇혀 있는 것을 분명히 볼 수 있습니다. 이것은 타락에 대한 책임이 여성에게 있다는 매우 고정된 관념에 기초하고 있습니다. 따라서 사랑하는 이들이여, 가톨릭교회에서 여성에게 의사결정 직책이 허용되지 않는 것을 여러분은 분명히 볼 수 있습니다. 가톨릭 종교가 지배하는 모든 나라에서 여성이 사실상 모든 의사결정 직책에서 배제되어야 한다는, 무언의 드러나지 않는 의식이 있을 것이라는 점을 인식하세요. 여성들이 교회에서 신뢰받지 못하는데 정부나 기업에서 어떻게 신뢰를 받을 수 있겠습니까? 이것을 가톨릭 신념 체계가 지배하는 모든 나라에서 볼 수 있을 것입니다. 또 그리스도교, 개신교, 루터교 사회에서도 근본적으로 같은 태도를 볼 수 있을 것입니다. 루터의 시대로 돌아가서 그를 살펴본다면, 그가 결코 양성 평등에 개방적이지 않았다는 것을 알 수 있습니다.

자, 이제 아프리카를 살펴본다면, 일부 나라는 가톨릭이, 다른 나라는 개신교가 지배하고 있습니다. 어떤 나라는 이슬람교가 있습니다. 아프리카에서 볼 수 있는 것은, 이슬람교도나 크리스천들이 아프리카 대륙에 영향을 미치기 이전부터 존재했던 종교로 거슬러 올라가는 일련의 믿음들이 있다는 것입니다. 그것을 부족 종교나 다른 것이라고 부를 수도 있겠지만, 여전히 많은 나라에 어떤 믿음들이 남아 있고, 그것이 매우 지배적이라는 것을 볼 수 있습니다. 흔히 그리스도교와 그리스도교 목사들은 자신들이 이 오래된 종교의 미신적인 믿음을 근절하기 위해 그곳에 있다고 믿고 있지만, 많은 경우 그들이 이런 믿음들에 큰 영향을 미치지 못했음을 알 수 있습니다. 사람들은 단지 그것들을 자신의 그리스도교 신앙이나 이슬람교 신앙에 포함했을 뿐입니다.

또 여성을 매우 제한하고, 여성을 사회에서 고정된 위치에 붙잡아 두는 특정한 관념들, 특히 힘을 가진 여성을 의심하는 관념들이 있습니다. 세상에는 아직도 특정한 여성들이 마녀라는 믿음이 있습니다. 이런 믿음이 세계 여러 지역에서 발견되지만, 특히 아프리카에서 더욱 그렇습니다. 힘을 가진 여성은 누구나 마녀라는 이런 믿음을 여러분은 가지고 있는데, 이것은 유럽의 중세시대로까지 거슬러 올라갑니다. 아프리카의 많은 지역에서도 이런 사고방식을 볼 수 있습니다. 이것은 오래된 종교에서 비롯되며 "절대 틀리지 않고" 절대 의심할 수 없다는 개념에 기반을 둡니다. "이것이 여성의 원래 모습이다. 이것이 남성의 원래 모습이고, 이것이 남녀 관계가 되어야 할 방식이다."

많은 경우, 명확하게 표현된 경전이나 특정한 믿음을 가리키는 것이 어려울 수 있지만, 그것은 집단의식 속에 존재하고 있고, 종종 너무나 교묘해서, 거기에 의문을 제기하는 사람이 거의 없습니다. 당연히, 이것은 의식이 더 많이 깨어 있고 더 많이 진보한 여성들이 이 믿음들을 알아차리고 거기에 의문을 제기할 필요가 큰 곳입니다. 한 번도 기록되지 않은 것을 글로 써보세요. 좀처럼 말해지지 않는 것을 말하고, 이런 믿음들을 알아차리고 거기에 도전하세요.

중세시대 여성에 대한 대우

사랑하는 이들이여, 여러분이 하고 싶다면, 이 행성을 보고 지도를 만들어 볼 수 있습니다. 그렇게 해야 한다는 말은 아니지만, 여성에게 더 많은 권리와 더 많은 평등이 있는 지역과 적은 권리와 적은 평등이 있는 지역, 여성이 덜 억압받는 곳과 더 억압받는 곳, 더 자유로운 곳과 덜 자유로운 곳을 보여주는 지도를 만들 수 있습니다. 그렇게 하면 더 진보된 현대 민주국가에 비해 여성의 상황이 훨씬 뒤처져 있는 특정 국가들을 확인할 수 있습니다. 예를 들어, 아프리카나 중동, 인도 지역처럼 여성이 중세시대의 방식대로 대우받는 나라들을 알 수 있습니다. 달리 말해, 그 지역 여성들은 중세 유럽 때와 같은 방식으로, 심지어는 중세 유럽에서 여성이 대우받던 것보다 더 나쁜 방식으로 대우받고 있습니다.

이 나라들은 갈 길이 아주 멀다는 것을 여러분은 분명히 알 수 있습니다. 음, 이 나라들을 본다면, 또 내가 집단의식에서 보는 것을 여러분도 볼 수 있다면, 이들 사회의 집단의식에는 거대한 집단 영체들(collective entities)과 야수들(beasts)이 존재하며, 이들 나라에서 그것들은 매우 강력해서 대다수 여성의 마음을 압도할 수 있다는 것 또한 알 수 있을 것입니다. 물론 그것들은 대다수 남성의 마음도 압도합니다. 하지만 나는 지금 여성에게 집중하고 있습니다. 특정한 나라들을 보면, 집단의식이 특정 수준에 있고, 매우 지배적이며 여성을 억압하는 특정한 야수가 존재하는 것을 알 수 있습니다. 이 야수가 너무 강해서 많은 여성의 마음을, 어떤 경우에는 거의 모든 여성의 마음을 압도하고 있는 것을 볼 수 있습니다.

상승 마스터 학생들이 여성을 돕는 방법

운 좋게 현대 민주국가 또는 여성에게 좀 더 많은 기회와 평등이 주어지는 나라에서 자란 여러분은, 이런 나라들을 살펴볼 때 매우 조심해야 합니다. 이런 나라에 육화한 모든 여성이 이 집단의식에 압도당했다고 믿지 않도록 매우 조심해야 합니다. 여러분은 이들 나라의 여성들이 어쨌든 더 낮은 영적 성장 수준에 있다고, 여러분보다 더 낮은 진화 수준에 있다고 생각하지 않도록 매우 조심해야 합니다. 나는 모든 나라에는 특별히 그 사회를 발전시키기 위해 육화하기로 선택한 매우 성숙한 영혼들이 있다고 확언할 수 있습니다. 모든 나라에는, 어떻게 되돌려 말한다 해도, 여성으로 육화한 매우 용기 있는 영혼들이 있습니다. 물론 남성들도 있지만 나는 여성에게 초점을 두고 있습니다. 그 나라들에는 이런 환경에서 자라기를 선택한 성숙하고 진보한 영혼들이 있습니다. 그들은 이런 집단적인 프로그램, 집단적인 세뇌에 노출될 수 있고, 그것은 두뇌를 넘어서서, 감정체와 멘탈체, 정체성까지 파고드는 프로그램이라고 말할 수 있습니다. 이 영혼들은, 이러한 것에 노출되어, 다른 여성들이 겪는 일들을 알게 되고, 자신을 거기서 자유롭게 하여 그것이 가능한 일임을 증명하기 위해, 그곳에 육화하기로 선택했습니다. 그들은 또한 그렇게 한 다음 새로운 아이디어를 가지고 사회에 도전할 수 있는 위치로 점차 올라갈 수 있습니다.

무엇보다도, 여러분은 실상이 이렇다는 것을 명심해야 합니다. 이 모든 나라에는 더 자유로운 나라에서 성장한 여러분과 같이 영적으로 성숙한 여성들이 있고, 물론 일부 남성들도 있습니다. 또한, 여러분은 그 영혼들이 그들의 신성한 계획에 있는 것을 성취할 수 있도록 자유롭게 되기를 요청해야 합니다. 여러분이 큰 영향을 미칠 수 있는 부분이 이것입니다. 이 영혼들을 보면, 그들 중 일부는 이전의 생에서 매우 성숙했기 때문에, 자신의 힘으로 자기 나라의 집단적인 저항을 뚫을 수 있다는 것을 알 수 있습니다. 또한, 돌파구를 찾기 힘든 더 큰 영혼 집단이 있고, 특별히 여러분의 요청으로 도움을 받을 수 있는 영혼들도 있습니다. 바로 이것이 상승 마스터 학생으로서 여러분이, 이 여성들이 자유롭게 깨어나 그들의 신성한 계획이 규정한 최고의 잠재력을, 어쩌면 그들이 육화하기 전 품었던 것보다 더 큰 잠재력을 실현할 수 있도록 요청함으로써, 엄청난 영향을 미칠 수 있는 부분입니다. 이것은 상승 마스터 학생인 여러분이 영향을 미칠 수 있는 중요한 요소가 될 수 있습니다.

확신컨대, 여러분은 우리가 이런 컨퍼런스를 할 때, 우리가 상승 마스터의 관점으로 이곳에 서서 지구를 바라본다고 인식합니다. 이 컨퍼런스에서 우리는 여성과 관련된 모든 이슈를 다룰 계획이 없습니다. 우리가 하는 일은 지구와 지구의 집단의식을 보고, 그런 다음 우리의 학생들을 보는 것입니다. 학생들의 수는 얼마나 되는가? 학생들의 의식 수준은 어떠한가? 학생들이 얼마나 기꺼이 여기에 시간과 에너지를 쏟으려고 할 것인가? 우리는 결코 그 누구도 비난하지 않습니다. 우리는 여러분이 더 높은 단계에 있어야 한다고 말하지 않습니다. 우리는 그저 현실적인 평가를 하고, 그런 다음 이렇게 말합니다. "지금 우리는 이 컨퍼런스를 개최할 기회를 얻게 되었다. 학생들이 감당하기 힘들다고 느낄 만큼 그들을 압도하거나 부담을 주지 않으면서, 우리가 방출할 수 있는 현실적인 목표는 무엇일까?"

우리는 상승 마스터 학생들이, 지금의 여러분처럼 그리고 앞으로 수십 년 동안 성장하게 될 여러분이, 어떻게 하면 여성 해방에 가능한 가장 큰 영향을 미칠 수 있을까를 현실적으로 평가합니다. 다음 10년이나 20년 동안 가장 큰 영향을 미칠 수 있는 아이디어와 도구들은 무엇인가? 다른 나라에서는 그 가르침이 수십 년 후에나 적용될 수 있을 것이기에, 가르침이 반드시 그 기간에만 적용되는 것은 아니지만, 하지만 우리는 여전히 현실적인 평가를 하며 이렇게 말합니다. "지금의 이 상황을 개선하는 데 가장 큰 영향을 끼칠 수 있도록, 우리가 여러분의 관심을 끌 수 있는 것은 무엇일까?" 달리 말하자면, 우리는 황금시대로 수 세기 동안 이어질 어떤 궁극적인 결과를 가져오려고 애쓰지 않는다는 말입니다. 우리는 지금의 이 상황을 개선하고, 여성의 해방과 남성의 해방, 남녀의 평등을 위해서 더 높은 아이디어를 방출할 수 있는 다음 단계로 가기 위해 노력하고 있습니다.

이것이 우리의 목표입니다. 이 컨퍼런스에 기초하여 여러분이 요청하고 기원문을 낭송하고, 이 가르침을 공부하고, 이 가르침들을 공유할 방법을 찾을 때 (우리가 여러 번 말했듯이, 여러분과 개인적으로 연관된 어떤 주제이든 그것을 공유한다면), 그러면 여러분은 실로 큰 영향을 미칠 수 있으며, 이것이 매우 실질적이고 현실적인 목표입니다. 여러분은 2020년대의 10년을, 지구에서의 여성의 상황을 개선하는 데 진정한 발걸음을 내딛는 시기로 만들어 줄 선구자가 될 수 있습니다. 여러분 중 일부는, 미국에서 시력을 측정하는 방법을 압니다. 미국에서는 숫자를 정해놓고 정상 시력을 20/20이라고 합니다. 그것은 단지 측정 방식일 뿐입니다. 그래서 미국에는 흔히 하는 말로 "지나고 보니 20/20이다(hindsight is 20/20). 지나고 나서 보니 보인다."라는 말이 있습니다. 달리 말해, 되돌아보기는 언제나 쉽다는 말입니다. 무엇을 해야 했는지, 상황이 어떻게 전개되어야 했는지를 되짚어 볼 때, 여러분은 완벽한 시야를 가질 수 있습니다. 이번 컨퍼런스에서 우리는 선견지명(foresight)이 20/20이 되도록 집단의식에 자극을 주는 것을 목표로 삼았는데, 왜냐하면, 상승 마스터 학생인 여러분뿐만 아니라 역할을 맡은 (역할을 맡는 것이 자신의 신성한 계획에 들어 있는) 많은 사람이, 이 10년 동안 여성 해방을 위해 무엇이 실용적이고 현실적인 목표인지를 볼 수 있는 완벽한 비전을 갖게 될 것이기 때문입니다.

여러 나라의 잠재력 평가

나는 여성 해방을 가져오기 위해 좀 덜 발전된 나라에서 육화하기로 선택한 많은 성숙한 영혼들이 있다고 말했습니다. 사실 더 많은 성숙한 영혼들이, 자신들의 사회를 발전시키기 위해 현대 민주국가에, 그보다 좀 더 진화된 나라에, 또는 그 중간 정도의 나라에 육화하기를 선택했습니다. 세계 여러 나라를 볼 때, 어떤 의미에서 일부 나라들은 현대 민주국가들보다 훨씬 뒤처져 있어서, 그 나라들이 다음 10년 동안 현대 민주국가들이 현재 있는 곳까지 따라온다는 것이 현실적이지 않습니다. 여러분의 마음속에 비관적인 전망을 주고 싶지 않기 때문에 어느 나라인지는 특정하지 않겠지만, 실제로 일부 국가는 여성 해방과 양성 평등에서 현대 민주국가들의 현 수준을 따라잡으려면 수십 년이 걸릴 것입니다.

현대 민주국가보다 다소 뒤처져 있는 나라들이 많이 있고, 심지어 우리가 현대 민주국가라 부를 수 있는 나라 중에도, 여성의 해방이라는 측면에서는 그다지 진보하지 못한 나라들이 있습니다. 이런 나라들은 엄청난 잠재력이 있어서 실제로 앞으로 10년 안에 따라잡을 수 있습니다. 이 거대한 중간 집단은 다음 10년 안에 양성 평등과 여성의 해방이라는 측면에서 현재 가장 선진적인 나라들의 수준까지 매우, 매우 가까이 올 수 있습니다.

음, 물론 앞으로 10년 동안 선진국들이 정체되어 있을 것이라고는 생각하지 않기 바랍니다. 당연히, 그 나라들은 그러지 않을 것입니다. 여러분 중에는 여러분의 나라가 지금 선진국이 있는 곳까지 따라갈 수 있도록 돕는 것이 목표인 사람들도 있을 것입니다. 여러분 중 일부는 자신의 나라를 지금 수준보다 더 발전시키고 싶었기 때문에, 좀 더 진보한 나라에서 육화하기를 선택했을 것입니다. 여러분이 여성 해방과 양성 평등의 필요성에 대해 더 큰 인식을 가져오기를 원합니다.

남녀평등은 동일함을 뜻하지 않습니다

이런 맥락에서, 비록 더 많은 것을 말할 수 있지만, 우리가 짧게 언급하고 싶은 것은, 우리가 양성 평등에 대해 말할 때, 그 평등은 똑같음(sameness)을 의미하지 않는다는 것입니다. 당연히, 상승 마스터인 우리는 양성 간에 법적인 평등이 존재하고, 사회에서 적용하는 법이 남녀에게 동등하게 적용되기를 바랍니다(성 저메인도 황금시대에는 이렇게 되기를 매우 바라고 있습니다). 우리는 직장에서 여성에게 동등한 기회가 주어지고, 동일 업무에 대해서는 정확히 동일 보수를 받으며, 여성이 보수가 적은 특정 직종에만 국한되지 않는 것을 보고 싶습니다. 우리는 법적, 사회적, 현실적인 체제 속에서, 양성 간의 평등이 존재하는 것을 보고 싶습니다.

물론, 적어도 지구에서의 예측 가능한 미래에는, 신체적 차이와 모성이라는 또 다른 역할, 출산의 과정이 있기에, 평등이 반드시 똑같음을 의미하지는 않을 것입니다. 평등이란 분명 남성과 여성의 동등한 가치를 보는 것, 여성이 사회에 동등하게 기여하게 되는 전환을 뜻합니다. 남녀의 역할과 남녀 관계를 정해놓은 신의 절대적인 계시가 있기 때문에, 2000년 전, 혹은 더 오래전에 규정된 어떤 절대적인 진리가 있다는 이런 관념을 극복해야 하는 이유가 그것입니다.

기술의 발전을 보세요

사랑하는 이들이여, 상승 마스터 학생인 여러분은 이것을 할 수 있고, 사람들이 이렇게 할 수 있도록 요청할 수도 있습니다. 한발 물러나서 역사를 살펴보세요. 과거 아브라함의 시대와 유대인 사회를 보세요. 그 당시의 중동 사회를 보세요. 과거로 가서 예수의 시대를 보세요. 모하메드의 시대를 보세요. 그 당시 사회가 얼마나 가부장적인 사고방식을 가졌는지, 남성들이 어떻게 지배하고 있었고, 어떻게 여성에 대한 특정한 태도를 지니고 있었는지를 보세요. 이제, 그 사회들을 기술적인 관점으로 보세요. 지난 2,000년 혹은 3~4,000년간 기술 분야에서 어떤 일이 일어났는지 살펴보세요. 2,000년 전으로 돌아가 곡괭이로 땅을 고르고, 건조한 기후에서 연명하기 위해 무언가를 기르려고 애쓰는 그런 사회에서 살고 싶습니까? 그런 방식으로 살고 싶은가요? 만약 기술적으로 시계를 되돌리고 싶지 않다면, 왜 남녀의 관점과 남녀의 역할에 대해서는 마치 시계를 되돌린 것처럼 살기를 원합니까? 기술이 발전함에 따라 사회가 남성과 여성을 바라보는 시각도 발전해야 한다는 것이 분명하지 않나요?

가부장적 사고방식을 버리기

이런 일이 일어나려면, 임계수치의 사람들이 반드시 의문을 제기하기 시작해야 하고, 또한 궁극적으로 영원히 유지되고 절대적으로 오류가 없는 계시, 특정한 경전이 있을 수 있다는 생각을 버려야 하는 것도 똑같이 명백해지지 않나요? 성경을 보세요. 코란을 보세요. 토라(Torah)를 보세요. 언어가 사용된 방식, 관념이 형성된 방식, 기본적인 사고방식, 기본 패러다임, 그 당시의 사람들이 삶을 바라보는 방식이 이 가부장적이고 남성 중심적인 사고방식으로 물들었다는 것이 분명하지 않나요? 따라서 전지전능한 신일지라도 그 당시에 궁극적인 계시를 줄 수 없었으리라는 것이 분명하지 않나요? 왜냐하면, 이런 사고방식에 갇힌 사람들은 그것을 받아들일 수 없었을 테니까요?

사랑하는 이들이여, 신은 아브라함에게 그의 아내를(또는 아내들을)

평등하게 대하라고 말할 수 없었습니다. 신은 모세에게 성-평등을 고취하라고 말할 수 없었을 것입니다. 성경에 일부 쓰여 있는 것과는 달리 예수가 남녀를 차별하지 않았음에도 불구하고, 신은 예수를 통해 이런 말들을 할 수가 없었습니다. 예수는 그의 가르침과 행동으로 남녀를 차별하지 않았습니다. 그리스도교 경전을 적었던 사람들이 그 남성 지배적인 사고방식에 갇혀 있었기 때문에, 이것이 그리스도교 경전에 정확하게 묘사되어 있지 않습니다.

오늘날 세상에는 이것을 의식적으로 인식하고 나설 준비가 된 큰 집단의 사람들이 있습니다. 많은 사람이 이미 전생에서 그것을 깨달았습니다. 많은 사람이 정체성과 멘탈 수준, 나아가 감정 수준에서도 그것을 깨달았지만, 아직 물질 수준으로까지는 돌파하지 못했습니다. 다시 말하지만, 그것이 여러분의 요청이 점점 더 많은 사람이 이런 사고방식에서 깨어나도록 엄청난 영향을 줄 수 있는 지점입니다. 경전은 어떤 식으로든 신이 준 것이므로 절대 오류가 있을 수 없으므로, 수 세기 또는 수천 년 전에 쓰여진 경전에 의문을 제기할 수 없다는 사고방식에 그들은 갇혀 있습니다. 물론 신에게는 오류가 없지만, 계시를 받는 사람들은 오류가 없지 않습니다. 결코 그런 적이 없고, 앞으로도 그럴 것입니다. 따라서, 이 행성에서 절대적인 계시는 어떤 것이든 과거에도 없었고, 앞으로도 절대 존재하지 않을 것입니다. 내가 말한 '절대'의 의미는 비자연 행성(unnatural planet)에서 그렇다는 것입니다. 자연 행성에서 여러분에게 계시가 필요한지를 논의해 볼 수 있습니다.

여러분이 할 수 있는 (엄청난 영향을 미칠 수 있는) 요청들은, 사람들이 깨어나서 여러분이 보듯이 이것을 선명하게 보도록 해줍니다.

이전 상승 마스터 단체와 관련 있는 여러분 중 일부는 기꺼이 이 구술을 받아들이고 한 걸음 더 나아가서 그것을 보려고 할 것이라고 나는 믿습니다. 여러분은 우리 상승 마스터들에게는 오늘 줄 수 있는 것보다 더 많은 것이 있다는 이 진보적 계시의 실상을 알 수 있습니다. 이것은 메신저와 학생의 한계가 아니라 집단의식의 한계이며, 이전의 모든 시대에도 마찬가지였습니다. 완벽한 점진적 계시를 줄 수 있었던 시대는 지구상에 한 번도 없었습니다. 여러분은 우리가 주었던 가르침들을 볼 수 있습니다. 여러분은 상승할 때까지 계속 진보할 비상승 구체에 살고 있지만, 여러분의 구체가 상승한 후에도 여전히 더 높은 의식 수준을 향한 진보가 계속될 것입니다. 그렇다면 어떻게 절대적인 것이 있을 수 있겠습니까? 어떻게 절대적이고 더 확장될 수 없다는, 글로 표현된 말이 있을 수 있겠습니까?

무오류의 경전이라는 신화

자, 여러분은 타락한 존재들이 사람들을 속이는 데 매우 영리하다는 것을 인식해야 하는데, 그 이유는 그들이 계시와 신성한 경전이라는 개념을 무오류의 개념과 뒤섞어 놓았기 때문입니다. 그들은 사람들이 성경과 코란, 힌두교 경전이나 불교 경전에 오류가 있을 수 없다고 절대적으로 믿기를 바랍니다. 그들은 사람들이 이렇게 믿기를 절대적으로 원하는데, 사람들이 그렇게 믿기를 그들이 원하는 이유는 무엇일까요? 그 이유는 이것이 점진적 계시의 문을 닫아버리기 때문입니다.

타락한 존재들은 만약 성경이 기록된 이후에 추가적인 말이 있다면, 그것은 그리스도교 경전이 무오류인 것이 아니고, 그 안에 오류가 있음이 분명하다는 의미로 많은 사람이 믿게 만들었습니다. 우리가 말했듯이, 안전에 대한 욕구가 너무 강한 나머지 자신이 오류가 없는 신념체계를 가지고 있고, 이 시스템을 믿으면서 규칙들을 따른다면, 이번 생 이후에 구원을 받을 수 있다고 믿는 사람들이 있습니다. 이런 믿음을 기꺼이 포기하려 하지 않았던 사람들이 있습니다. 그것이 그들이 근본주의 그리스도교, 근본주의 이슬람교, 가톨릭교, 힌두교, 불교와 다른 종교들에 집착하는 데 그토록 광적인 이유입니다. 그들은 이런 견딜 수 없는 두려움에 빠져들 것이기에, 어떠한 변화에 대해서도 생각해 보려고 하지 않을 것입니다.

사랑하는 이들이여, 이 세상에는 여기에 갇힌 사람들이 점점 줄어들고 있습니다. 그 이유가 무엇일까요? 그 이유는 이 무오류의 믿음체계라는 관념이 아주 오랫동안 존재했었기 때문인데, 다시 말해, 아주 많은 사람이 그들의 전생에서 이 무오류의 믿음체계 중 하나를 믿으면서 성장했다는 뜻입니다. 그들은 이 체계를 따르면 이번 생 이후에 구원을 보장받는다는 주장을 믿었습니다. 그리고 이제 그들은 삶의 장막을 통과합니다. 그들은 자신의 삶을 심사받기 위해 올라가는데, 이제 자신이 의식을 높이지 않았기 때문에 상승의 자격이 없음을 알게 됩니다. 외적인 믿음체계를 따르는 것으로는 여러분의 의식을 상승의 수준까지 높이지 못합니다.

이제 그들은 육화하기 위해 다시 내려와야 했고, 그들이 이것을 충분히 많이 하게 되면, (솔직히 말해서 몇몇 사람들은 이것을 여러 차례 해야 합니다), 그들은 오류 없는 믿음체계라는 것이 존재하는지 확신하지 못하고 육화하게 됩니다. 정말 많은 사람이 이전의 여러 생에서 이 과정을 거쳤습니다. 그들에게 필요한 전부는 의식적인 수준에서 돌파하고 깨달아서, 그들이 이미 정체성체와 멘탈체에서 알고 있는 것을 의식적인 인식으로 끌어 내리는 것입니다. 그들은 이런 통찰이 물리적인 마음으로 들어오는 것을 방해하는 감정체 안의 공포를 극복해야 합니다.

여러분의 요청이 영향을 줄 수 있는 지점이 이 부분입니다. 여러분은 정말로 수백만 명의 사람들이 이렇게 깨달을 수 있도록 도울 수 있습니다. "우리는 더 이상 경전에 오류가 없다고 믿을 필요가 없다. 우리는 새로운 아이디어에 열릴 수 있다. 우리는 우리 사회에서 여성들을 모하메드 시대나 예수의 시대, 아브라함이나 모세의 시대, 베다 시대, 붓다의 시대처럼 대우할 필요가 없다는 가능성에 마음을 열 수 있다. 이 현대 사회에서 수천 년 전에 여성을 대했던 방식처럼 여성을 대할 필요가 없다." 이것이 집단의식 속에 존재하는 깨달음입니다. 많은 사회에서 이것이 돌파되었지만, 더 많은 사회가 돌파의 지점에 가까워지고 있습니다. 그것은 2020년대의 10년 동안 돌파할 수 있는 현실적인 목표입니다. 그것은 현실적인 목표입니다.

그러므로 우리는 여러분이 이것을 명심하고, 이것에 대해 요청하고, 이런 일이 일어나고 있음을 스스로 받아들이기를 요청합니다. 다시 말하지만, 남자들 역시 절대주의적 신념체계와 서사적 사고방식의 희생자가 되기 쉽습니다. 따라서, 사회가 서사적 사고방식이라는 이 절대주의 측면을 버리기 시작하는, 이 돌파구의 선구자가 될 수 있는 가장 큰 잠재력을 가진 사람들은 여성입니다.

이것으로, 여러분에게 주고 싶은 것을 모두 주었습니다. 이 구술에 집중해 준 것에 대해, 이 컨퍼런스에 기꺼이 참여해 주셔서 감사합니다. 전 세계의 많은 사람이 이 컨퍼런스에 참여하기로 선택했다는 것에 감사하며, 우리는 앞으로 우리가 내놓을 수 있을 내용을 기대하고 있습니다. 그러므로 나는 신성한 어머니(Divine Mother)의 가슴인 사랑과 기쁨 안에 여러분을 봉인합니다.

.

2
여성들이 무오류의 진리에
의문을 갖도록 일깨우기-1 (기원)

I AM THAT I AM, 예수 그리스도의 이름으로, 나는 지구에 육화한 존재로서 가진 내 권한을 사용하여 성모 마리아께 이 기원을 증폭해 달라고 요청합니다. 내 차크라들을 통해 이 기원문의 내용을 집단의식으로 방출하시어, 여성과 남성 모두가 타락한 존재들의 심리적, 영적 속박에서 자유로워지도록 의식을 일깨워 주소서. 우리는 영적인 존재들이며 상승 마스터들과 함께 일함으로써 새로운 미래를 공동창조할 수 있다는 진실(reality)을 일깨워 주소서. 나는 특히 이것을 요청합니다...

(여기에 개인적인 요청을 추가하세요)

파트 1

1. 성모 마리아시여, 여성들을 일깨워 여성의 상황에 관심을 집중하고, 여성의 상황과 관련된 다양한 이슈들을 토론하면서, 여성의 상황을 개선하기 위해 사회에 과감하고 물리적인 변화를 일으켜야 할 필요성을 알게 하소서.

오 축복받은 성모 마리아, 나의 어머니시여,
당신의 사랑보다 더 큰 사랑은 없습니다.
우리가 가슴과 마음속에서 하나가 될 때,
나는 우주의 위계에서 내 자리를 발견합니다.

오 성모 마리아시여,
지구를 더 높은 상태로,
가속하는 노래를 내어 주소서.
이제 모든 물질이 눈부시게 반짝입니다.

2. 성모 마리아시여, 여성들을 일깨워 이 행성의 영적 수호자는 상승 마스터이므로, 이 모든 진보의 주변과 배후에는 상승 마스터들이 있다는 사실을 알게 하소서.

나는 지구의 상승을 돕기 위해,
하늘에서 지구로 내려왔습니다.
나는 신성한 권한을 사용하여,
지구를 자유롭게 하라고 당신에게 명합니다.

오 성모 마리아시여,
지구를 더 높은 상태로,
가속하는 노래를 내어 주소서.
이제 모든 물질이 눈부시게 반짝입니다.

3. 성모 마리아시여, 여성들을 일깨워 당신이 집단의식과 지구 에너지장 속으로 내보내는 에너지와 아이디어들을 인식하게 하소서.

나는 이제 신의 신성한 이름 안에서,
어머니의 화염을 사용해,
두려움에서 나온 에너지를 모두 불태우고,

신성한 조화를 회복하라고 당신께 요청합니다.

오 성모 마리아시여,
지구를 더 높은 상태로,
가속하는 노래를 내어 주소서.
이제 모든 물질이 눈부시게 반짝입니다.

4. 성모 마리아시여, 여성들을 일깨워 그 아이디어들을 알아차리고, 그 에너지를 느끼며, 그들만의 힘으로는 토론할 수 없는 다양한 문제들을 토론하게 하소서.

나는 이로써 당신의 신성한 이름을 찬양하니,
당신은 집단의식을 들어올립니다.
어머니의 화염으로 불태우니,
두려움과 의심과 수치는 모두 사라집니다.

오 성모 마리아시여,
지구를 더 높은 상태로,
가속하는 노래를 내어 주소서.
이제 모든 물질이 눈부시게 반짝입니다.

5. 성모 마리아시여, 여성들을 일깨워 지구가 타락한 존재들에게 아주 많은 영향을 받아왔음을 알게 하소서. 그렇기 때문에 지구의 정체성체와 멘탈체, 감정체에는 두려움에 기반을 둔 낮은 에너지가 매우 많이 있고, 상승 마스터들이 없다면 우리 인간들은 자신을 해방할 수 없을 것입니다.

당신은 지상에서 모든 어둠을 몰아내고,
당신의 빛은 거대한 해일처럼 밀려옵니다.
어떤 어둠의 힘도 이제는,

상승나선을 멈출 수 없습니다.

오 성모 마리아시여,
지구를 더 높은 상태로,
가속하는 노래를 내어 주소서.
이제 모든 물질이 눈부시게 반짝입니다.

6. 성모 마리아시여, 여성들을 일깨워 점점 더 많은 사람이 그 아이디어를 받아들이도록 요청하고, 에너지를 강화하며, 그 에너지와 아이디어를 집단의식으로 방출하는 것이 얼마나 중요한 일인지를 알게 하소서.

당신은 모든 엘리멘탈을 축복하며,
그들에게서 인간이 부과한 스트레스를 거두어 줍니다.
이제 자연의 정령들은 자유를 얻어,
신성한 디크리를 실현합니다.

오 성모 마리아시여,
지구를 더 높은 상태로,
가속하는 노래를 내어 주소서.
이제 모든 물질이 눈부시게 반짝입니다.

7. 성모 마리아시여, 사회에서 의사 결정과 행동을 취할 수 있는 위치에 있는 여성들, 창의 끝, 선구자 역할을 하는 여성들을 일깨워 그들이 이곳에서 하려던 일을 할 수 있게 하소서.

나는 단호한 태도로 목소리를 높이며,
전쟁의 중단을 명합니다.
더 이상 지구는 전쟁으로 상처받지 않으며,
황금시대가 가까이 왔습니다.

오 성모 마리아시여,
지구를 더 높은 상태로,
가속하는 노래를 내어 주소서.
이제 모든 물질이 눈부시게 반짝입니다.

8. 성모 마리아시여, 여성들을 일깨워 여성의 해방과 양성 평등은 법적인 과정이 아님을 알게 하소서. 그것은 심지어 물리적인 과정도 아닙니다. 그것은 심리적인 과정입니다.

어머니 지구가 마침내 자유를 얻을 때,
재난들은 과거의 일이 됩니다.
어머니 빛은 너무나 강렬하여,
이제 물질의 밀도는 훨씬 낮아집니다.

오 성모 마리아시여,
지구를 더 높은 상태로,
가속하는 노래를 내어 주소서.
이제 모든 물질이 눈부시게 반짝입니다.

9. 성모 마리아시여, 여성들을 일깨워 평등은 사회와 개인의 정체성체와 멘탈체, 감정체 안에서의 변화를 요구함을 알게 하소서.

어머니 빛 안에서 지구는 순수해지고,
상향나선이 유지됩니다.
이제 번영은 일상의 기준이 되고,
신의 비전은 형상으로 구현됩니다.

오 성모 마리아시여,
지구를 더 높은 상태로,
가속하는 노래를 내어 주소서.

이제 모든 물질이 눈부시게 반짝입니다.

파트 2

1. 성모 마리아시여, 여성들을 일깨워 사회가 남녀 간의 완전한 평등을 가져오거나, 여성을 모든 억압과 제한으로부터 자유롭게 할 일련의 법을 제정했다 하더라도, 그것을 법적으로 얻을 수 없음을 알게 하소서. 왜냐하면, 평등은 완전히 법적이거나 정치적인 과정이 아니기 때문입니다. 그것은 의식의 변화를 요구합니다.

오 축복받은 성모 마리아, 나의 어머니시여,
당신의 사랑보다 더 큰 사랑은 없습니다.
우리가 가슴과 마음속에서 하나가 될 때,
나는 우주의 위계에서 내 자리를 발견합니다.

오 성모 마리아시여,
지구를 더 높은 상태로,
가속하는 노래를 내어 주소서.
이제 모든 물질이 눈부시게 반짝입니다.

2. 성모 마리아시여, 여성들을 일깨워 변화가 사회의 집단의식과 그 속에서 살아가는 사람들의 개인 의식에 스며들 때까지는 시간이 걸린다는 것을 알게 하소서. 그것은 심리적인 과정입니다.

나는 지구의 상승을 돕기 위해,
하늘에서 지구로 내려왔습니다.
나는 신성한 권한을 사용하여,
지구를 자유롭게 하라고 당신에게 명합니다.

오 성모 마리아시여,

지구를 더 높은 상태로,
가속하는 노래를 내어 주소서.
이제 모든 물질이 눈부시게 반짝입니다.

3. 성모 마리아시여, 여성들을 일깨워 최종적인 진리가 있다는 믿음을 버려야 함을 알게 하소서. 여성들은 최종적인 진리, 최종적인 계시를 갖겠다는 이런 꿈을 버려야 합니다. 왜냐하면, 오직 여성만이 이렇게 할 잠재력이 있기 때문입니다.

나는 이제 신의 신성한 이름 안에서,
어머니의 화염을 사용해,
두려움에서 나온 에너지를 모두 불태우고,
신성한 조화를 회복하라고 당신께 요청합니다.

오 성모 마리아시여,
지구를 더 높은 상태로,
가속하는 노래를 내어 주소서.
이제 모든 물질이 눈부시게 반짝입니다.

4. 성모 마리아시여, 여성들을 일깨워 여성을 억압하고 고정된 위치에 가두기 위해 세상에서 이용되는 주된 수단 중 하나가 최종적인 진리가 존재한다는 관념임을 알게 하소서.

나는 이로써 당신의 신성한 이름을 찬양하니,
당신은 집단의식을 들어올립니다.
어머니의 화염으로 불태우니,
두려움과 의심과 수치는 모두 사라집니다.

오 성모 마리아시여,
지구를 더 높은 상태로,

가속하는 노래를 내어 주소서.
이제 모든 물질이 눈부시게 반짝입니다.

5. 성모 마리아시여, 여성들을 일깨워 그리스도교가 최종적인 계시를 내놓았고, 성경은 신의 말씀이며, 이제 그것은 더 이상 확장될 필요가 없다고 사회가 믿기 때문에, 전 세계 많은 여성이 고정된 위치에 있음을 알게 하소서.

당신은 지상에서 모든 어둠을 몰아내고,
당신의 빛은 거대한 해일처럼 밀려옵니다.
어떤 어둠의 힘도 이제는,
상승나선을 멈출 수 없습니다.

오 성모 마리아시여,
지구를 더 높은 상태로,
가속하는 노래를 내어 주소서.
이제 모든 물질이 눈부시게 반짝입니다.

6. 성모 마리아시여, 여성들을 일깨워 많은 사람이 성경에서 여성에 대해 언급한 내용이 영원히 유지돼야 할 절대 진리라고 믿고 있음을 알게 하소서. 따라서 여성은 교회에서 침묵해야 하고, 남성 타락에 대한 책임이 있으며, 여성은 위험하고 세상을 구원하려는 신의 계획을 방해할 수 있으므로 의사결정 직책에서 제외되어야 한다고 생각됩니다.

당신은 모든 엘리멘탈을 축복하며,
그들에게서 인간이 부과한 스트레스를 거두어 줍니다.
이제 자연의 정령들은 자유를 얻어,
신성한 디크리를 실현합니다.

오 성모 마리아시여,
지구를 더 높은 상태로,
가속하는 노래를 내어 주소서.
이제 모든 물질이 눈부시게 반짝입니다.

7. 성모 마리아시여, 여성들을 일깨워 수백만 명의 크리스천들이 성경을 신의 말씀으로 믿기 때문에 이런 믿음을 고수한다는 사실을 알게 하소서. 많은 무슬림 역시 코란에 대해 같은 믿음을 가지고 있습니다.

나는 단호한 태도로 목소리를 높이며,
전쟁의 중단을 명합니다.
더 이상 지구는 전쟁으로 상처받지 않으며,
황금시대가 가까이 왔습니다.

오 성모 마리아시여,
지구를 더 높은 상태로,
가속하는 노래를 내어 주소서.
이제 모든 물질이 눈부시게 반짝입니다.

8. 성모 마리아시여, 여성들을 일깨워 힌두교와 인도, 중국에는 사회에서의 여성의 상황과 위치를 규정하는 특정한 믿음이 있음을 알게 하소서. 심지어 일부 물질주의자조차 진화가 남녀 간의 차이를 규정했기 때문에, 여성은 남성보다 열등하다고 믿습니다.

어머니 지구가 마침내 자유를 얻을 때,
재난들은 과거의 일이 됩니다.
어머니 빛은 너무나 강렬하여,
이제 물질의 밀도는 훨씬 낮아집니다.

오 성모 마리아시여,

지구를 더 높은 상태로,
가속하는 노래를 내어 주소서.
이제 모든 물질이 눈부시게 반짝입니다.

9. 성모 마리아시여, 여성들을 일깨워 여성 해방으로 가는 길의 가장 중요한 이정표 중 하나는 지구에 절대적이고 최종적 진리가 존재한다는 관념에 도전하는 것임을 알게 하소서. 남성들은 할 수 없지만, 여성들은 절대적이고 최종적인 진리에 대한 이런 관념에 도전할 수 있습니다.

어머니 빛 안에서 지구는 순수해지고,
상향나선이 유지됩니다.
이제 번영은 일상의 기준이 되고,
신의 비전은 형상으로 구현됩니다.

오 성모 마리아시여,
지구를 더 높은 상태로,
가속하는 노래를 내어 주소서.
이제 모든 물질이 눈부시게 반짝입니다.

파트 3

1. 성모 마리아시여, 여성들을 일깨워 이런 관념은 남성마저 고정된 자리에 가둔다는 것을 알게 하소서. 왜냐하면, 이 절대적 진리들은 남성 역시 고정된 역할에 한정시키기 때문입니다. 비록 그들이 의식적으로 알지 못해도, 그들 역시 이런 역할들에 갇혀 있습니다.

오 축복받은 성모 마리아, 나의 어머니시여,
당신의 사랑보다 더 큰 사랑은 없습니다.
우리가 가슴과 마음속에서 하나가 될 때,

나는 우주의 위계에서 내 자리를 발견합니다.

오 성모 마리아시여,
지구를 더 높은 상태로,
가속하는 노래를 내어 주소서.
이제 모든 물질이 눈부시게 반짝입니다.

2. 성모 마리아시여, 여성들을 일깨워 2020년 이후 10년 동안, 절대적 진리라는 관념이 여성뿐 아니라 남성과 사회까지도 어떻게 제한하는지를 드러낼 필요가 있음을 알게 하소서.

나는 지구의 상승을 돕기 위해,
하늘에서 지구로 내려왔습니다.
나는 신성한 권한을 사용하여,
지구를 자유롭게 하라고 당신에게 명합니다.

오 성모 마리아시여,
지구를 더 높은 상태로,
가속하는 노래를 내어 주소서.
이제 모든 물질이 눈부시게 반짝입니다.

3. 성모 마리아시여, 여성들을 일깨워 이데올로기의 시대는 끝났음을 알게 하소서. 우리는 사회가 특정 이데올로기에 기초하고 절대적 진리에 부합한다면, 모든 문제가 해결되고 이상적인 세상이 될 것이라고 믿도록 더 이상 허용할 수 없습니다.

나는 이제 신의 신성한 이름 안에서,
어머니의 화염을 사용해,
두려움에서 나온 에너지를 모두 불태우고,
신성한 조화를 회복하라고 당신께 요청합니다.

오 성모 마리아시여,
지구를 더 높은 상태로,
가속하는 노래를 내어 주소서.
이제 모든 물질이 눈부시게 반짝입니다.

4. 성모 마리아시여, 여성들을 일깨워 이것이 잘못된 생각임을 알게 하소서. 이것은 역사상 대부분의 갈등을 초래했고, 세계 전쟁과 엄청난 잔혹 행위, 그리고 박해를 가져온 위험하고 비건설적인 생각입니다.

나는 이로써 당신의 신성한 이름을 찬양하니,
당신은 집단의식을 들어올립니다.
어머니의 화염으로 불태우니,
두려움과 의심과 수치는 모두 사라집니다.

오 성모 마리아시여,
지구를 더 높은 상태로,
가속하는 노래를 내어 주소서.
이제 모든 물질이 눈부시게 반짝입니다.

5. 성모 마리아시여, 여성들을 일깨워 한 국가나 집단이 자신들이 절대적 이념을 가졌고, 자신들의 관념이 이상적인 사회를 가져올 수 있다고 믿는다면, 그들의 이념을 공유하지 않는 사람들과 자동으로 갈등을 일으키게 됨을 알게 하소서.

당신은 지상에서 모든 어둠을 몰아내고,
당신의 빛은 거대한 해일처럼 밀려옵니다.
어떤 어둠의 힘도 이제는,
상승나선을 멈출 수 없습니다.

오 성모 마리아시여,
지구를 더 높은 상태로,
가속하는 노래를 내어 주소서.
이제 모든 물질이 눈부시게 반짝입니다.

6. 성모 마리아시여, 여성들을 일깨워 다가오는 시대에는 지구를 지배할 하나의 이데올로기, 하나의 종교, 하나의 정치 철학이 존재하지 않음을 알게 하소서. 또 지구에 대한 지배권을 갖기 위해 서로 싸우는 경쟁적인 이데올로기도 없을 것입니다.

당신은 모든 엘리멘탈을 축복하며,
그들에게서 인간이 부과한 스트레스를 거두어 줍니다.
이제 자연의 정령들은 자유를 얻어,
신성한 디크리를 실현합니다.

오 성모 마리아시여,
지구를 더 높은 상태로,
가속하는 노래를 내어 주소서.
이제 모든 물질이 눈부시게 반짝입니다.

7. 성모 마리아시여, 여성들을 일깨워 사람들이 깨어나면 이데올로기와 사상체계의 영향력이 사라질 것임을 알게 하소서. 사람들은 자신들이 어떻게 갇혀 있었는지, 사회가 어떻게 이런 이데올로기와 사상체계에 갇혀 있었는지 깨닫게 됩니다.

나는 단호한 태도로 목소리를 높이며,
전쟁의 중단을 명합니다.
더 이상 지구는 전쟁으로 상처받지 않으며,
황금시대가 가까이 왔습니다.

오 성모 마리아시여,
지구를 더 높은 상태로,
가속하는 노래를 내어 주소서.
이제 모든 물질이 눈부시게 반짝입니다.

8. 성모 마리아시여, 여성들을 일깨워 절대적이라고 생각하는 이런 관념에서 벗어나기 위해 의식적이고 신중한 노력을 하게 하소서.

어머니 지구가 마침내 자유를 얻을 때,
재난들은 과거의 일이 됩니다.
어머니 빛은 너무나 강렬하여,
이제 물질의 밀도는 훨씬 낮아집니다.

오 성모 마리아시여,
지구를 더 높은 상태로,
가속하는 노래를 내어 주소서.
이제 모든 물질이 눈부시게 반짝입니다.

9. 성모 마리아시여, 여성들을 일깨워 가톨릭교와 가톨릭 사고방식이 절대적 진리라는 관념에 기초함을 알게 하소서. 그것은 타락의 책임이 여성에게 있으므로 여성이 의사결정 직책을 맡도록 허용해선 안된다는 여성에 대한 고정된 관념에 기초하고 있습니다.

어머니 빛 안에서 지구는 순수해지고,
상향나선이 유지됩니다.
이제 번영은 일상의 기준이 되고,
신의 비전은 형상으로 구현됩니다.

오 성모 마리아시여,
지구를 더 높은 상태로,

가속하는 노래를 내어 주소서.
이제 모든 물질이 눈부시게 반짝입니다.

파트 4

1. 성모 마리아시여, 여성들을 일깨워 가톨릭교가 지배하는 모든 국가에는 흔히 말로는 표현되지 않지만, 기저에 깔린 특정한 의식이 있음을 알게 하소서. 그것은 교회에서 여성들이 신뢰받지 못하기 때문에, 여성은 모든 의사결정 직책에서 제외돼야 한다는 의식입니다. 교회에서 신뢰받지 못하는데, 정부나 기업에서 어떻게 신뢰받을 수 있겠습니까?

오 축복받은 성모 마리아, 나의 어머니시여,
당신의 사랑보다 더 큰 사랑은 없습니다.
우리가 가슴과 마음속에서 하나가 될 때,
나는 우주의 위계에서 내 자리를 발견합니다.

오 성모 마리아시여,
지구를 더 높은 상태로,
가속하는 노래를 내어 주소서.
이제 모든 물질이 눈부시게 반짝입니다.

2. 성모 마리아시여, 여성들을 일깨워 이것은 일부 그리스도교, 개신교, 루터교 사회에서도 찾아볼 수 있으며, 이들이 근본적으로 같은 태도를 보이고 있음을 알게 하소서.

나는 지구의 상승을 돕기 위해,
하늘에서 지구로 내려왔습니다.
나는 신성한 권한을 사용하여,
지구를 자유롭게 하라고 당신에게 명합니다.

오 성모 마리아시여,
지구를 더 높은 상태로,
가속하는 노래를 내어 주소서.
이제 모든 물질이 눈부시게 반짝입니다.

3. 성모 마리아시여, 여성들을 일깨워 아프리카에는 부족 신앙으로 거슬러 올라가는 일련의 믿음들이 있고, 그 믿음은 특히 힘을 가진 여성을 의심하고, 그들에게 매우 제한적임을 알게 하소서.

나는 이제 신의 신성한 이름 안에서,
어머니의 화염을 사용해,
두려움에서 나온 에너지를 모두 불태우고,
신성한 조화를 회복하라고 당신께 요청합니다.

오 성모 마리아시여,
지구를 더 높은 상태로,
가속하는 노래를 내어 주소서.
이제 모든 물질이 눈부시게 반짝입니다.

4. 성모 마리아시여, 여성들을 일깨워 힘을 가진 여성은 모두 마녀가 분명하고, 따라서 사회는 여성이 힘을 갖도록 허용해선 안된다는 근본적인 믿음이 있음을 알게 하소서.

나는 이로써 당신의 신성한 이름을 찬양하니,
당신은 집단의식을 들어올립니다.
어머니의 화염으로 불태우니,
두려움과 의심과 수치는 모두 사라집니다.

오 성모 마리아시여,
지구를 더 높은 상태로,

가속하는 노래를 내어 주소서.
이제 모든 물질이 눈부시게 반짝입니다.

5. 성모 마리아시여, 여성들을 일깨워 아프리카 많은 지역에는 "무오류"에 기초하거나, 다음 사실에 대해 의문을 제기하면 절대 안된다는 관념에 기초한 여성에 대한 사고방식이 있음을 알게 하소서. "이것이 원래 여성이 존재하는 방식이다. 이것이 남성의 원래 모습이고, 이것이 남녀 관계가 되어야 할 방식이다."

당신은 지상에서 모든 어둠을 몰아내고,
당신의 빛은 거대한 해일처럼 밀려옵니다.
어떤 어둠의 힘도 이제는,
상승나선을 멈출 수 없습니다.

오 성모 마리아시여,
지구를 더 높은 상태로,
가속하는 노래를 내어 주소서.
이제 모든 물질이 눈부시게 반짝입니다.

6. 성모 마리아시여, 여성들을 일깨워 이것이 명확하게 표현된 경전의 문구거나 특정한 믿음이라고 지적하기 어려울 수 있지만, 그것은 너무 미묘해서 사람들이 의문을 제기하지 못할 만큼 집단의식 속에 존재함을 알게 하소서.

당신은 모든 엘리멘탈을 축복하며,
그들에게서 인간이 부과한 스트레스를 거두어 줍니다.
이제 자연의 정령들은 자유를 얻어,
신성한 디크리를 실현합니다.

오 성모 마리아시여,

지구를 더 높은 상태로,
가속하는 노래를 내어 주소서.
이제 모든 물질이 눈부시게 반짝입니다.

7. 성모 마리아시여, 여성들을 일깨워 여성들이 이런 관념들을 알아채고, 그것에 문제를 제기하며, 한 번도 말로 표현되지 않은 것들에 대해 말하게 하소서. 이 관념들을 인식하고 그것에 도전하게 하소서.

나는 단호한 태도로 목소리를 높이며,
전쟁의 중단을 명합니다.
더 이상 지구는 전쟁으로 상처받지 않으며,
황금시대가 가까이 왔습니다.

오 성모 마리아시여,
지구를 더 높은 상태로,
가속하는 노래를 내어 주소서.
이제 모든 물질이 눈부시게 반짝입니다.

8. 성모 마리아시여, 여성들을 일깨워 전 세계 모든 나라에는 그 사회를 앞으로 나아가게 하기 위해, 특별히 그곳에 육화하기로 선택한 매우 성숙한 영혼들이 있음을 알게 하소서.

어머니 지구가 마침내 자유를 얻을 때,
재난들은 과거의 일이 됩니다.
어머니 빛은 너무나 강렬하여,
이제 물질의 밀도는 훨씬 낮아집니다.

오 성모 마리아시여,
지구를 더 높은 상태로,
가속하는 노래를 내어 주소서.

이제 모든 물질이 눈부시게 반짝입니다.

9. 성모 마리아시여, 여성들을 일깨워 모든 나라에는, 그 나라가 얼마나 뒤처져 보이는가에 관계없이, 이런 환경에서 성장하기 위해 그곳에 여성으로 육화한 매우 용감한 영혼들이 있음을 알게 하소서.

어머니 빛 안에서 지구는 순수해지고,
상향나선이 유지됩니다.
이제 번영은 일상의 기준이 되고,
신의 비전은 형상으로 구현됩니다.

오 성모 마리아시여,
지구를 더 높은 상태로,
가속하는 노래를 내어 주소서.
이제 모든 물질이 눈부시게 반짝입니다.

봉인
I AM THAT I AM의 이름으로, 나는 대천사 미카엘과 아스트레아와 쉬바께서 나와 모든 건설적인 사람 주위에 뚫을 수 없는 보호막을 형성하여, 우리를 네 옥타브 안에 있는 모든 두려움 기반의 에너지로부터 봉인해 주심을 받아들입니다. 나는 신의 빛(Light of God)이 지구 여성들을 자유롭게 하는 데 저항하는, 어둠의 힘을 구성하는 두려움 기반의 모든 에너지를 변형하고 소멸하고 있음을 받아들입니다!
.

3
여성들이 무오류의 진리에
의문을 갖도록 일깨우기-2 (기원)

I AM THAT I AM, 예수 그리스도의 이름으로, 나는 지구에 육화한 존재로서 가진 내 권한을 사용하여 성모 마리아께 이 기원을 증폭해 달라고 요청합니다. 내 차크라들을 통해 이 기원문의 내용을 집단의식으로 방출하시어, 여성과 남성 모두가 타락한 존재들의 심리적, 영적 속박에서 자유로워지도록 의식을 일깨워 주소서. 우리는 영적인 존재들이며 상승 마스터들과 함께 일함으로써 새로운 미래를 공동창조할 수 있다는 진실(reality)을 일깨워 주소서. 나는 특히 이것을 요청합니다...
(여기에 개인적인 요청을 추가하세요)

파트 1

1. 성모 마리아시여, 여성들을 일깨워 그들이 감정체와 멘탈체, 정체성체 내의 집단 프로그래밍을 극복하고, 스스로 그로부터 자유롭게 되어 그것이 이루어질 수 있는 일임을 입증하게 하소서.

오 축복받은 성모 마리아, 나의 어머니시여,
당신의 사랑보다 더 큰 사랑은 없습니다.
우리가 가슴과 마음속에서 하나가 될 때,
나는 우주의 위계에서 내 자리를 발견합니다.

오 성모 마리아시여,
지구를 더 높은 상태로,
가속하는 노래를 내어 주소서.
이제 모든 물질이 눈부시게 반짝입니다.

2. 성모 마리아시여, 여성들을 일깨워 그들이 새로운 아이디어로 사회
에 도전할 수 있는 위치까지 오르게 하소서.

나는 지구의 상승을 돕기 위해,
하늘에서 지구로 내려왔습니다.
나는 신성한 권한을 사용하여,
지구를 자유롭게 하라고 당신에게 명합니다.

오 성모 마리아시여,
지구를 더 높은 상태로,
가속하는 노래를 내어 주소서.
이제 모든 물질이 눈부시게 반짝입니다.

3. 성모 마리아시여, 모든 나라의 여성들을 일깨워 자신의 신성한 계
획에 포함된 일을 성취하게 하소서. 그들이 자신들 나라의 집단적 저
항을 뚫고 나아가게 하소서.

나는 이제 신의 신성한 이름 안에서,
어머니의 화염을 사용해,
두려움에서 나온 에너지를 모두 불태우고,

신성한 조화를 회복하라고 당신께 요청합니다.

오 성모 마리아시여,
지구를 더 높은 상태로,
가속하는 노래를 내어 주소서.
이제 모든 물질이 눈부시게 반짝입니다.

4. 성모 마리아시여, 영적으로 가장 성숙한 여성들을 일깨워 그들이 자신의 신성한 계획에 규정한 가장 높은 잠재력을 성취하고, 나아가 육화하기 전에 품었던 비전 이상의 것을 성취하게 하소서.

나는 이로써 당신의 신성한 이름을 찬양하니,
당신은 집단의식을 들어올립니다.
어머니의 화염으로 불태우니,
두려움과 의심과 수치는 모두 사라집니다.

오 성모 마리아시여,
지구를 더 높은 상태로,
가속하는 노래를 내어 주소서.
이제 모든 물질이 눈부시게 반짝입니다.

5. 성모 마리아시여, 여성의 해방과 남성의 해방, 양성 평등에 대한 더욱 높은 아이디어에 조율하고 그것들을 받을 수 있는 사람들을 일깨우소서.

당신은 지상에서 모든 어둠을 몰아내고,
당신의 빛은 거대한 해일처럼 밀려옵니다.
어떤 어둠의 힘도 이제는,
상승나선을 멈출 수 없습니다.

오 성모 마리아시여,
지구를 더 높은 상태로,
가속하는 노래를 내어 주소서.
이제 모든 물질이 눈부시게 반짝입니다.

6. 성모 마리아시여, 여성들을 일깨워 이 가르침을 공유할 방법을 찾게 하시고, 2020년 이후의 10년을 지구에서 여성의 상황을 실제로 개선하는 기간으로 만들 선구자가 되게 하소서.

당신은 모든 엘리멘탈을 축복하며,
그들에게서 인간이 부과한 스트레스를 거두어 줍니다.
이제 자연의 정령들은 자유를 얻어,
신성한 디크리를 실현합니다.

오 성모 마리아시여,
지구를 더 높은 상태로,
가속하는 노래를 내어 주소서.
이제 모든 물질이 눈부시게 반짝입니다.

7. 성모 마리아시여, 여성들을 일깨워 2020년대의 이 10년 동안 여성 해방과 관련해서 실질적이고 현실적인 목표가 무엇인지 볼 수 있는 온전한 비전을 갖게 하소서.

나는 단호한 태도로 목소리를 높이며,
전쟁의 중단을 명합니다.
더 이상 지구는 전쟁으로 상처받지 않으며,
황금시대가 가까이 왔습니다.

오 성모 마리아시여,
지구를 더 높은 상태로,

가속하는 노래를 내어 주소서.
이제 모든 물질이 눈부시게 반짝입니다.

8. 성모 마리아시여, 여성의 해방을 위해 저개발국에 육화하기로 선택한 많은 성숙한 영혼들을 일깨우소서.

어머니 지구가 마침내 자유를 얻을 때,
재난들은 과거의 일이 됩니다.
어머니 빛은 너무나 강렬하여,
이제 물질의 밀도는 훨씬 낮아집니다.

오 성모 마리아시여,
지구를 더 높은 상태로,
가속하는 노래를 내어 주소서.
이제 모든 물질이 눈부시게 반짝입니다.

9. 성모 마리아시여, 자신의 나라를 진보시키기 위해 더욱 진보한 나라에, 또는 그사이 단계에 있는 나라에 육화하기로 선택한 성숙한 영혼들을 일깨우소서.

어머니 빛 안에서 지구는 순수해지고,
상향나선이 유지됩니다.
이제 번영은 일상의 기준이 되고,
신의 비전은 형상으로 구현됩니다.

오 성모 마리아시여,
지구를 더 높은 상태로,
가속하는 노래를 내어 주소서.
이제 모든 물질이 눈부시게 반짝입니다.

파트 2

1. 성모 마리아시여, 여성 해방과 관련해서 많이 진보하지 못한 나라의 여성들을 일깨워, 그들이 남녀평등과 여성 해방이라는 측면에서, 현재 가장 진보한 나라들의 위치까지 다음 10년 안에 따라잡고, 그 가까이에 도달하게 하소서.

오 축복받은 성모 마리아, 나의 어머니시여,
당신의 사랑보다 더 큰 사랑은 없습니다.
우리가 가슴과 마음속에서 하나가 될 때,
나는 우주의 위계에서 내 자리를 발견합니다.

오 성모 마리아시여,
지구를 더 높은 상태로,
가속하는 노래를 내어 주소서.
이제 모든 물질이 눈부시게 반짝입니다.

2. 성모 마리아시여, 좀 더 진보한 나라에서 육화한 여성들을 일깨우소서. 그리하여 그들 나라가 현재의 위치에서 더 나아가게 하고, 여성 해방과 양성 평등의 필요성을 더 많이 인식하게 도와주소서.

나는 지구의 상승을 돕기 위해,
하늘에서 지구로 내려왔습니다.
나는 신성한 권한을 사용하여,
지구를 자유롭게 하라고 당신에게 명합니다.

오 성모 마리아시여,
지구를 더 높은 상태로,
가속하는 노래를 내어 주소서.
이제 모든 물질이 눈부시게 반짝입니다.

3. 성모 마리아시여, 여성들을 일깨워 법이 남성과 여성에게 공평하게 적용될 수 있도록 남녀 간의 법적 평등을 가져오는 방법을 알게 하소서.

나는 이제 신의 신성한 이름 안에서,
어머니의 화염을 사용해,
두려움에서 나온 에너지를 모두 불태우고,
신성한 조화를 회복하라고 당신께 요청합니다.

오 성모 마리아시여,
지구를 더 높은 상태로,
가속하는 노래를 내어 주소서.
이제 모든 물질이 눈부시게 반짝입니다.

4. 성모 마리아시여, 여성들을 일깨워 그들이 직장에서 동등한 기회를 얻고, 동일 업무에 대해 동일 보수를 받으며, 여성들이 더 적은 보수를 받는 특정 직업에 한정되지 않는 방법을 알게 하소서.

나는 이로써 당신의 신성한 이름을 찬양하니,
당신은 집단의식을 들어올립니다.
어머니의 화염으로 불태우니,
두려움과 의심과 수치는 모두 사라집니다.

오 성모 마리아시여,
지구를 더 높은 상태로,
가속하는 노래를 내어 주소서.
이제 모든 물질이 눈부시게 반짝입니다.

5. 성모 마리아시여, 여성들을 일깨워 평등이 반드시 같음을 의미하지 않음을 알게 하소서. 평등이란 남성과 여성의 가치가 동일함을 보는

것이며, 여성이 사회에 동등한 기여를 하는 변화를 의미합니다.

당신은 지상에서 모든 어둠을 몰아내고,
당신의 빛은 거대한 해일처럼 밀려옵니다.
어떤 어둠의 힘도 이제는,
상승나선을 멈출 수 없습니다.

오 성모 마리아시여,
지구를 더 높은 상태로,
가속하는 노래를 내어 주소서.
이제 모든 물질이 눈부시게 반짝입니다.

6. 성모 마리아시여, 여성들을 일깨워 이것이 과거로부터 전해오는 진리, 즉 남녀의 역할과 관계를 규정해 놓은 신의 절대적 계시가 존재한다는 관념을 극복해야 하는 이유임을 알게 하소서.

당신은 모든 엘리멘탈을 축복하며,
그들에게서 인간이 부과한 스트레스를 거두어 줍니다.
이제 자연의 정령들은 자유를 얻어,
신성한 디크리를 실현합니다.

오 성모 마리아시여,
지구를 더 높은 상태로,
가속하는 노래를 내어 주소서.
이제 모든 물질이 눈부시게 반짝입니다.

7. 성모 마리아시여, 여성들을 일깨워 과거 대다수의 사회는 가부장적 사고방식을 가지고 있었음을 알게 하소서. 그 사회들은 남성이 지배했고, 이미 여성에 대해 특정한 태도를 지니고 있었습니다.

나는 단호한 태도로 목소리를 높이며,
전쟁의 중단을 명합니다.
더 이상 지구는 전쟁으로 상처받지 않으며,
황금시대가 가까이 왔습니다.

오 성모 마리아시여,
지구를 더 높은 상태로,
가속하는 노래를 내어 주소서.
이제 모든 물질이 눈부시게 반짝입니다.

8. 성모 마리아시여, 여성들을 일깨워 그 사회들이 기술적으로 엄청나게 진보했음에도, 남성과 여성, 남녀의 역할이라는 관점에서는 왜 마치 시계를 되돌린 것처럼 살아야 하는지를 보게 하소서.

어머니 지구가 마침내 자유를 얻을 때,
재난들은 과거의 일이 됩니다.
어머니 빛은 너무나 강렬하여,
이제 물질의 밀도는 훨씬 낮아집니다.

오 성모 마리아시여,
지구를 더 높은 상태로,
가속하는 노래를 내어 주소서.
이제 모든 물질이 눈부시게 반짝입니다.

9. 성모 마리아시여, 여성들을 일깨워 기술이 발전했듯이, 사회도 남녀를 바라보는 방식을 발전시켜야 함을 알게 하소서.

어머니 빛 안에서 지구는 순수해지고,
상향나선이 유지됩니다.
이제 번영은 일상의 기준이 되고,

신의 비전은 형상으로 구현됩니다.

오 성모 마리아시여,
지구를 더 높은 상태로,
가속하는 노래를 내어 주소서.
이제 모든 물질이 눈부시게 반짝입니다.

파트 3

1. 성모 마리아시여, 여성들을 일깨워 항상 지켜야 할 절대적이고 무오류의 계시인 특별한 경전이 있다는 관념에 의문을 제기하고, 결국에는 그것을 버릴 수 있게 하소서.

오 축복받은 성모 마리아, 나의 어머니시여,
당신의 사랑보다 더 큰 사랑은 없습니다.
우리가 가슴과 마음속에서 하나가 될 때,
나는 우주의 위계에서 내 자리를 발견합니다.

오 성모 마리아시여,
지구를 더 높은 상태로,
가속하는 노래를 내어 주소서.
이제 모든 물질이 눈부시게 반짝입니다.

2. 성모 마리아시여, 여성들을 일깨워 성경과 코란, 토라는 사람들이 가부장적이고 남성 지배적인 사고방식으로 삶을 바라봤던 시대에 주어졌던 것임을 알게 하소서.

나는 지구의 상승을 돕기 위해,
하늘에서 지구로 내려왔습니다.
나는 신성한 권한을 사용하여,

지구를 자유롭게 하라고 당신에게 명합니다.

오 성모 마리아시여,
지구를 더 높은 상태로,
가속하는 노래를 내어 주소서.
이제 모든 물질이 눈부시게 반짝입니다.

3. 성모 마리아시여, 여성들을 일깨워 전능한 신이라 해도 그 당시에 절대적인 계시를 줄 수 없었음을 알게 하소서. 왜냐하면, 이런 사고방식에 사로잡힌 사람들은 그것을 받아들일 수 없었을 것이기 때문입니다.

나는 이제 신의 신성한 이름 안에서,
어머니의 화염을 사용해,
두려움에서 나온 에너지를 모두 불태우고,
신성한 조화를 회복하라고 당신께 요청합니다.

오 성모 마리아시여,
지구를 더 높은 상태로,
가속하는 노래를 내어 주소서.
이제 모든 물질이 눈부시게 반짝입니다.

4. 성모 마리아시여, 여성들을 일깨워 신은 아브라함이나 모세에게 양성 평등을 고취하라고 말할 수 없었음을 알게 하소서.

나는 이로써 당신의 신성한 이름을 찬양하니,
당신은 집단의식을 들어올립니다.
어머니의 화염으로 불태우니,
두려움과 의심과 수치는 모두 사라집니다.

오 성모 마리아시여,
지구를 더 높은 상태로,
가속하는 노래를 내어 주소서.
이제 모든 물질이 눈부시게 반짝입니다.

5. 성모 마리아시여, 여성들을 일깨워 예수님은 남녀를 차별하지 않았지만, 이것이 그리스도교 경전에 정확히 기술되지 않았음을 알게 하소서. 그 이유는 그 경전을 썼던 사람들 역시 남성 지배적인 사고방식에 사로잡혀 있었기 때문입니다.

당신은 지상에서 모든 어둠을 몰아내고,
당신의 빛은 거대한 해일처럼 밀려옵니다.
어떤 어둠의 힘도 이제는,
상승나선을 멈출 수 없습니다.

오 성모 마리아시여,
지구를 더 높은 상태로,
가속하는 노래를 내어 주소서.
이제 모든 물질이 눈부시게 반짝입니다.

6. 성모 마리아시여, 앞으로 나아갈 준비가 된 큰 집단의 사람들을 일깨우소서. 그들은 수 세기 전 또는 수천 년 전에 쓰여진 경전이 어떤 식으로든 신이 준 것이 분명하기에 이의를 제기할 수 없다는 사고방식을 의식적으로 버릴 준비가 되었습니다.

당신은 모든 엘리멘탈을 축복하며,
그들에게서 인간이 부과한 스트레스를 거두어 줍니다.
이제 자연의 정령들은 자유를 얻어,
신성한 디크리를 실현합니다.

오 성모 마리아시여,
지구를 더 높은 상태로,
가속하는 노래를 내어 주소서.
이제 모든 물질이 눈부시게 반짝입니다.

7. 성모 마리아시여, 여성들을 일깨워 비록 신에게는 오류가 없다고
해도, 계시를 받는 사람들은 오류가 없지 않음을 알게 하소서. 지구상
에 절대적인 계시는 이전에도 없었고, 앞으로도 없을 것입니다.

나는 단호한 태도로 목소리를 높이며,
전쟁의 중단을 명합니다.
더 이상 지구는 전쟁으로 상처받지 않으며,
황금시대가 가까이 왔습니다.

오 성모 마리아시여,
지구를 더 높은 상태로,
가속하는 노래를 내어 주소서.
이제 모든 물질이 눈부시게 반짝입니다.

8. 성모 마리아시여, 여성들을 일깨워 점진적인 계시가 실재이고, 상
승 마스터들에게는 지금 줄 수 있는 것보다 더 많은 것이 있음을 알
게 하소서.

어머니 지구가 마침내 자유를 얻을 때,
재난들은 과거의 일이 됩니다.
어머니 빛은 너무나 강렬하여,
이제 물질의 밀도는 훨씬 낮아집니다.

오 성모 마리아시여,
지구를 더 높은 상태로,

가속하는 노래를 내어 주소서.
이제 모든 물질이 눈부시게 반짝입니다.

9. 성모 마리아시여, 여성들을 일깨워 집단의식 때문에 지구에서 완벽하고 점진적 계시를 줄 수 있던 시대는 결코 없었음을 알게 하소서.

어머니 빛 안에서 지구는 순수해지고,
상향나선이 유지됩니다.
이제 번영은 일상의 기준이 되고,
신의 비전은 형상으로 구현됩니다.

오 성모 마리아시여,
지구를 더 높은 상태로,
가속하는 노래를 내어 주소서.
이제 모든 물질이 눈부시게 반짝입니다.

파트 4

1. 성모 마리아시여, 여성들을 일깨워 인류를 조종하려는 자들이 계시와 신성한 경전의 개념을 무오류의 개념과 뒤섞어 놓았음을 알게 하소서. 그들은 성서에는 오류가 있을 수 없다고 사람들이 믿길 바랍니다. 왜냐하면, 이것이 점진적 계시를 향한 문을 닫아버리기 때문입니다.

오 축복받은 성모 마리아, 나의 어머니시여,
당신의 사랑보다 더 큰 사랑은 없습니다.
우리가 가슴과 마음속에서 하나가 될 때,
나는 우주의 위계에서 내 자리를 발견합니다.

오 성모 마리아시여,

지구를 더 높은 상태로,
가속하는 노래를 내어 주소서.
이제 모든 물질이 눈부시게 반짝입니다.

2. 성모 마리아시여, 여성들을 일깨워 그리스도교 성서가 쓰여진 이후
로 추가적인 것이 더해진다면, 그것은 그리스도교 성서가 무오류가
아니고, 오류가 있는 것이 분명하다는 의미라는 믿음에서 깨어나게
하소서.

나는 지구의 상승을 돕기 위해,
하늘에서 지구로 내려왔습니다.
나는 신성한 권한을 사용하여,
지구를 자유롭게 하라고 당신에게 명합니다.

오 성모 마리아시여,
지구를 더 높은 상태로,
가속하는 노래를 내어 주소서.
이제 모든 물질이 눈부시게 반짝입니다.

3. 성모 마리아시여, 여성들을 일깨워 자신이 무오류의 신념체계를 가
지고 있다고 믿게 만드는 안전욕구에서 벗어나게 하소서. 그들은 자
신이 이 체계를 믿고 그 규칙을 따른다면 이번 생 이후에 구원을 보
장받을 것이라고 믿고 있습니다.

나는 이제 신의 신성한 이름 안에서,
어머니의 화염을 사용해,
두려움에서 나온 에너지를 모두 불태우고,
신성한 조화를 회복하라고 당신께 요청합니다.

오 성모 마리아시여,

지구를 더 높은 상태로,
가속하는 노래를 내어 주소서.
이제 모든 물질이 눈부시게 반짝입니다.

4. 성모 마리아시여, 여성들을 일깨워 기꺼이 이 믿음을 포기하려 하지 않는 사람들은 견딜 수 없는 두려움 때문에 광신도가 된다는 사실을 알게 하소서.

나는 이로써 당신의 신성한 이름을 찬양하니,
당신은 집단의식을 들어올립니다.
어머니의 화염으로 불태우니,
두려움과 의심과 수치는 모두 사라집니다.

오 성모 마리아시여,
지구를 더 높은 상태로,
가속하는 노래를 내어 주소서.
이제 모든 물질이 눈부시게 반짝입니다.

5. 성모 마리아시여, 과거의 생에서 이 무오류의 신념체계 중 하나를 믿었지만, 외적 구원이라는 이 약속이 거짓임을 직접 경험한 사람들이 깨어나게 하소서.

당신은 지상에서 모든 어둠을 몰아내고,
당신의 빛은 거대한 해일처럼 밀려옵니다.
어떤 어둠의 힘도 이제는,
상승나선을 멈출 수 없습니다.

오 성모 마리아시여,
지구를 더 높은 상태로,
가속하는 노래를 내어 주소서.

이제 모든 물질이 눈부시게 반짝입니다.

6. 성모 마리아시여, 이 사람들을 일깨워 그들이 의식적인 수준을 돌파해서, 정체성체와 멘탈체에서 이미 알고 있는 것을 의식적인 인식으로 끌어오게 하소서. 이런 통찰이 물리적인 마음으로 내려오는 것을 가로막는 감정체 내의 두려움을 극복하게 하소서.

당신은 모든 엘리멘탈을 축복하며,
그들에게서 인간이 부과한 스트레스를 거두어 줍니다.
이제 자연의 정령들은 자유를 얻어,
신성한 디크리를 실현합니다.

오 성모 마리아시여,
지구를 더 높은 상태로,
가속하는 노래를 내어 주소서.
이제 모든 물질이 눈부시게 반짝입니다.

7. 성모 마리아시여, 사람들이 이렇게 깨닫게 하소서. 우리는 더 이상 무오류의 성서를 믿을 필요가 없다. 우리는 새로운 아이디어에 열릴 수 있다. 우리 사회에서 과거에 여성들이 대우받던 대로 여성들을 대할 필요가 없다.

나는 단호한 태도로 목소리를 높이며,
전쟁의 중단을 명합니다.
더 이상 지구는 전쟁으로 상처받지 않으며,
황금시대가 가까이 왔습니다.

오 성모 마리아시여,
지구를 더 높은 상태로,
가속하는 노래를 내어 주소서.

이제 모든 물질이 눈부시게 반짝입니다.

8. 성모 마리아시여, 여성들을 일깨워 현대 사회에서는, 수천 년 전에 여성들이 대우받던 방식대로 여성들을 대우할 필요가 없음을 알게 하소서. 나는 다가오는 2020년대의 다음 10년 동안 이러한 깨달음이 열리기를 요청합니다.

어머니 지구가 마침내 자유를 얻을 때,
재난들은 과거의 일이 됩니다.
어머니 빛은 너무나 강렬하여,
이제 물질의 밀도는 훨씬 낮아집니다.

오 성모 마리아시여,
지구를 더 높은 상태로,
가속하는 노래를 내어 주소서.
이제 모든 물질이 눈부시게 반짝입니다.

9. 성모 마리아시여, 여성들을 일깨워 남성들은 이런 절대주의 신념체계와 서사적 사고방식의 희생자가 되기 쉽다는 사실을 알게 하소서. 따라서, 사회가 서사적 사고방식이라는 이 절대주의 측면을 버리기 시작하는, 이 돌파구의 선구자가 될 수 있는 가장 큰 잠재력을 가진 사람들은 여성입니다.

어머니 빛 안에서 지구는 순수해지고,
상향나선이 유지됩니다.
이제 번영은 일상의 기준이 되고,
신의 비전은 형상으로 구현됩니다.

오 성모 마리아시여,
지구를 더 높은 상태로,

가속하는 노래를 내어 주소서.
이제 모든 물질이 눈부시게 반짝입니다.

봉인

I AM THAT I AM의 이름으로, 나는 대천사 미카엘과 아스트레아와 쉬바께서 나와 모든 건설적인 사람 주위에 뚫을 수 없는 보호막을 형성하여, 우리를 네 옥타브 안에 있는 모든 두려움 기반의 에너지로부터 봉인해 주심을 받아들입니다. 나는 신의 빛(Light of God)이 지구 여성들을 자유롭게 하는 데 저항하는, 어둠의 힘을 구성하는 두려움 기반의 모든 에너지를 변형하고 소멸하고 있음을 받아들입니다!

.

4
여성 억압의 배후에 있는 알려지지 않은 세력들

상승 마스터 폴셔

나는 상승 마스터 폴셔입니다. 이 기회를 통해, 진보적인 계시를 받고자 하는 여러분의 의지를 한 단계 더 높일 수 있는 기회를 드리겠습니다. 만일 우리가 아주 멀리 우주 공간으로 물러나 지구를 본다면, 우리가 보는 것은 무엇일까요? 이 행성에 대해 우주적인 관점에서 두드러지게 볼 수 있는 것이 무엇일까요? 눈에 띄는 한 가지는 아주 오랫동안, 인류가 특정한 사고방식에 갇혀왔다는 것입니다. 이것은 자신에게만 집중하는 사고방식이고, 자신의 현재 의식 수준을 넘어선 것에 대해서는 결코 의문을 갖지 않으며, 생각하거나, 느끼고, 감지하지 않는 사고방식입니다. 그것은 지금 여러분이 가진 의식 상태보다 더 높은 의식 상태가 있다는 것, 따라서 모든 것에는 더 높은 관점이 있다는 것을 인정하지 못하는 것(inability)이며, 타락한 존재들이 내켜 하지 않는 것입니다.

자기도취적인 의식 상태(나르시시즘)라고 부를 수 있는 이 의식 상태가 사람들에게 무슨 일을 하게 만들었을까요? 아주 간단한 일입니다. 그것은 사람들이 현재 의식 상태에 근거해서, 자기 자신과 자신이 직면한 환경 너머로 투사를 하게 만들었습니다. 바꿔 말하면, 인류는 (타락한 존재들에게 조종당했고, 이것을 나는 인정하지만, 그럼에도 불구하고) 자신들이 지구의 현 상황을 볼 수 있으며, 지구의 현 상황에 근거해서 지구 너머의 현실이 무엇인지 투사할 수 있다는 생각에 사로잡혀 있습니다. 여러분은 우주가 어떻게 기능하는지 투사할 수 있습니다. 여러분은 영적인 영역이나 하늘나라가 어떤 곳인지 투사할 수 있습니다. 심지어 현재 지구에서 관찰되는 것을 바탕으로 신이 어떤 존재인지도 투사할 수 있습니다.

인류는 폐쇄회로에 갇혀 있습니다

현재 지구에서 관찰되는 것은 실제이거나 실제와 어느 정도 연관되어 있다고 여러분은 생각합니다. 그러므로 이런 사고방식은 전체 우주, 심지어 신에 대해서도 뭔가를 이야기할 수 있으며, 이 뭔가는 보편적이고, 절대적이며, 영원한 진리여야 합니다. 왜냐하면, 여러분은 자신의 의식이 잘못됐거나, 제한되거나, 채색되거나, 주관적이거나, 현실과 완전히 동떨어질 수 있다고는 상상조차 할 수 없기 때문입니다. (말로만이 아니라 내가 방출하는 진동과 빛으로) 내가 주고자 하는 이 우주적인 관점에서 지구를 본다면, 지구에서 여러분이 보는 것은 폐쇄회로(a closed loop)에 갇혀 있는 사람들입니다. 그들은 매우 제한된 의식 상태에 있지만, 자신이 제한된 의식 상태에 있다고 인정하지 못합니다. 따라서 그들은 자신이 절대적인 진리를 인식할 수 있다고 생각합니다. 그들은 자신이 보는 것을 바탕으로, 자기 마음속에 있는 것을 바탕으로, 신, 혹은 전체 우주, 자연법칙이나 정치적 필요성, 아니면 역사적 필요성 등 자신이 가진 모든 것에 대한 절대적 진리를 투사할 수 있다고 생각합니다.

기회의 여신 사무국을 맡고 있는 나 폴셔는, 이로써 그 매트릭스를 산산이 부숴버립니다! 나는 정체성층, 멘탈층 그리고 감정층에 있는 그 매트릭스를 산산이 부숴버립니다. 나는 부숴버립니다. 부숴버립니다. 부숴버립니다. 부숴버립니다. 부숴버립니다. 부숴버립니다. 부숴버립니다. 부숴버립니다! 나는 그 너머를 기꺼이 보려는 이들에게 새로운 기회를 주고, 다마스커스로 향하던 바울에게 일어났던 일처럼, 갑자기 그들의 눈에서 비늘이 떨어져 나가도록 그것을 산산이 부숴버립니다. 그들은 이런 사고방식이 실제로 얼마나 제한적이고, 터무니없으며, 현실과 동떨어져 있는지를 보게 됩니다. 이 천년 전, 삼 천년 전 혹은 천년 전에는 지구가 전부라고 사람들이 생각했기 때문에, 그들이 이렇게 하기가 어려웠음을 나는 인정합니다. 많은 사람이 지구가 우주의 중심이며 우주는 지구 주위의 작은 거품일 뿐이고, 하늘이 있고, 하늘 위에 신과 천사들이 있다고 생각했습니다.

사랑하는 이들이여, 현재 우주가 광대하고, 어쩌면 무한하다는 사실을 모르는 사람이 있을까요? 수백만 혹은 수십억 개의 별을 가진, 심지어 말로 형용할 수 없는 수십억 개의 행성을 가진 은하가 있다는 말을 들어보지 않은 사람이 있을까요? 우주는 정말 광대해서, 빠르게 이동하는 빛이, 우주의 가장 먼 곳에서 지구에 도달하는 시간을 측정할 수 없을 정도입니다. 우주가 시작된 이래로 시간을 측정한 적이 없었습니다. 여러분 모두는 이것을 알고 있습니다! 지구에 있는 그 누구도 이것에 대해 들어보지 못했고, 여러분이 살고 있는 우주의 크기를 알지 못합니다. 그러므로, 여러분은 마음속으로 한 걸음 물러나서 자신이 무한한 해변의 한 점 먼지 같은 어느 작은 행성에 살고 있다는 것을 인지할 수 있어야 합니다. 무한한 해변의 모래 한 알, 여러분의 행성이 그렇습니다.

여러분은 이것들을 진심으로 믿나요? 나는 우리 학생인 여러분이 이 말을 안 믿는다는 것을 알지만, 그래도 이야기할 필요가 있기 때문에 집단의식에 대고 말합니다. 여러분은 이 작은 모래 한 알, 그리고 이 작은 모래 위에 있는 것들이 우주의 전체성이나 우주 너머에 있는 존재, 즉 창조주 자체에 대해 어떤 것을 말해 줄 수 있다고 진심으로 믿나요? 도대체 어떻게, 여기 지구에 앉아서 이 행성을 바라볼 수 있고, 이 행성이 얼마나 제한적인지 볼 수 있다는 환영을 유지할 수 있을까요? 그리고 이것이 우주에 대해, 신이나 영적인 영역에 대해 여러분에게 뭔가 말해 줄 수 있다고 생각할 수 있을까요? 어떻게 이런 생각을 할 수 있죠?

원시적인 행성이 어떻게 우주에 대해 말해 줄 수 있을까요?

이제, 반대쪽으로 가서, 지구 너머를 보고 그 뒤로 가는 대신, 곧바로 지구로 들어가세요. 이 행성을 둘러보고 상황을 살펴보세요. 우리는 여성에 초점을 맞추고 있습니다. 동유럽이나, 아시아, 아프리카, 그곳이 어디든 어느 작은 마을에서, 십 대에 유인되거나 납치되고 있는 이 여성들을 보세요. 그들은 더 잘 살게 해주겠다는 약속에 유혹되거나 아주 노골적으로 납치를 당하고 있습니다. 그들은 포로로 잡혀 있습니다. 그들은 납치범들에게 잔인하게 구타당하고 강간당합니다. 그런 다음 어쩌면 점점 마약에 중독될 수 있습니다. 그들은 자신들이 납치당하는 데 든 빚을 갚으려면 성매매를 해야 한다는 말을 듣습니다. 어떻게 자신을 납치하고 자신의 의지에 반대되는 행동을 하게 하는 사람에게 비용을 지불해야 하는 것일까요?

예를 들어, 인도의 상황을 보세요. 인도는 어린 시절부터 자신이 소녀이기 때문에 가치가 없다고 믿게 만드는 곳입니다. 그녀의 유일한 선택이 무엇일까요? 어떤 남자가 그녀를 가엾게 여겨 결혼하고, 자신이 평생 동안 육체적으로나 성적으로 그의 노예가 되기를 바라는 것입니다. 그녀는 여전히 자신이 쓸모없다고 느낍니다. 이것이 자연스럽다고 생각하세요? 이것이 우주 어디에서나 발견되는 최고의 조건이라고 생각하세요? 여러분은 이 행성이 수준 높은 행성이라고 생각하나요? 이 행성에서 여성이 어떤 취급을 당하는지 보고서도, 여러분은 이 행성이 수준 높은 행성이라고 생각하나요? 이처럼 원시적인 행성이 나머지 우주와 신에 대해 어떤 말을 해줄 수 있다고 생각하나요? 이것은 터무니없는 의식 상태입니다. 이것은 실재와는 완전히 동떨어진 의식 상태입니다. 너무 황당해서 지구에 눈길조차 주지 않으려는 존재들도 있습니다. 그들은 자기들이 보는 어떤 것도 강화하고 싶지 않기 때문에, 지구에 주의를 기울이지 않습니다.

마스터들은 자신의 빛을 낮춰야 합니다

지구와 함께 일하고 있는 상승 마스터들인 우리는, 어떤 의미에서는, 지구와 함께 일하기 위해서, 우리가 이 행성에서 보는 조건들을 강화하지 않고도 지구와 함께 일할 수 있는 지점까지 우리의 의식과 빛을 낮춰야 합니다. 음, 내가 강화한다고 말할 때, 이것은 반드시 조건들을 더 강화한다는 의미가 아닙니다. 그 말은, 만약 내가 가진 인식 전체로, 여성의 성매매, 인신매매를 본다면, 내 관심의 다리(bridge) 위로 흐르는 빛이 너무 강해져서 조건들을 부풀리고, 그 조건들이 더욱 극단적인 방식으로 작용하게 될 것이라는 의미입니다. 그래서 이것은, 여성에게 이런 행위를 저지르고 있는 사람들뿐만 아니라, 그 여성들에게도, 사회에도, 돈세탁과 이 모든 것을 허용하는 기관에도 대단히 파괴적인 결과를 가져올 것입니다. 달리 말하면, 그것은 사회가 무시할 수 없을 정도로 상황이 단숨에 무너지기 시작하고, 산산조각 나고, 부풀려지는 가속 효과를 가져올 것입니다. 너무 극적인 변화여서 매우 파괴적인 결과를 초래할 수 있습니다.

만약 내가 그렇게 한다면, 여러분은 이렇게 말할지도 모릅니다. "글쎄요. 그냥 끝내 버리고, 다음 단계로 넘어가서 이 행성의 여자들이 더 나은 조건들을 가질 수 있도록 이런 것들을 산산이 무너뜨리는 편이 더 낫지 않을까요?" 다시 말하지만, 이런 말은 이 행성에 대한 오해 때문에 할 수 있습니다. 여러분은, 심지어 상승 마스터 학생들조차, 상승 마스터인 우리가 구현되는 것을 보고 싶어하는 특정한 조건이 있으며, 이전 상승 마스터 조직의 많은 학생이 믿었듯이, 성 저메인은 거리에 황금 건물과 금이 가득한 멋진 도시들과 이 모든 것을 갖춘 황금시대를 위한 완벽한 매트릭스를 가지고 있다고 생각할 수도 있습니다.

우리가 거듭해서 말한 것이 무엇인가요? 우리는 자유의지의 제약 안에서 일하고 있습니다. 여러분이 현재 상태에 처한 이유가 무엇일까요? 그것은 여러분, 인류가 특정 의식 수준으로 들어가겠다고 집단으로 선택했기 때문입니다. 여성 학대를 포함해서, 여러분이 보는 조건들은 단지 그런 의식 상태의 물리적 결과(out-picturings)일 뿐입니다. 여러분은 자신의 자유의지를 사용해서 그런 의식 상태로 들어갔습니다. 우리의 목표는 단순히 지구에서 특정한 조건을 제거하는 것이 아니라, 최소한 임계수치의 사람들이, 희망컨대 대다수의 사람이, 그 의식 상태를 초월하겠다고 선택하여, 지구에서 이런 현상들이 제거될 수 있도록 집단과 개인의 의식을 점점 높이는 것입니다.

집단의식은 거품 속에 있습니다

사랑하는 이들이여, 다시 지구에서 한 발짝 물러나 우주적인 관점에서 지구를 바라본다면, 지구 행성은 자유의지를 극단적으로까지 펼치는 것이 허용되는(우리가 비자연 행성이라고 부르는) 행성 가운데 하나임을 알 수 있습니다. 그래서 행성이 이런 안개에, 이런 구름에 에워싸여 있는 것입니다. 집단의식이 사람들이 볼 수 없는 거품 속에 있는 이유가 그것입니다. 사람들은 자신의 의식 너머를 볼 수 없고, 우주와 신에게 그들이 볼 수 있는 것을 투사합니다. 왜냐하면, 그들은 자신들이 볼 수 있는 것이 이런 더 위대한 것들에 대해 실제로 뭔가를 말할 수 있는, 어떤 보편적이고 절대적인 타당성과 실재를 가지고 있다고 생각하기 때문입니다.

사랑하는 이들이여, 이것은 얼마나 큰 오해이며, 얼마나 완벽한 환영인가요! 다시 한번, 나 폴셔가 말합니다. 정체성 영역의 환영은 산산이 부서져라, 부서져라, 부서져라! 멘탈 영역의 환영은 산산이 부서져라. 부서져라. 부서져라! 감정 영역의 환영은 산산이 부서져라. 부서져라. 부서져라! 그리고 이번에도 말합니다. 물질 영역의 환영은 산산이 부서져라, 부서져라, 부서져라, 이제 사람들이 깨어나고, 임계수치의 사람들이 깨어나 인간들이 더 높은 실재나 더 높은 진리를 인식하지 못하는 제한된 의식 상태에 있다는 것을 깨달을 시간이 되었기 때문입니다.

지구 어디에도 절대적인 진리는 없습니다

따라서, 지구에서 우리가 보는 모든 것은 우리 의식 상태의 반영입니다. 내 말을 이해하겠습니까? 지구에는 진리가 무엇인지, 실재가 무엇인지에 대한 논쟁이 너무 많습니다. 누가 최종적인 진리를 가지고 있나요? 그리스도교인가요, 힌두교인가요, 이슬람교인가요? 물질주의인가요? 공산주의인가요? 이것인가요, 저것인가요? 누가 최종적인 진리를 가지고 있나요? 아니면 지구에 있는 사상 체계 가운데 어느 것이 궁극적인 것이며, 진정한 것인가요? 이런 논쟁은 지구에 틀림없이 어떤 진리가 있어야 한다는 가정이 있었던, 아주 아주 오래전부터 계속되어 왔습니다. 지구에는 궁극적인 의미에서 진실하고, 오류가 없는, 더 높은 근원에서 주어진 뭔가가 있어야 합니다.

그것은 완전히 환영입니다! 집단의식이 너무 제한되어 있기에, 지구 어디에도 절대적인 진리는 없습니다. 그것은 현존하는 진리 가운데 어느 것이 절대 진리인지를 결정하는 문제가 아닙니다. 그것은 절대적인 진리, 절대적 진리인 새로운 가르침을 가져오는 문제가 아닙니다. 그것은 지구조건들을 개선하는 열쇠가 의식을 높이는 것이고, 이것은 몇 단계를 거친다는 사실을 인정하는 문제입니다. 집단의식이 진정한 상위의 진리를 가져올 수 있는 수준이 되려면 갈 길이 아주아주 멉니다.

자, 여러분은 말합니다. "그렇다면 당신은 우리에게 이 구술문을 주면서 무슨 일을 하고 있나요? 절대적인 진리는 없다고 하면서 우리에게 절대적인 진리를 주고 있다고 말하지 않나요?" 사랑하는 이들이여, 이것이 정확히 타락한 의식이 모든 것을 추리하는 방법입니다. 절대적인 진리가 없다는 말이 곧 내 말이 절대적인 진리라는 주장은 아닙니다. 그러면 여러분은 돌리지 않고 이렇게 말할 수 있습니다. "하지만 만일 당신이 절대적인 진리가 없다고 말한다면, 그러면 당신의 진술이 절대적인 진리여야 합니다. 그러므로 당신은 모순됩니다." 사랑하는 이들이여, 여러분도 알다시피, 이것이 우리가 선형적인 마음이라고 부르는 것을 사용해서 폐쇄회로 안에서 추리하는 타락한 의식입니다. 이런 사고방식은 현실성이 없습니다.

내가 지구에 절대적인 진리가 없다고 말할 때, 절대적인 진리가 없다고 말하는 것이 아닙니다. 내 말의 의미는 현재의 집단의식 수준을 고려할 때, 사람들이 절대적인 진리를 인식하는 것이 가능하지 않다는 것입니다. 상승 마스터들이나 신 자신도 지구에 절대적인 진리를 내놓기는 불가능합니다. 현명한 사람들은 이것을 인식할 것이고, 지금 여러분이 인식할 수 있는 것, 여러분이 파악하고 이해할 수 있는 것은 여러분의 현재 의식 상태에 따라 제한될 것임을 인식할 것입니다. 비록 여러분이 144단계의 의식에 있고 상승에 가까이 있다 할지라도, 이 밀도 높은 행성에서 여러분이 파악하는 것은 여러분의 의식 수준에 의해 여전히 제한됩니다. 여러분은 상승할 때, 훨씬 더 많은 것을 파악하고, 경험하고, 보게 됩니다. 상승한 마스터와 상승하지 못한 사람 간의 차이는 엄청납니다. 그것은 양자 도약이며, 질적인 차이입니다. 비교할 수가 없습니다. 우리의 의식 상태 안에 있는 것이 어떤 것인지 표현할 방법이 없습니다. 경험하기 전에는, 여러분에게 그것은 실제가 아니기 때문입니다.

이해하겠지만, 앞서 얘기했듯이, 가르침을 말로 표현하는 데는 위험이 따릅니다. 그 위험은 여러분이 마음속에 진리가 무엇인지, 상승한 상태가 어떤지에 대한 정신적 이미지를 형성하고, 그것을 마음으로 투사하는 것입니다. 음, 많은 사람이 생각하듯이, 여러분은 여기 지구에서 신의 이미지를 만들 수 있다고 생각할지도 모릅니다. 그런 다음, 사람들은 그 이미지를 신에게 투사하고 있습니다. 그들이 이미지를 투사할 때, 신이나 실재에 어떤 영향을 미칩니다. 물론, 이것은 완전한 환영입니다.

실재를 이해할 수 있다고 생각하는 것은 어리석은 짓입니다

어떤 이미지, 어떤 우상을 투사하는 것은 영향을 미치지만, 그 영향력은 주로 자신의 의식 상태에 미칩니다. 마음속으로 절대적인 진리를 나타낸다고 생각하는 어떤 이미지를 공식화하자마자, 이것을 투사하면서, (신에게 투사하든, 실재나 우주 혹은 다른 사람에게 투사하든), 여러분이 하는 일은 무엇일까요? 여러분은 더 높은 이해, 더 높은 경험에 마음을 닫습니다. 그리고 진리를 이해할 수 있다고 생각합니다. 이 행성에 아주 오랫동안 드리워져 왔던 환영은 (많은 현대 국가에서 강화되어 대단히 지적이며 선형적인 것인데), 그것은 여러분이 실재를 이해할 수 있다는 것입니다.

여러분이 이해할 수 있는 것이 있습니다. 여러분은 자신의 환경에 속한 것을 이해할 수 있지만, 여러분이 그 환경 안에서 이해할 수 있는 것은 여러분의 의식 수준에 따라 결정됩니다. 여러분은 지구나 당면한 환경을 넘어선 것을 충분히 이해할 수 없습니다. 그것을 파악하고, 경험할 수 있지만, 이해할 수는 없습니다. 마음으로 이해하는 것은 인식 주체(the knower)와 인식 대상(the known), 알려고 하는 주체와 알아지는 객체 사이의 근본적인 이원성을 암시합니다. 정신적인 마음(mental mind)에는 언제나 근본적인 주체-객체의 이원성이 존재합니다. 네 하위체로는 그것을 초월할 수 없습니다.

정체성 수준으로도 그것을 넘어설 수 없습니다. 정체성 수준에서도 여러분은 자신을 하나의 주체, 한 개인, 한 존재, 한 인간인 사람으로 보기 때문입니다. 여러분은 자신과 연관된 외부 세계를 보고 있습니다. 따라서 멀리 떨어져서 관찰하고, 이해하고 있습니다. 이것은 여러분에게 진리에 대한 경험을 줄 수 없습니다. 우리가 뭐라고 말했습니까? 우리가 순수의식(pure awareness) 혹은 의식하는 자아(the Conscious You)라고 부르는, 여러분 존재의 핵심이 있습니다. 그것이 여러 시대를 거치며 신비주의자들이 다른 말, 다른 이름으로 얘기해 왔던 것입니다. 진실은 여러분은 현재의 마음 상태, 현재의 인식 필터, 네 하위체 밖으로 나갈 수 있는 능력이 있다는 것입니다. 다시 말하지만, 그것을 무엇이라 부르든, 여러분은 그것 밖으로 나가서 그것을 넘어선 실재를 경험할 수 있습니다. 여러분이 진리를 파악하고, 경험할 수 있는 방법은 이것입니다.

주체-객체의 이원성이 중단되고 초월되기 때문에, 여러분은 그것을 경험합니다. 그래서 적어도 아주 잠깐, 여러분은 인식 주체(the knower)와 인식 대상(the known) 사이의 일체성을 경험합니다. 이것이 실제로 실재를 알지는 못하지만, 여러분이 실재를 경험할 수 있는 방법입니다. 그런 경험을 하자마자, 여러분은 "평소의" 의식 상태로 다시 돌아옵니다. 만일 여러분이 평소의 의식 상태에서 사용하던 말이나 개념으로 그 경험을 묘사하려고 한다면, 그러면 이미 그 경험에서 벗어나게 되고, 여러분이 하는 묘사는 모두 그 경험보다 못한 것이 되어 버립니다.

자, 사랑하는 이들이여, 우리가 이것을 왜 여성 해방에 대한 컨퍼런스 주제로 제시하고 있을까요? 음, 성모 마리아께서 말씀하셨듯이, 과거부터 내려오는 어떤 절대적인 경전, 혹은 여자는 무엇이고 남자는 무엇인지를 정의하는 속성이 필요하다는 생각에 이의를 제기해야만, 여성을 해방할 수 있기 때문입니다. 나는 한 걸음 더 나아가 마음을 통해서는 실재를 알 수 없다는 깨달음 없이는 여성 억압에 도전할 방법이 없고, 오직 마음 밖으로 나와야만 한다는 것을 말하고 있습니다. 사실 영적, 뉴에이지적, 신비주의적, 심지어는 전통적인 종교를 봐도, 그런 조직에서 여성이 훨씬 더 활동적이라는 사실을 누구라도 알 수 있습니다. 여성들이 이런 아이디어에 훨씬 더 열려 있습니다. 여성들이 이런 아이디어를 더 잘 추진하고, 이런 아이디어에 대해 더 얘기하기 시작하고, 실천하며, 이런 경험을 더 잘 합니다. 그래서 여성이 더 쉽게 이런 시각을 바꿔 놓을 열린 문이 될 수 있습니다.

여성 학대에 대한 논리적인 설명

이런 관점은 어디에서 나왔을까요? 자, 다시 지구를 살펴봅시다. 납치되어 성매매를 강요당하는 젊은 여성들의 예를 다시 들어봅시다. 이제, 이것에 대해 자문해 보세요. 어떤 경우에는 여자들이 개입되기도 하지만, 대부분 그 배후에 남자들이 있는데, 남자들이 어린 여자나 어떤 경우에는 어린 소년까지 납치해서, 돈을 벌도록 매춘을 강요하는 원인이 무엇일까요? 정말로 단지 돈을 벌려고 그러는 것일까요?

이 사람들이 정말로 원했다면 돈을 버는 다른 방법을 찾을 수 있지 않았을까요? 남자들이 왜 이런 비인간적인 행위를 저지르는 도구가 되도록 스스로를 허용할까요? 단지 돈을 버는 데 필사적이어서 그럴까요? 사랑하는 이들이여, 아닙니다. 그것은 그들이 생각하지 않기 때문입니다. 그들은 의식하지 않습니다. 그들은 자각하지 않습니다.

자각하지 않는다는 의미가 무엇인가요? 자, 그들의 마음은 무언가에 사로잡혀 있습니다. 이것은 상승 마스터에 대해서 들어본 적이 없고, 상승 마스터에 대해 들을 필요도 없는 수많은 여성이 파악할 수 있는 아이디어입니다. 여자들을 학대하는 남자들을 볼 때, 일부 여성들은 잘 압니다. 그들은 개인적으로 남편이나 파트너에게 성적인 학대나 구타, 폭언 등 어떤 형태로든 학대를 당하고 있으므로 잘 알 것입니다. 그들이 이런 행동을 할 때 이 사람들을 살펴보고 그들의 눈을 보면, 이런 행동을 하는 것은 인간이 아니라는 것을 알 수 있습니다. 그 존재는 적어도, 지각이 있고, 감수성을 가진, 생명에 대한 연민을 가진 인간은 아닙니다. 따라서, 여러분은 반드시 말해야 합니다. 특히 한 남자가 다른 상황에서 다르게 행동할 수 있다는 것을 알면, 그가 그런 행동을 할 때 뭔가가 그 사람을 사로잡았다고 말해야 합니다.

그러면 그 뭔가가 무엇일까요? 바로 이 지점에서 우리가 집단 영체, 집단 야수라고 부르는 이런 것들이 존재한다는 생각에, 여성들이 마음을 열 수 있습니다. 이것들은 사람들이 오랜 기간 쏟아온 에너지와 관심에 의해 창조된 에너지 존재들입니다. 이 행성에서는 술이 아주 오랫동안 소비되어왔고, 누군가 술에 취하면 그 사람이 거기에 없다는 것을 알 수 있습니다. 뭐가 있을까요? 술 영체(alcohol entity)가 그 사람의 마음을 넘겨받습니다.

이것을 알아차리게 되면, 여러분은 사람들의 마음을 차지할 수 있는 눈에 보이지 않는 세력들이 정말로 있다는 것을 깨닫게 됩니다. 물론, 그들은 남자들만이 아니라 여자들의 마음도 장악할 수 있지만, 실제로는 일반적으로, 여자들보다 남자들이 이 에너지 존재들에게 더 많이 장악되어 있습니다. 더 많은 남자가 술, 폭력, 강제 성매매, 강간 같은 아주아주 파괴적인 이 모든 것들, 이 대단히 파괴적인 영체들에게 잡혀 있습니다. 따라서, 사회를 이런 것으로부터 자유롭게 하려고 한다면, 여성들이 이런 일을 할 수 있는 가장 큰 기회를 가진 사람들이며, 이런 영체들이 존재한다는 것을 자각하고, 그것에 관해 이야기하기 시작하고, 여기에 우리가 이해해야 할 뭔가가 있다고 말할 수 있는 사람이라고 내가 얘기하는 것입니다. 이것을 과학적으로 탐구할 필요가 있습니다. 그것을 심리학을 통해 탐구할 필요가 있습니다. 이런 현상을 우리가 이해할 때까지, 대안적인 방법, 대안적인 아이디어와 영적인 아이디어를 통해서도 탐구할 필요가 있습니다.

남자들이 우리를 학대할 때 그들의 마음을 장악하고 있는 것은 무엇일까? 그것이 무엇일까요? 학대를 당해 왔고, 제한되었고, 더 나은 삶을 누릴 자격이 있다고 생각하지 않으며, 자신들을 학대하는 이 남자에게 의존해서 살 수밖에 없다고 생각하는, 우리 자매들의 마음을 장악하고 있는 것은 무엇일까요? 이런 상황에 처하도록 조종되거나 강요되었기 때문에, 남은 생을, 아마도 60년, 70년 동안 이 상황을 견뎌야 한다고 그녀가 생각하게 만드는 것은 무엇일까요? 그것은 뭔가가 이 여자들의 마음도 장악하고 있어서, 그들이 어떤 탈출구나 대안을 상상조차 못하기 때문은 아닐까요?

여성을 학대하는 나르시시스트인 남자들과 다른 존재들

여러분이 여성으로서 사람들의 마음을 장악할 수 있는 무언가가 있다는 사실을 깨달을 때, 그러면 이것을 받아들일 수 있습니다. 이 아이디어를 흡수하고 수용한 다음, 한 걸음 더 나아갈 수 있고 내가 했던 말로 되돌아갈 수 있습니다. 지구에 있는 인간들이 진리를 아는 것이 가능하고, 그들이 마음으로 파악할 수 있는 특정한 아이디어들이 진짜이며, 어떤 현실성을 가졌고, 그들에게 진리라는 관념이 있는 이유가 무엇일까요? 이 전반적인 개념은 어디서 올까요? 어쩌면 이제 여러분은 이 개념이 육화 중인 나르시시스트인 남자들에게서 온다는 사실을 깨닫기 시작합니다. 그들은 자신들의 목적을 위해, 보통은 권력을 얻기 위해, 다른 사람들을 조종하려고 합니다. 다시 말하지만, 히틀러처럼 독일 국민을 조종하기 위해 아리안 인종과 초인(superhuman; 超人)이라는 개념을 이용했던 계속 반복되는 예가 있습니다. 하지만 세상에는 분명히 다른 사람들도 많습니다. 그리고 여러분은 가톨릭교회가 존재했던 17세기 동안 여자들을 왜 그렇게 억압했는지, 가톨릭교회는 왜 진정한 태도의 변화를 보이지 않는지 자문해 볼 수 있습니다. 왜 그럴까요?

여러분은 이렇게 말할 수 있습니다. "음, 이런 종류의 여성 억압을 조장하는 육화 중인 남자들이 있지요.", 하지만 단지 육화 중인 남자들만 보고 그것을 설명할 수 있을까요? 아니면 좀 더 물러나서 히틀러나 일부 교황들도 뭔가에 마음이 장악당해 왔다고 말해야 하지 않을까요? 그러면, 여러분은 한 남자의 마음이 술 영체에게 장악되어, 술을 마시면서 마음이 흥분상태가 되어 아내를 때리기 시작할 때를 구별할 수 있습니다. 이 술 영체는 실제로 생각하는 자가 아닙니다.

그 영체는 진정한 생각이 없습니다. 정교한 추리력이 없습니다. 그 영체는 사람들이 술을 마시기만 바랄 뿐입니다. 그리고 사람들이 폭력적이 되기를 바라는 폭력 영체가 있을 수도 있지만, 그 너머에는 실제로 생각하거나 추리하는 과정은 없습니다.

시간을 거슬러 여성 억압의 배후를 살펴보면, 제법 세련된 추론 과정에 근거한 일련의 대단히 정교한 아이디어들이 있습니다. 그러면 여러분은 이렇게 말할 수 있습니다. "하지만 이 생각들은 어디서 왔지요? 도대체 어떤 마음이 이런 생각을 해낼 수 있을까요? 히틀러가 정말 그렇게 똑똑했을까요? 그는 지적이고, 어떤 종류의 천재라는 실제 모습은 하나도 보여주지 않았습니다. 그는 이런 생각들을 어디서 얻었을까요?" 그러면, 적어도 몇몇 여성들은 우리가 제공해온 아이디어, 반드시 육화해 있지는 않지만, 상위 영역인 정체성층과 멘탈층에 존재하면서, 그곳에서 인간들을 조종하려고 하는 (우리가 타락한 존재들이라고 부르는) 나르시시스트들이 있다는 생각에 다가가게 될 것입니다.

바로 이들이 역사를 통틀어 절대적 진리로 규정되었거나 선포된 모든 관념을 제시한 존재들입니다. 그러면 여러분이 깨닫게 되는 것은 무엇일까요? 타락한 존재들은 왜 이렇게 할까요? 무엇 때문에 그들은 신의 이미지를 만들어서 투사하거나, 그것이 진짜 신이라고 현실에 투사하려 애쓸까요? 그들이 멀리 떨어져 있는 신을 알 수 있다고 생각하는 이유는 무엇일까요? 음, 그것은 타락한 존재들이 추락했을 때 벌어졌던 일 때문입니다. 추락 당시 그들은 여러분이 지구에 있는 인간이든 자연 행성에서 온 아바타이든, 여러분 대다수가 가진 이원성보다 훨씬 더 강력한 주체-객체의 이원성을 만들었습니다.

추락 과정은 여러분이 아바타 혹은 지구 거주자로서 경험하는 것보다 훨씬 더 강력한 주체-객체의 이원성을 창조하거나 강화하는 것입니다. 그 때문에 타락한 존재들은 내가 얘기했던 신비 경험들을 실제로 하지 못합니다. 마음을 너무 확고하게 닫고 있기 때문에, 그들은 자신들의 마음에서 벗어나 신의 실재를 경험할 수 없습니다. 타락한 존재들이 이런 경험을 할 기회를 상실했다는 말은 아니지만, 마음을 너무 확고하게 닫아버려서 그들의 마음 안에서 끌어당기는 그런 중력 때문에, 의식하는 자아가 그로부터 자유롭지 못하고 중립적이거나 순수한 의식을 경험하지 못합니다. 그래서, 그들은 창조자를 경험할 수 없습니다. 타락한 존재는 신의 존재를 경험할 수 없으므로 신의 실재를 알거나 경험하지 못합니다. 따라서 그들은 이미지를 통해 신과 관계 맺어야 합니다.

당연히, 타락한 존재들은 신에 대한 자기들의 이미지가 실재라고 확신합니다. 좀 더 이성적이고 이것을 의심할 수 있는 일부 타락한 존재들도 있지만, 그들은 자신들이 창조한 신의 이미지가 인간을 조종할 수 있는 환상적인 도구라고 보기 때문에, 굳이 거기에 의문을 제기하려 하지 않습니다. 물론 이런 태도는 그들을 자신들 마음의 폐쇄회로에 갇혀 있게 합니다. "마음이 출구가 없는 폐쇄회로가 되어버렸다.", 실제로 이것이 타락한 존재에 대한 하나의 간단한 정의입니다. 이것이 바로 그들이 오랫동안 남자들을 조종하기 위해 사용해온 도구입니다. 당연히, 남자들이 이것에 조종당하고 있고, 여자들도 그것에 조종당하고 있습니다.

남성을 우월한 성(性)으로 만들겠다는 결정

알다시피, 타락한 존재들은 아주 초기 단계에 이 행성에서 자신들의 통제에 대항해 사용될 수 있는 어떤 일을 했습니다. 우리가 여러분에게 얘기했던 어둠의 마스터를 포함해서, 특정한 타락한 존재들이 지구에서 남자를 우성, 여자를 열성으로 만들기로 결정한 시점이 있었습니다. 사랑하는 이들이여, 이제 여기서는 신중해야 합니다. 그들은 어쩌면 여성을 우성으로, 남성을 열성으로 만들겠다는 다른 결정을 했을 수도 있습니다. 몇몇 다른 비자연 행성에 그런 경우가 있습니다. 하지만 그들은 지구에서 남자들을 우성으로 만들겠다고 선택했습니다. 그것이 무슨 의미일까요? 자, 사랑하는 이들이여, 그것은 어떤 관점에서는 지구에서 남자가 되는 것에 이점이 있다는 뜻입니다.

많은 사회를 살펴보면 기본적으로 여자는 남자의 종이고 노예입니다. 그들은 온갖 일을 다하며 아이들을 키웁니다. 어떤 경우에는, 여자들이 물질적인 생활까지 책임져야 하는 반면, 남자들은 토라(Torah)를 공부하고, 술을 마시거나 무엇이든 다 합니다. 설령 그것이 진정한 이점이 아닐지라도, 어떤 남자들은 매우 불편하게 살아가는 것을 경험하고 있지만, 적어도 여자들의 삶에 비하면 훨씬 덜 불편하다고 말할 수 있습니다. 이것이 무슨 의미일까요? 남자들이 이것에 훨씬 더 적게 의문을 제기한다는 뜻입니다. 이런 사고방식으로부터 지구 행성을 해방할 수 있는 사람은 남자들이 아닙니다.

여자들은 남자들이 더 우월하다는 사고방식을 받아들이는 쪽에 있는 사람들입니다. 그들은 저지당하고 있는 존재들입니다. 그들은 억눌리고 제한당하고 있습니다. 그래서 이런 조종에서 해방되려는 욕구가 더 강합니다. 여성들이 행성을 이런 억압으로부터 자유롭게 할 선구자가 될 수 있는 기회가 더 많습니다. 그리고 이것이 타락한 존재들이 어찌할 바를 모르는 일입니다. 몇몇 타락한 존재들은 생각했습니다. "여자들을 열등한 성으로 만든 것이 실수였을까? 남자들을 열등한 성으로 만들어야 했을까?" 그들 중 일부는, 그런 생각을 하면서, 그것은 중요하지 않다고 깨닫기도 합니다. 어떤 선택을 했든 동일한 역학이 작용했을 것입니다. 억압된 성은 해방되려는 더 강한 욕구를 가지게 되므로, 그들은 타락한 존재들의 조작과 계략을 간파하고, 타락한 존재들이 근거한 거짓말을 보는 데 더 쉽게 마음을 열 가능성이 있습니다.

이것은 비자연 행성에서의 삶의 현실이기 때문에 불가피합니다. 일단 이원성에 들어가면, 두 가지 반대 극성이 있게 됩니다. 여러분이 권력을 가지고, 이득을 취하고, 우월해지기 위해서는, 한 극성은 높이고 다른 극성은 눌러버려야 됩니다. 이것이 이원성의 역학입니다. 그들이 지구에서 말하는 것처럼, "여러분은 해도 저주받고 안 해도 저주받습니다." 더 정확히 말하자면, 무슨 일을 하든 비용이 듭니다. 무슨 일을 하든 유리한 점과 불리한 점이 있습니다. 잠시 유리한 점을 즐길 수 있지만, 이원성의 본질 때문에, 지구 행성이 가진 밀도의 본질 때문에, 여러분이 행했던 일들의 불리한 점들이 여러분에게 되돌아오는 시점이 옵니다. 불리한 점이 돌아올 때, 여러분이 할 수 있는 일은 정말로 없습니다.

우주의 수레바퀴는 여성을 해방할 것입니다

사랑하는 이들이여, 내가 지금 하는 말을 잘 들으세요. 타락한 존재들은 어떤 선택을 했습니다. 그들은 여성을 억압하고 남성을 높이는 어떤 관념들을 만들어냈습니다. 오랜 세월 남성도 여성도 이것에 의문을 제기하지 않았지만, 이제 주기가 바뀌고 있으므로 이 시기는 끝나가고 있습니다. 이 주기가 끝나가고 있습니다. 이것은 상승 마스터인 우리가 빛을 방출하고 있다는 사실과 관련이 있습니다. 이것은 육화 중인 사람들이 이런 변화를 요청했다는 사실과 관계가 있습니다. 성모 마리아가 말씀하셨듯이, 이것은 여러분이 특정한 횟수만큼 남자들의 노예로 육화했을 때, 이것은 옳지 않고 바꿔야 하며, 여러분이 그것을 바꿀 수 있는 추진력을 가지고 있다는 내면의 앎을 가지고 육화해 왔던 것과 관계가 있습니다. 이 모든 것들이 합쳐지고 있고, 말하자면, 우리는 지금 우주적 수레바퀴가 돌면서 여성 해방을 가져오는 시점에 있습니다.

물론, 이것은 자유의지를 따릅니다. 타락한 존재들은 여성들이 깨어나는 것을 막기 위해 그들이 할 수 있는 일을 다할 것입니다. 그들은 여성이 깨어나 새로운 아이디어를 보고 이런 억압에서 자신을 해방하기로 결정하는 것을 막을 수 없습니다. 여성들이 변화를 원한다고 결정을 하면, 타락한 존재들은 그것을 막지 못합니다. 그들은 여자들을 무지하게 만들고, 소극적 상태를 유지하게 하며, 지식을 갖거나 자신을 자유롭게 하겠다고 결심하지 못하게 하면서, 변화를 지연시키려 할 수 있습니다. 하지만 일단 여자들이 깨어나 사회와 자신의 삶에서 더 높고 더 의식적인 결정을 하기 시작하면, 타락한 존재들은 그것을 막지 못합니다. 여성 해방 운동을 멈추기 위해 그들이 할 수 있는 일은 없습니다.

확실히, 현대 민주주의 국가에서 했던 것처럼, 그들이 그것을 지연시킬 수는 있습니다. 그들이 몇몇 이슬람 국가와 아프리카 국가에서는 더 지연시킬 수 있을지라도, 그것을 막지는 못합니다. 귀환 불능점 (a point of no return)이라는 개념이 있습니다. 음, 이제 돌이킬 수 없는 지점이 왔습니다. 그 때문에 우리가 이런 가르침들을 방출하고 있는 것입니다. 더욱 더 많은 여성이, "우리는 더 이상 우리 행성에서 여성에 대한 억압을 용납하지 않겠어요. 지구 행성은 우리의 행성이니까요."라는 깨달음에 깨어날 수 있도록, 눈덩이가 계속 굴러가며 점점 더 커져서 깨달은 여성들이 통합된 운동의 일원이 되고, 더 많은 여성을 포용할 수 있도록 강화하기 위해 우리는 이런 가르침을 방출합니다.

이런 일이 일어나고, 이것이 추진력을 가질 때, 타락한 존재들은 아무런 대항도 할 수 없습니다. 그들은 그것을 막지 못합니다. 방향을 바꿀 수도 없습니다. 그들은 자신들이 이 행성과 남성지배사회에 대해 가지고 있던 지배권을 잃는 것을 그저 지켜봐야만 합니다. 사회는 남성지배사회로 남지 않고 실제로 점점 더 균형을 이루게 됩니다. 지구에 여성들이 지배하는 모계사회가 출현하는 것은 보지 못할 것입니다. 여성들이 오랜 세월 남자들이 가졌던 것과 같은 힘을 갑자기 가지게 될 것이라는 극단적인 페미니스트들의 꿈은 이루어지지 않을 것입니다. 왜냐하면, 여성 억압이 타락한 존재들에 의해 추동되었듯이, 극단적인 페미니스트 운동과 여성들을 높여서 남성과 같은 힘을 갖게 한다는 그들의 시도 역시, 타락한 존재들이 주도하고 있기 때문입니다. 비록 그들 가운데 극소수는 다른 타락한 존재들을 반대하고 있지만 말입니다.

타락한 존재들은 불가피하게 분열됩니다

언제나 그렇듯이, 타락한 존재들이 이원성으로 들어갈 때 반드시 그런 것처럼 그들은 서로 분열되어 있습니다. 서로 다른 파벌을 이용해서 지구에 갈등과 혼란을 일으키는 수준으로 들어가는 경우를 제외하고는, 타락한 존재들에게 완전히 통합된 움직임은 있을 수 없습니다. 심지어 그때에도, 우위를 차지하려는 한 존재가 있을 것이고, 그런 우월감을 원하는 적어도 한 사람의 존재가 항상 있을 것이기에, 그때에도 통합이 이루어질 수 없습니다. 심지어는 그런 우월성을 인계받고 싶어하는 집단도 있을 수 있습니다. 따라서 공공연한 갈등을 초래하는 경쟁이 벌어집니다. 뭉치면 흥하고 흩어지면 쓰러집니다. 그리고 이미 쓰러졌다면, 분열될 수밖에 없습니다. 결코, 단결하지 못합니다.

현재로서는 이것들이 내가 여러분에게 주고 싶었던 개념입니다. 물론, 우리는 할 말이 훨씬 더 많습니다. 한 번 더, 이 아이디어로 마무리하고 싶습니다. 이 담화는 상승 마스터 학생을 포함해서, 모든 사람에게 마음을 열어 진보적인 계시를 받아들일 기회를 제공하기 위해 마련되었습니다. 우리는 이전에도 그것을 얘기했습니다. 상승 마스터인 우리는 일정 의식 수준의 사람들에게 가르침을 줄 수 있지만, 거기에는 언제나 사람들이 그 의식 수준을 초월하는 데 도움이 되는 가르침의 요소가 있습니다. 주어진 가르침을 이용해서 가르침의 목표가 되는 의식 수준을 초월한 사람들은 앞으로 나아갈 수 있고, 그들은 다음 형태(next form)에서, 다음의 메신저에게서(next messenger) 진보적 계시를 인식할 수 있습니다. 의식 수준을 초월하기 위해 가르침을 이용하지 않는 사람은 새로운 가르침을 인식할 수 없을 것입니다.

앞으로 나아가는 사람들은 우리가 어떤 조직을 통해 무언가를 말할 때, 그리고 새로운 수준의 진보적인 계시를 가져오기 위해 새로운 가르침을 제공할 때, 우리가 이전에 했던 말에 제약받지 않는다는 것을 인식해야 합니다. 우리가 이전에 했던 말들은 특정 의식 수준을 위한 것이었습니다. 궁극적인 실재가 아니었습니다. 그 말이 틀렸고, 거짓이고, 착오였다는 의미는 아니지만, 그것이 주어질 수 있는 최상의 관점은 아니라는 의미입니다. 이 말은 이전에 주어진 가르침들은 모두 특정한 의식 수준을 위해 주어진 것이라는 뜻입니다. 거기에는 남자와 여자, (남성 영혼, 여성 영혼, 쌍둥이 불꽃, 혹은 이런저런 것 등) 영혼에 대한 특정한 개념이 포함되어 있고, 의식 수준에 따라 주어질 수 있는 것이 한정되어 있었습니다.

현재, 우리는 수준이 더 높아졌습니다. 그것이 절대적인 수준은 아니지만, 물병자리 시대는 수준이 더 높습니다. 그래서 우리는 남자와 여자에 대해, 쌍둥이 불꽃과 영혼에 대해 더 높은 가르침을 주는 것을 목표로 합니다. 이것에 대해서는 컨퍼런스가 진행되면서 다른 마스터들이 상세히 설명해 줄 것입니다.

내가 이 가르침을 방출하도록, 여러분이 이 행성 어디에 있든지 여러분의 차크라와 오라를 이용해서, 이 강력한 자극을 집단의식에 방사하도록 기회를 준 여러분에게 감사합니다. 따라서 나는 말합니다. "부디 기회를 이용해서 자신을 초월하세요."

.

5
보이지 않는 세력들을
인식하기 위한 기원-1 (기원)

I AM THAT I AM, 예수 그리스도의 이름으로, 나는 지구에 육화한 존재로서 가진 내 권한을 사용하여 폴셔께 이 기원을 증폭해 달라고 요청합니다. 내 차크라들을 통해 이 기원문의 내용을 집단의식으로 방출하시어, 여성과 남성 모두가 타락한 존재들의 심리적, 영적 속박에서 자유로워지도록 의식을 일깨워 주소서. 우리는 영적인 존재들이며 상승 마스터들과 함께 일함으로써 새로운 미래를 공동창조할 수 있다는 진실(reality)을 일깨워 주소서. 나는 특히 이것을 요청합니다...
(여기에 개인적인 요청을 추가하세요)

파트 1

1. 사랑하는 폴셔여, 여성들을 일깨워 인류가 자신에게 집중하는 사고방식에 갇혀 있으며, 우리의 현재 의식 수준 너머에는 아무것도 없다고 생각하고, 느끼고, 감지함을 알게 하소서.

오 폴셔여, 당신의 은거처에서,

당신은 어머니의 사랑으로 나를 맞이합니다.
나는 이제 모든 시험을 완료했으며,
더 이상 옛 패턴을 반복하지 않습니다.

오 폴셔, 기회의 시혜자여,
나는 이원성을 초월합니다.
나는 이제 내면에 초점을 두며,
당신과 함께 영원히 성장합니다.

2. 사랑하는 폴셔여, 여성들을 일깨워 우리가 지금 가진 것보다 더 높은 의식 상태, 모든 것에 대한 더 높은 관점이 있음을 인정하지 못하는 상태에 갇혀 있음을 알게 하소서.

오 폴셔여, 정의는 당신의 이름이며,
우주적 영광의 불꽃을 들어올립니다.
현상 유지를 하기 위한 게임을,
나는 더 이상 하지 않을 것입니다.

오 폴셔, 기회의 시혜자여,
나는 이원성을 초월합니다.
나는 이제 내면에 초점을 두며,
당신과 함께 영원히 성장합니다.

3. 사랑하는 폴셔여, 여성들을 일깨워 이 자아도취적(나르시시스트) 의식 상태는, 우리로 하여금 현재 의식 상태를 바탕으로 우리 자신과 당면한 환경 너머로 투사하게 만든다는 사실을 알게 하소서.

오 폴셔여, 나는 우주의 흐름 안에서,
당신과 하나 되어 영원히 성장합니다.
나는 당신이 부여하는 우주의 정의를 담는,

이곳 지상의 성배입니다.

오 폴셔, 기회의 시혜자여,
나는 이원성을 초월합니다.
나는 이제 내면에 초점을 두며,
당신과 함께 영원히 성장합니다.

4. 사랑하는 폴셔여, 여성들을 일깨워 인간들이 지구의 현 상황을 볼 수 있고, 현 상황을 바탕으로 지구 너머의 실재는 어떤지, 우주가 어떻게 기능하는지, 영적인 영역은 어떤지를 투사할 수 있다는 생각에 갇혀 있음을 알게 하소서.

오 폴셔여, 우주적인 균형을 가져오소서.
내 가슴은 영원한 희망을 노래합니다.
어머니의 날개는 나를 보호하고,
나는 만물과 하나됨을 느낍니다.

오 폴셔, 기회의 시혜자여,
나는 이원성을 초월합니다.
나는 이제 내면에 초점을 두며,
당신과 함께 영원히 성장합니다.

5. 사랑하는 폴셔여, 여성들을 일깨워 우리가 지구에서 관찰하는 것이 어느 정도 실재라고 생각함을 알게 하소서. 따라서 우리는 그것이 전체 우주에 대해 뭔가를 말해 줄 수 있고, 보편적이며 절대적인 영원한 진실이라고 생각합니다.

오 폴셔여, 어머니의 빛을 가져오시어,
모두를 암흑의 밤에서 해방하소서.
당신 사랑의 화염은 영원토록 밝게 빛나니,

이제 성 저메인과 함께 나를 굳게 잡아주소서.

오 폴셔, 기회의 시혜자여,
나는 이원성을 초월합니다.
나는 이제 내면에 초점을 두며,
당신과 함께 영원히 성장합니다.

6. 사랑하는 폴셔여, 여성들을 일깨워 우리의 의식은 틀릴 수 있고, 제한될 수 있으며, 채색되며 주관적일 수 있고, 완전히 현실과 동떨어질 수 있음을 알게 하소서.

오 폴셔여, 나는 변형의 연금술에,
통달한 당신을 느낍니다.
당신이 발하는 실재의 빛 안에서,
나는 황금의 연금술을 발견합니다.

오 폴셔, 기회의 시혜자여,
나는 이원성을 초월합니다.
나는 이제 내면에 초점을 두며,
당신과 함께 영원히 성장합니다.

7. 사랑하는 폴셔여, 여성들을 일깨워 지구에 있는 사람들이 폐쇄회로 (closed loop)에 갇혀 있음을 알게 하소서. 그들은 매우 제한된 의식 상태에 있지만, 자신이 제한된 의식 상태에 있다고 인정하지 못합니다. 따라서 그들은 자신이 절대적인 진리를 인식할 수 있다고 생각합니다.

오 폴셔여, 우주의 흐름 안에서,
나는 인간의 꿈에서 깨어납니다.
에고의 들보를 제거하며,

나는 우주의 팀에 내 자리를 얻습니다.

오 폴셔, 기회의 시혜자여,
나는 이원성을 초월합니다.
나는 이제 내면에 초점을 두며,
당신과 함께 영원히 성장합니다.

8. 사랑하는 폴셔여, 여성들을 일깨워 사람들은 자신이 보는 것과 마음속에 있는 것을 바탕으로 생각함을 알게 하소서. 그들은 신이나 전체 우주, 자연법칙, 정치적인 필요성이나 역사적 필요성에 대해 절대 진리를 투사할 수 있습니다.

오 폴셔여, 당신은 아득히 먼 곳에서 온,
우주의 아바타입니다.
당신이 펼치는 은혜에는 한계가 없고,
당신은 지구를 인도하는 별입니다.

오 폴셔, 기회의 시혜자여,
나는 이원성을 초월합니다.
나는 이제 내면에 초점을 두며,
당신과 함께 영원히 성장합니다.

9. 사랑하는 폴셔여, 나는 당신께 그 매트릭스를 산산이 부숴 달라고 요청합니다! 정체성층, 멘탈층, 그리고 감정층에 있는 그 매트릭스를 산산이 부숴주소서. 부숴주소서. 부숴주소서. 부숴주소서. 부숴주소서. 부숴주소서. 부숴주소서. 부숴주소서. 부숴주소서!

오 폴셔여, 나는 확신으로 충만한,
우주의 악기입니다.
나는 지구의 상승을 돕기 위해,

하늘에서 지구로 내려왔습니다.

오 폴셔, 기회의 시혜자여,
나는 이원성을 초월합니다.
나는 이제 내면에 초점을 두며,
당신과 함께 영원히 성장합니다.

파트 2

1. 사랑하는 폴셔여, 그 매트릭스를 산산조각 내셔서 사람들이 그 너머를 볼 수 있는 새로운 기회를 얻게 하소서. 갑자기 눈에서 비늘이 떨어져 나가, 이런 사고방식이 실제로 얼마나 제한적이고 터무니없으며, 현실과 동떨어져 있는지를 볼 수 있게 하소서.

오 폴셔여, 당신의 은거처에서,
당신은 어머니의 사랑으로 나를 맞이합니다.
나는 이제 모든 시험을 완료했으며,
더 이상 옛 패턴을 반복하지 않습니다.

오 폴셔, 기회의 시혜자여,
나는 이원성을 초월합니다.
나는 이제 내면에 초점을 두며,
당신과 함께 영원히 성장합니다.

2. 사랑하는 폴셔여, 여성들이 우리가 무한한 해변의 모래 한 알처럼 작은 행성에 살고 있음을 깨닫게 도와주소서. 이 작은 모래 한 알과 여기 있는 것들은 우리에게 우주 전체나 우주 너머에 있는 존재, 즉 창조주 자체에 대해서 아무 말도 해줄 수 없습니다.

오 폴셔여, 정의는 당신의 이름이며,

우주적 영광의 불꽃을 들어올립니다.
현상 유지를 하기 위한 게임을,
나는 더 이상 하지 않을 것입니다.

오 폴셔, 기회의 시혜자여,
나는 이원성을 초월합니다.
나는 이제 내면에 초점을 두며,
당신과 함께 영원히 성장합니다.

3. 사랑하는 폴셔여, 여성들을 일깨워 우리가 여기 지구에 앉아서 이 행성을 살펴보고 이 행성이 얼마나 제한적인지 볼 수 있으며, 이 행성이 우주나 신에 대해, 영적인 영역에 대해 뭔가 말해 줄 수 있다는 환영에서 깨어나게 하소서.

오 폴셔여, 나는 우주의 흐름 안에서,
당신과 하나 되어 영원히 성장합니다.
나는 당신이 부여하는 우주의 정의를 담는,
이곳 지상의 성배입니다.

오 폴셔, 기회의 시혜자여,
나는 이원성을 초월합니다.
나는 이제 내면에 초점을 두며,
당신과 함께 영원히 성장합니다.

4. 사랑하는 폴셔여, 여성들을 일깨워 우리가 지구에서 학대당하는 여성들을 볼 때, 이런 학대는 당연하고, 우주 어디에서나 볼 수 있는 최고의 조건이라고 생각하는 것을 용납할 수 없음을 알게 하소서.

오 폴셔여, 우주적인 균형을 가져오소서.
내 가슴은 영원한 희망을 노래합니다.

어머니의 날개는 나를 보호하고,
나는 만물과 하나됨을 느낍니다.

오 폴셔, 기회의 시혜자여,
나는 이원성을 초월합니다.
나는 이제 내면에 초점을 두며,
당신과 함께 영원히 성장합니다.

5. 사랑하는 폴셔여, 여성들을 일깨워 이 행성은 수준 높은 행성이 아님을 알게 하소서. 이 행성에서 여성들이 어떻게 취급받고 있는지를 보면, 이 행성이 수준 높은 행성이라고 생각할 수 없습니다. 따라서, 이런 원시적인 행성은 우리에게 나머지 우주에 대해 어떤 말도 해줄 수 없습니다.

오 폴셔여, 어머니의 빛을 가져오시어,
모두를 암흑의 밤에서 해방하소서.
당신 사랑의 화염은 영원토록 밝게 빛나니,
이제 성 저메인과 함께 나를 굳게 잡아주소서.

오 폴셔, 기회의 시혜자여,
나는 이원성을 초월합니다.
나는 이제 내면에 초점을 두며,
당신과 함께 영원히 성장합니다.

6. 사랑하는 폴셔여, 여성들을 일깨워 이것은 터무니없는 의식 상태임을 알게 하소서. 이것은 실재와는 완전히 동떨어진 의식 상태입니다.

오 폴셔여, 나는 변형의 연금술에,
통달한 당신을 느낍니다.
당신이 발하는 실재의 빛 안에서,

나는 황금의 연금술을 발견합니다.

오 폴셔, 기회의 시혜자여,
나는 이원성을 초월합니다.
나는 이제 내면에 초점을 두며,
당신과 함께 영원히 성장합니다.

7. 사랑하는 폴셔여, 여성들을 일깨워 우리가 지구에서 현재의 조건을 갖게 된 이유는, 우리가 어떤 의식 수준으로 들어갈 것을 선택했기 때문임을 알게 하소서.

오 폴셔여, 우주의 흐름 안에서,
나는 인간의 꿈에서 깨어납니다.
에고의 들보를 제거하며,
나는 우주의 팀에 내 자리를 얻습니다.

오 폴셔, 기회의 시혜자여,
나는 이원성을 초월합니다.
나는 이제 내면에 초점을 두며,
당신과 함께 영원히 성장합니다.

8. 사랑하는 폴셔여, 여성들을 일깨워 여성 학대를 포함한 현 상황은, 그런 의식 상태의 물리적 결과(out-picturings)일 뿐임을 알게 하소서.

오 폴셔여, 당신은 아득히 먼 곳에서 온,
우주의 아바타입니다.
당신이 펼치는 은혜에는 한계가 없고,
당신은 지구를 인도하는 별입니다.

오 폴셔, 기회의 시혜자여,

나는 이원성을 초월합니다.
나는 이제 내면에 초점을 두며,
당신과 함께 영원히 성장합니다.

9. 사랑하는 폴셔여, 여성들을 일깨워 지구에서 이런 징후들이 제거될 수 있도록, 임계수치의 사람들이 그런 의식 상태를 넘어서겠다고 선택할 수 있는 지점까지 집단의식과 개인 의식을 높여야 함을 알게 하소서.

오 폴셔여, 나는 확신으로 충만한,
우주의 악기입니다.
나는 지구의 상승을 돕기 위해,
하늘에서 지구로 내려왔습니다.

오 폴셔, 기회의 시혜자여,
나는 이원성을 초월합니다.
나는 이제 내면에 초점을 두며,
당신과 함께 영원히 성장합니다.

파트 3

1. 사랑하는 폴셔여, 여성들을 일깨워 지구에서 자유의지는 극단적으로까지 펼쳐질 수 있게 허용되었음을 알게 하소서. 이 행성이 안개에 에워싸여 있고, 집단의식이 사람들이 볼 수 없는 거품 속에 있는 이유가 바로 그것입니다.

오 폴셔여, 당신의 은거처에서,
당신은 어머니의 사랑으로 나를 맞이합니다.
나는 이제 모든 시험을 완료했으며,
더 이상 옛 패턴을 반복하지 않습니다.

오 폴셔, 기회의 시혜자여,
나는 이원성을 초월합니다.
나는 이제 내면에 초점을 두며,
당신과 함께 영원히 성장합니다.

2. 사랑하는 폴셔여, 여성들을 일깨워 우리가 우리의 의식 너머를 보지 못함을 알게 하소서. 우리는 우리가 볼 수 있는 것이 보편적이고 절대적인 타당성과 실재를 가졌다고 생각합니다. 이것은 오해이며, 완전한 환영입니다.

오 폴셔여, 정의는 당신의 이름이며,
우주적 영광의 불꽃을 들어올립니다.
현상 유지를 하기 위한 게임을,
나는 더 이상 하지 않을 것입니다.

오 폴셔, 기회의 시혜자여,
나는 이원성을 초월합니다.
나는 이제 내면에 초점을 두며,
당신과 함께 영원히 성장합니다.

3. 사랑하는 폴셔여, 정체성 영역의 환영을 산산이 부숴주소서. 부숴주소서. 부숴주소서! 멘탈 영역의 환영을 산산이 부숴주소서. 부숴주소서. 부숴주소서! 감정 영역의 환영을 산산이 부숴주소서. 부숴주소서. 부숴주소서! 물질 영역의 환영을 산산이 부숴주소서. 부숴주소서. 부숴주소서.

오 폴셔여, 나는 우주의 흐름 안에서,
당신과 하나 되어 영원히 성장합니다.
나는 당신이 부여하는 우주의 정의를 담는,
이곳 지상의 성배입니다.

오 폴셔, 기회의 시혜자여,
나는 이원성을 초월합니다.
나는 이제 내면에 초점을 두며,
당신과 함께 영원히 성장합니다.

4. 사랑하는 폴셔여, 여성들을 일깨워 우리 인간들이 더 높은 실재나 더 높은 진리를 전혀 인식하지 못하는 제한된 의식 상태에 있음을 알게 하소서.

오 폴셔여, 우주적인 균형을 가져오소서.
내 가슴은 영원한 희망을 노래합니다.
어머니의 날개는 나를 보호하고,
나는 만물과 하나됨을 느낍니다.

오 폴셔, 기회의 시혜자여,
나는 이원성을 초월합니다.
나는 이제 내면에 초점을 두며,
당신과 함께 영원히 성장합니다.

5. 사랑하는 폴셔여, 여성들을 일깨워 진리가 무엇인지, 실재가 무엇인지 논쟁하는 것은 무익함을 알게 하소서. 그것은 지구에 반드시 어떤 진리가 있어야 한다는 이런 가정을 바탕으로 합니다. "지구에는 궁극적인 의미에서 진실하고, 오류가 없는, 더 높은 근원에서 주어진 뭔가가 있어야 합니다."

오 폴셔여, 어머니의 빛을 가져오시어,
모두를 암흑의 밤에서 해방하소서.
당신 사랑의 화염은 영원토록 밝게 빛나니,
이제 성 저메인과 함께 나를 굳게 잡아주소서.

**오 폴셔, 기회의 시혜자여,
나는 이원성을 초월합니다.
나는 이제 내면에 초점을 두며,
당신과 함께 영원히 성장합니다.**

6. 사랑하는 폴셔여, 여성들을 일깨워 이것이 완벽한 환영임을 알게 하소서! 집단의식이 너무 제한되어 있기에, 지구 어디에도 절대적인 진리는 없습니다.

오 폴셔여, 나는 변형의 연금술에,
통달한 당신을 느낍니다.
당신이 발하는 실재의 빛 안에서,
나는 황금의 연금술을 발견합니다.

**오 폴셔, 기회의 시혜자여,
나는 이원성을 초월합니다.
나는 이제 내면에 초점을 두며,
당신과 함께 영원히 성장합니다.**

7. 사랑하는 폴셔여, 여성들을 일깨워 그것은 현존하는 진리 중 어느 것이 절대적인 진리인지를 결정하는 문제가 아님을 알게 하소서. 그것은 절대적 진리인 새로운 가르침을 가져오는 문제가 아닙니다.

오 폴셔여, 우주의 흐름 안에서,
나는 인간의 꿈에서 깨어납니다.
에고의 들보를 제거하며,
나는 우주의 팀에 내 자리를 얻습니다.

**오 폴셔, 기회의 시혜자여,
나는 이원성을 초월합니다.**

나는 이제 내면에 초점을 두며,
당신과 함께 영원히 성장합니다.

8. 사랑하는 폴셔여, 여성들을 일깨워 지구의 조건들을 개선하는 열쇠
는 의식을 높이는 것이고, 이것은 여러 단계를 거친다는 사실을 인식
하는 문제임을 알게 하소서. 집단의식이 진정한 상위의 진리를 가져
올 수 있는 수준이 되려면 갈 길이 아주 멉니다.

오 폴셔여, 당신은 아득히 먼 곳에서 온,
우주의 아바타입니다.
당신이 펼치는 은혜에는 한계가 없고,
당신은 지구를 인도하는 별입니다.

오 폴셔, 기회의 시혜자여,
나는 이원성을 초월합니다.
나는 이제 내면에 초점을 두며,
당신과 함께 영원히 성장합니다.

9. 사랑하는 폴셔여, 여성들을 일깨워 집단의식의 현재 수준을 고려할
때, 사람들이 절대적인 진리를 인식하는 것이 불가능함을 알게 하소
서. 지구에 절대적인 진리를 가져오는 것은 가능하지 않습니다.

오 폴셔여, 나는 확신으로 충만한,
우주의 악기입니다.
나는 지구의 상승을 돕기 위해,
하늘에서 지구로 내려왔습니다.

오 폴셔, 기회의 시혜자여,
나는 이원성을 초월합니다.
나는 이제 내면에 초점을 두며,

당신과 함께 영원히 성장합니다.

파트 4

1. 사랑하는 폴셔여, 여성들을 일깨워 우리가 지금 인식하고, 파악하고, 이해할 수 있는 것은 우리의 현재 의식 상태에 따라 제한됨을 알게 하소서.

오 폴셔여, 당신의 은거처에서,
당신은 어머니의 사랑으로 나를 맞이합니다.
나는 이제 모든 시험을 완료했으며,
더 이상 옛 패턴을 반복하지 않습니다.

오 폴셔, 기회의 시혜자여,
나는 이원성을 초월합니다.
나는 이제 내면에 초점을 두며,
당신과 함께 영원히 성장합니다.

2. 사랑하는 폴셔여, 여성들을 일깨워 많은 사람이 신의 이미지를 형성하고 그 이미지를 투사할 때, 신이나 실재에 어떤 영향을 미친다고 생각함을 알게 하소서. 이것은 완전한 환영입니다.

오 폴셔여, 정의는 당신의 이름이며,
우주적 영광의 불꽃을 들어올립니다.
현상 유지를 하기 위한 게임을,
나는 더 이상 하지 않을 것입니다.

오 폴셔, 기회의 시혜자여,
나는 이원성을 초월합니다.
나는 이제 내면에 초점을 두며,

당신과 함께 영원히 성장합니다.

3. 사랑하는 폴셔여, 여성들을 일깨워 어떤 이미지나 우상을 투사하는 것이 영향력을 가지지만, 주로 우리의 의식 상태에 영향을 미친다는 것을 알게 하소서.

오 폴셔여, 나는 우주의 흐름 안에서,
당신과 하나 되어 영원히 성장합니다.
나는 당신이 부여하는 우주의 정의를 담는,
이곳 지상의 성배입니다.

오 폴셔, 기회의 시혜자여,
나는 이원성을 초월합니다.
나는 이제 내면에 초점을 두며,
당신과 함께 영원히 성장합니다.

4. 사랑하는 폴셔여, 여성들을 일깨워 우리가 마음속으로 어떤 절대적 진리를 나타낸다고 생각하는 이미지를 형성하자마자, 이를 밖으로 투사하며, 더 높은 이해, 더 높은 경험을 할 수 있는 우리의 마음을 닫아버림을 알게 하소서.

오 폴셔여, 우주적인 균형을 가져오소서.
내 가슴은 영원한 희망을 노래합니다.
어머니의 날개는 나를 보호하고,
나는 만물과 하나됨을 느낍니다.

오 폴셔, 기회의 시혜자여,
나는 이원성을 초월합니다.
나는 이제 내면에 초점을 두며,
당신과 함께 영원히 성장합니다.

5. 사랑하는 폴셔여, 여성들을 일깨워 아주 오랫동안 이 행성에 드리워졌던, 우리가 실재(reality)를 이해할 수 있다는 환영을 보게 하소서. 그것은 많은 현대 국가에서 강화되어오면서 대단히 지적이고 선형적으로 되었습니다.

오 폴셔여, 어머니의 빛을 가져오시어,
모두를 암흑의 밤에서 해방하소서.
당신 사랑의 화염은 영원토록 밝게 빛나니,
이제 성 저메인과 함께 나를 굳게 잡아주소서.

오 폴셔, 기회의 시혜자여,
나는 이원성을 초월합니다.
나는 이제 내면에 초점을 두며,
당신과 함께 영원히 성장합니다.

6. 사랑하는 폴셔여, 여성들을 일깨워 우리가 이해할 수 있는 것들이 있음을 알게 하소서. 우리가 우리 환경에 속한 것을 이해할 수는 있지만, 그것은 우리 의식 상태에 따라 결정됩니다.

오 폴셔여, 나는 변형의 연금술에,
통달한 당신을 느낍니다.
당신이 발하는 실재의 빛 안에서,
나는 황금의 연금술을 발견합니다.

오 폴셔, 기회의 시혜자여,
나는 이원성을 초월합니다.
나는 이제 내면에 초점을 두며,
당신과 함께 영원히 성장합니다.

7. 사랑하는 폴셔여, 여성들을 일깨워 우리는 지구를 넘어선 것과 우

리가 직면한 환경을 넘어선 것을 완전히 이해할 수 없음을 알게 하소서. 우리는 그것을 파악하고, 경험할 수 있지만, 이해할 수는 없습니다.

오 폴셔여, 우주의 흐름 안에서,
나는 인간의 꿈에서 깨어납니다.
에고의 들보를 제거하며,
나는 우주의 팀에 내 자리를 얻습니다.

오 폴셔, 기회의 시혜자여,
나는 이원성을 초월합니다.
나는 이제 내면에 초점을 두며,
당신과 함께 영원히 성장합니다.

8. 사랑하는 폴셔여, 여성들을 일깨워 마음으로 이해하는 것은 인식 주체(the knower)와 인식 대상(the known), 알려고 하는 주체와 알아지는 객체 간의 근본적인 이원성을 암시함을 알게 하소서.

오 폴셔여, 당신은 아득히 먼 곳에서 온,
우주의 아바타입니다.
당신이 펼치는 은혜에는 한계가 없고,
당신은 지구를 인도하는 별입니다.

오 폴셔, 기회의 시혜자여,
나는 이원성을 초월합니다.
나는 이제 내면에 초점을 두며,
당신과 함께 영원히 성장합니다.

9. 사랑하는 폴셔여, 여성들을 일깨워 정신적인 마음(mental mind)에는 항상 근본적인 주체-객체의 이원성이 있음을 알게 하소서. 우리의 네 하위체로는 그것을 넘어설 수 없습니다.

오 폴셔여, 나는 확신으로 충만한,
우주의 악기입니다.
나는 지구의 상승을 돕기 위해,
하늘에서 지구로 내려왔습니다.

오 폴셔, 기회의 시혜자여,
나는 이원성을 초월합니다.
나는 이제 내면에 초점을 두며,
당신과 함께 영원히 성장합니다.

봉인
I AM THAT I AM의 이름으로, 나는 대천사 미카엘과 아스트레아와 쉬바께서 나와 모든 건설적인 사람 주위에 뚫을 수 없는 보호막을 형성하여, 우리를 네 옥타브 안에 있는 모든 두려움 기반의 에너지로부터 봉인해 주심을 받아들입니다. 나는 신의 빛(Light of God)이 지구 여성들을 자유롭게 하는 데 저항하는, 어둠의 힘을 구성하는 두려움 기반의 모든 에너지를 변형하고 소멸하고 있음을 받아들입니다!
.

6
보이지 않는 세력들을
인식하기 위한 기원-2 (기원)

I AM THAT I AM, 예수 그리스도의 이름으로, 나는 지구에 육화한 존재로서 가진 내 권한을 사용하여 폴셔께 이 기원을 증폭해 달라고 요청합니다. 내 차크라들을 통해 이 기원문의 내용을 집단의식으로 방출하시어, 여성과 남성 모두가 타락한 존재들의 심리적, 영적 속박에서 자유로워지도록 의식을 일깨워 주소서. 우리는 영적인 존재들이며 상승 마스터들과 함께 일함으로써 새로운 미래를 공동창조할 수 있다는 진실(reality)을 일깨워 주소서. 나는 특히 이것을 요청합니다...
(여기에 개인적인 요청을 추가하세요)

파트 1

1. 사랑하는 폴셔여, 여성들을 일깨워 우리가 자신을 대상으로 볼 때, 멀리 떨어져서 관찰하고, 이해하고 있음을 알게 하소서. 이렇게 해서는 진리를 경험할 수 없습니다.

오 폴셔여, 당신의 은거처에서,

당신은 어머니의 사랑으로 나를 맞이합니다.
나는 이제 모든 시험을 완료했으며,
더 이상 옛 패턴을 반복하지 않습니다.

**오 폴셔, 기회의 시혜자여,
나는 이원성을 초월합니다.
나는 이제 내면에 초점을 두며,
당신과 함께 영원히 성장합니다.**

2. 사랑하는 폴셔여, 여성들을 일깨워 우리 존재의 핵심이 있고, 이 핵심은 우리에게 현재의 마음 상태와 현재의 인식 필터, 네 하위체에서 벗어날 능력을 준다는 사실을 알게 하소서. 우리는 그 너머의 실재를 경험할 수 있으며, 이것이 우리가 진리를 파악하고 경험할 수 있는 방법입니다.

오 폴셔여, 정의는 당신의 이름이며,
우주적 영광의 불꽃을 들어올립니다.
현상 유지를 하기 위한 게임을,
나는 더 이상 하지 않을 것입니다.

**오 폴셔, 기회의 시혜자여,
나는 이원성을 초월합니다.
나는 이제 내면에 초점을 두며,
당신과 함께 영원히 성장합니다.**

3. 사랑하는 폴셔여, 여성들을 일깨워 주체-객체의 이원성이 중단되고 초월되기 때문에, 우리가 진리를 경험함을 알게 하소서. 우리는 인식 주체(the knower)와 인식 대상(the known)의 하나됨을 경험합니다. 이것이 우리가 실재를 경험할 수 있는 방법입니다.

오 폴셔여, 나는 우주의 흐름 안에서,
당신과 하나 되어 영원히 성장합니다.
나는 당신이 부여하는 우주의 정의를 담는,
이곳 지상의 성배입니다.

오 폴셔, 기회의 시혜자여,
나는 이원성을 초월합니다.
나는 이제 내면에 초점을 두며,
당신과 함께 영원히 성장합니다.

4. 사랑하는 폴셔여, 여성들을 일깨워 평소 의식 상태에서 사용하는 말과 개념으로는 경험을 묘사할 수 없음을 알게 하소서. 우리는 그 경험에서 벗어나게 될 것이며, 어떤 묘사도 그 경험보다 덜할 것입니다.

오 폴셔여, 우주적인 균형을 가져오소서.
내 가슴은 영원한 희망을 노래합니다.
어머니의 날개는 나를 보호하고,
나는 만물과 하나됨을 느낍니다.

오 폴셔, 기회의 시혜자여,
나는 이원성을 초월합니다.
나는 이제 내면에 초점을 두며,
당신과 함께 영원히 성장합니다.

5. 사랑하는 폴셔여, 여성들을 일깨워 과거부터 내려온 어떤 절대적인 경전, 혹은 여자는 무엇이고 남자는 무엇인지를 정의하는 속성이 필요하다는 생각에 도전해야만 여성이 해방될 수 있음을 알게 하소서.

오 폴셔여, 어머니의 빛을 가져오시어,

모두를 암흑의 밤에서 해방하소서.
당신 사랑의 화염은 영원토록 밝게 빛나니,
이제 성 저메인과 함께 나를 굳게 잡아주소서.

오 폴셔, 기회의 시혜자여,
나는 이원성을 초월합니다.
나는 이제 내면에 초점을 두며,
당신과 함께 영원히 성장합니다.

6. 사랑하는 폴셔여, 여성들을 일깨워 마음을 통해서는 실재를 알 수 없고, 오직 마음을 벗어나야만 실재를 알 수 있다는 깨달음 없이는, 여성 억압에 도전할 방법이 없음을 알게 하소서.

오 폴셔여, 나는 변형의 연금술에,
통달한 당신을 느낍니다.
당신이 발하는 실재의 빛 안에서,
나는 황금의 연금술을 발견합니다.

오 폴셔, 기회의 시혜자여,
나는 이원성을 초월합니다.
나는 이제 내면에 초점을 두며,
당신과 함께 영원히 성장합니다.

7. 사랑하는 폴셔여, 여성들을 일깨워 여성들이 이런 아이디어에 더 열려 있으며, 여성들이 이런 아이디어를 더 잘 추진하고, 더 쉽게 이런 시각을 바꿔 놓을 열린 문이 될 수 있음을 알게 하소서.

오 폴셔여, 우주의 흐름 안에서,
나는 인간의 꿈에서 깨어납니다.
에고의 들보를 제거하며,

나는 우주의 팀에 내 자리를 얻습니다.

오 폴셔, 기회의 시혜자여,
나는 이원성을 초월합니다.
나는 이제 내면에 초점을 두며,
당신과 함께 영원히 성장합니다.

8. 사랑하는 폴셔여, 여성들을 일깨워 남자들이 여성들에게 비인간적인 행동을 하는 도구가 되도록 스스로를 허용하는 이유를 알게 하소서. 그것은 그들이 생각하지 않기 때문입니다. 그들은 의식하지 않습니다. 그들은 자각하지 않습니다.

오 폴셔여, 당신은 아득히 먼 곳에서 온,
우주의 아바타입니다.
당신이 펼치는 은혜에는 한계가 없고,
당신은 지구를 인도하는 별입니다.

오 폴셔, 기회의 시혜자여,
나는 이원성을 초월합니다.
나는 이제 내면에 초점을 두며,
당신과 함께 영원히 성장합니다.

9. 사랑하는 폴셔여, 여성들을 일깨워 그들의 마음이 뭔가에 장악당해 있음을 알게 하소서. 남성들이 여성을 학대할 때, 그렇게 하는 것은 인간 존재가 아닙니다. 그것은 적어도 지각이 있고, 감수성이 있는, 생명에 대한 연민을 가진 인간 존재가 아닙니다.

오 폴셔여, 나는 확신으로 충만한,
우주의 악기입니다.
나는 지구의 상승을 돕기 위해,

하늘에서 지구로 내려왔습니다.

오 폴셔, 기회의 시혜자여,
나는 이원성을 초월합니다.
나는 이제 내면에 초점을 두며,
당신과 함께 영원히 성장합니다.

파트 2

1. 사랑하는 폴셔여, 여성들을 일깨워 집단 영체, 집단 야수들이 존재함을 알게 하소서. 그것들은 사람들이 오랜 기간 에너지와 관심을 부어 주어 창조된 에너지 존재들입니다.

오 폴셔여, 당신의 은거처에서,
당신은 어머니의 사랑으로 나를 맞이합니다.
나는 이제 모든 시험을 완료했으며,
더 이상 옛 패턴을 반복하지 않습니다.

오 폴셔, 기회의 시혜자여,
나는 이원성을 초월합니다.
나는 이제 내면에 초점을 두며,
당신과 함께 영원히 성장합니다.

2. 사랑하는 폴셔여, 여성들을 일깨워 이 행성에서 오랫동안 술이 소비되어왔고, 누군가 술에 취하면 그 사람은 거기 없음을 알게 하소서. 사람의 마음을 장악하는 술 영체(alcohol entity)가 있습니다.

오 폴셔여, 정의는 당신의 이름이며,
우주적 영광의 불꽃을 들어올립니다.
현상 유지를 하기 위한 게임을,

나는 더 이상 하지 않을 것입니다.

오 폴셔, 기회의 시혜자여,
나는 이원성을 초월합니다.
나는 이제 내면에 초점을 두며,
당신과 함께 영원히 성장합니다.

3. 사랑하는 폴셔여, 여성들을 일깨워 사람들의 마음을 장악할 수 있는 보이지 않는 세력이 존재함을 알게 하소서. 남자들이 여자보다 이 에너지적 존재에 더 쉽게 장악됩니다.

오 폴셔여, 나는 우주의 흐름 안에서,
당신과 하나 되어 영원히 성장합니다.
나는 당신이 부여하는 우주의 정의를 담는,
이곳 지상의 성배입니다.

오 폴셔, 기회의 시혜자여,
나는 이원성을 초월합니다.
나는 이제 내면에 초점을 두며,
당신과 함께 영원히 성장합니다.

4. 사랑하는 폴셔여, 여성들을 일깨워 우리가 이 세력들로부터 사회를 자유롭게 한다면, 여성들이 이런 일을 하고 이런 존재들이 있음을 인식하게 되는 가장 큰 기회를 가진 사람들임을 알게 하소서.

오 폴셔여, 우주적인 균형을 가져오소서.
내 가슴은 영원한 희망을 노래합니다.
어머니의 날개는 나를 보호하고,
나는 만물과 하나됨을 느낍니다.

오 폴셔, 기회의 시혜자여,
나는 이원성을 초월합니다.
나는 이제 내면에 초점을 두며,
당신과 함께 영원히 성장합니다.

5. 사랑하는 폴셔여, 여성들을 일깨워 이것을 심리학과 대안적인 생각들을 통해 과학적으로 탐구할 필요가 있음을 알게 하소서. 남자들이 우리를 학대할 때 남자들의 마음을 장악하고 있는 것이 무엇인지 이해해야 합니다.

오 폴셔여, 어머니의 빛을 가져오시어,
모두를 암흑의 밤에서 해방하소서.
당신 사랑의 화염은 영원토록 밝게 빛나니,
이제 성 저메인과 함께 나를 굳게 잡아주소서.

오 폴셔, 기회의 시혜자여,
나는 이원성을 초월합니다.
나는 이제 내면에 초점을 두며,
당신과 함께 영원히 성장합니다.

6. 사랑하는 폴셔여, 여성들을 일깨워 자매들의 마음을 장악한 것이 무엇인지 이해해야 함을 알게 하소서. 그들은 학대당하고, 제한당하며, 자신은 더 나은 삶을 누릴 가치가 없다고 생각하면서, 자신을 학대하는 이 남자에게 의존해야만 살아갈 수 있다고 생각합니다.

오 폴셔여, 나는 변형의 연금술에,
통달한 당신을 느낍니다.
당신이 발하는 실재의 빛 안에서,
나는 황금의 연금술을 발견합니다.

오 폴셔, 기회의 시혜자여,
나는 이원성을 초월합니다.
나는 이제 내면에 초점을 두며,
당신과 함께 영원히 성장합니다.

7. 사랑하는 폴셔여, 여성들을 일깨워 어떤 여성이 남은 생을 견뎌야만 하고, 탈출구가 없다고 생각하게 만드는 것이 무엇인지를 우리가 이해해야 함을 알게 하소서. 그녀는 이런 상황에 처하도록 조종되거나 강요되었습니다.

오 폴셔여, 우주의 흐름 안에서,
나는 인간의 꿈에서 깨어납니다.
에고의 들보를 제거하며,
나는 우주의 팀에 내 자리를 얻습니다.

오 폴셔, 기회의 시혜자여,
나는 이원성을 초월합니다.
나는 이제 내면에 초점을 두며,
당신과 함께 영원히 성장합니다.

8. 사랑하는 폴셔여, 자신의 목적을 위해, 보통은 권력을 얻기 위해 다른 사람들을 조종하려는 육화 중인 나르시시스트 남자들이 있음을 알게 하소서.

오 폴셔여, 당신은 아득히 먼 곳에서 온,
우주의 아바타입니다.
당신이 펼치는 은혜에는 한계가 없고,
당신은 지구를 인도하는 별입니다.

오 폴셔, 기회의 시혜자여,

나는 이원성을 초월합니다.
나는 이제 내면에 초점을 두며,
당신과 함께 영원히 성장합니다.

9. 사랑하는 폴셔여, 여성들을 일깨워 가톨릭교회가 17세기 동안 여성들을 억압하고 있으면서, 진정한 태도의 변화를 보이지 않는 이유가 무엇인지 묻게 하소서.

오 폴셔여, 나는 확신으로 충만한,
우주의 악기입니다.
나는 지구의 상승을 돕기 위해,
하늘에서 지구로 내려왔습니다.

오 폴셔, 기회의 시혜자여,
나는 이원성을 초월합니다.
나는 이제 내면에 초점을 두며,
당신과 함께 영원히 성장합니다.

파트 3

1. 사랑하는 폴셔여, 여성들을 일깨워 이런 종류의 여성 억압을 조장하는 육화 중인 특정 남성들이 있지만, 육화 중인 남성들만 보고는 그것을 설명할 수 없음을 알게 하소서.

오 폴셔여, 당신의 은거처에서,
당신은 어머니의 사랑으로 나를 맞이합니다.
나는 이제 모든 시험을 완료했으며,
더 이상 옛 패턴을 반복하지 않습니다.

오 폴셔, 기회의 시혜자여,

나는 이원성을 초월합니다.
나는 이제 내면에 초점을 두며,
당신과 함께 영원히 성장합니다.

2. 사랑하는 폴셔여, 여성들을 일깨워 한 남자가 술을 마시고 아내를 때리기 시작할 때, 이 술 영체는 진실로 생각하는 자가 아님을 알게 하소서. 그 영체는 진정한 생각이 없습니다. 정교한 추리력이 없습니다. 단지 그 남자가 술을 마시거나 폭력적이기를 바랄 뿐입니다.

오 폴셔여, 정의는 당신의 이름이며,
우주적 영광의 불꽃을 들어올립니다.
현상 유지를 하기 위한 게임을,
나는 더 이상 하지 않을 것입니다.

오 폴셔, 기회의 시혜자여,
나는 이원성을 초월합니다.
나는 이제 내면에 초점을 두며,
당신과 함께 영원히 성장합니다.

3. 사랑하는 폴셔여, 여성들을 일깨워 여성 억압의 배후에, 정교한 추론 과정에 근거한 매우 세련된 관념들이 있음을 알게 하소서. 우리는 어떤 마음이 이런 관념들을 내놓을 수 있는지 물어봐야 합니다.

오 폴셔여, 나는 우주의 흐름 안에서,
당신과 하나 되어 영원히 성장합니다.
나는 당신이 부여하는 우주의 정의를 담는,
이곳 지상의 성배입니다.

오 폴셔, 기회의 시혜자여,
나는 이원성을 초월합니다.

나는 이제 내면에 초점을 두며,
당신과 함께 영원히 성장합니다.

4. 사랑하는 폴셔여, 여성들을 일깨워 반드시 육화 중인 존재는 아니지만, 더 상위 영역인 정체성과 멘탈 영역에 존재하면서, 인간들을 조종하려고 시도하는 나르시시스트인 존재들이 있음을 알게 하소서.

오 폴셔여, 우주적인 균형을 가져오소서.
내 가슴은 영원한 희망을 노래합니다.
어머니의 날개는 나를 보호하고,
나는 만물과 하나됨을 느낍니다.

오 폴셔, 기회의 시혜자여,
나는 이원성을 초월합니다.
나는 이제 내면에 초점을 두며,
당신과 함께 영원히 성장합니다.

5. 사랑하는 폴셔여, 여성들을 일깨워 절대적 진리로 정의되거나 선포된 관념들을 내놓은 존재들이 바로 이들임을 알게 하소서.

오 폴셔여, 어머니의 빛을 가져오시어,
모두를 암흑의 밤에서 해방하소서.
당신 사랑의 화염은 영원토록 밝게 빛나니,
이제 성 저메인과 함께 나를 굳게 잡아주소서.

오 폴셔, 기회의 시혜자여,
나는 이원성을 초월합니다.
나는 이제 내면에 초점을 두며,
당신과 함께 영원히 성장합니다.

6. 사랑하는 폴셔여, 여성들을 일깨워 이 나르시시스트 존재들은 대부분의 사람보다 더 강한 주체-객체 이원성을 가지고 있음을 알게 하소서.

오 폴셔여, 나는 변형의 연금술에,
통달한 당신을 느낍니다.
당신이 발하는 실재의 빛 안에서,
나는 황금의 연금술을 발견합니다.

오 폴셔, 기회의 시혜자여,
나는 이원성을 초월합니다.
나는 이제 내면에 초점을 두며,
당신과 함께 영원히 성장합니다.

7. 사랑하는 폴셔여, 여성들을 일깨워 그런 존재들이 인간을 조종하는 강력한 도구인 신의 이미지를 창조했음을 알게 하소서.

오 폴셔여, 우주의 흐름 안에서,
나는 인간의 꿈에서 깨어납니다.
에고의 들보를 제거하며,
나는 우주의 팀에 내 자리를 얻습니다.

오 폴셔, 기회의 시혜자여,
나는 이원성을 초월합니다.
나는 이제 내면에 초점을 두며,
당신과 함께 영원히 성장합니다.

8. 사랑하는 폴셔여, 여성들을 일깨워 이 존재들은 자기 마음의 폐쇄회로에 갇혀 있으며, 그것이 비실재임을 보지 못한다는 사실을 알게 하소서.

오 폴셔여, 당신은 아득히 먼 곳에서 온,
우주의 아바타입니다.
당신이 펼치는 은혜에는 한계가 없고,
당신은 지구를 인도하는 별입니다.

오 폴셔, 기회의 시혜자여,
나는 이원성을 초월합니다.
나는 이제 내면에 초점을 두며,
당신과 함께 영원히 성장합니다.

9. 사랑하는 폴셔여, 여성들을 일깨워 이 나르시시스트 존재들이 지구에서 남성을 우성으로, 여성을 열성으로 만들기로 결정했음을 알게 하소서. 이것은 어떤 관점에서 지구에서는 남자가 되는 편이 유리하다는 뜻입니다.

오 폴셔여, 나는 확신으로 충만한,
우주의 악기입니다.
나는 지구의 상승을 돕기 위해,
하늘에서 지구로 내려왔습니다.

오 폴셔, 기회의 시혜자여,
나는 이원성을 초월합니다.
나는 이제 내면에 초점을 두며,
당신과 함께 영원히 성장합니다.

파트 4

1. 사랑하는 폴셔여, 여성들을 일깨워 많은 사회에서 여성이 남성의 종이거나 심지어는 노예임을 알게 하소서. 그들은 온갖 일을 다하며 아이들을 키웁니다.

오 폴셔여, 당신의 은거처에서,
당신은 어머니의 사랑으로 나를 맞이합니다.
나는 이제 모든 시험을 완료했으며,
더 이상 옛 패턴을 반복하지 않습니다.

오 폴셔, 기회의 시혜자여,
나는 이원성을 초월합니다.
나는 이제 내면에 초점을 두며,
당신과 함께 영원히 성장합니다.

2. 사랑하는 폴셔여, 여성들을 일깨워 남자들은 이것에 대해 질문할 가능성이 훨씬 작음을 알게 하소서. 이런 사고방식으로부터 지구 행성을 해방할 수 있는 사람은 남자들이 아닙니다.

오 폴셔여, 정의는 당신의 이름이며,
우주적 영광의 불꽃을 들어올립니다.
현상 유지를 하기 위한 게임을,
나는 더 이상 하지 않을 것입니다.

오 폴셔, 기회의 시혜자여,
나는 이원성을 초월합니다.
나는 이제 내면에 초점을 두며,
당신과 함께 영원히 성장합니다.

3. 사랑하는 폴셔여, 여성들을 일깨워 여자들은 남성이 우월하다는 사고방식을 받아들이는 쪽임을 알게 하소서. 우리는 저지당하는 존재입니다. 우리는 억눌리고 제한당하는 존재들입니다.

오 폴셔여, 나는 우주의 흐름 안에서,
당신과 하나 되어 영원히 성장합니다.

나는 당신이 부여하는 우주의 정의를 담는,
이곳 지상의 성배입니다.

오 폴셔, 기회의 시혜자여,
나는 이원성을 초월합니다.
나는 이제 내면에 초점을 두며,
당신과 함께 영원히 성장합니다.

4. 사랑하는 폴셔여, 여성들을 일깨워 여성들이 이런 조종에서 해방되려는 더 강한 욕구를 가지고 있음을 알게 하소서. 여성들이 행성을 이런 억압에서 해방할 선구자가 될 기회가 더 많습니다. 그리고 이것은 나르시시스트 존재들이 어찌할 바 모르는 일입니다.

오 폴셔여, 우주적인 균형을 가져오소서.
내 가슴은 영원한 희망을 노래합니다.
어머니의 날개는 나를 보호하고,
나는 만물과 하나됨을 느낍니다.

오 폴셔, 기회의 시혜자여,
나는 이원성을 초월합니다.
나는 이제 내면에 초점을 두며,
당신과 함께 영원히 성장합니다.

5. 사랑하는 폴셔여, 여성들을 일깨워 억압받는 성이 억압에서 해방되려는 욕구가 더 강하기 때문에 더 쉽게 마음을 열고, 나르시시스트인 존재들의 조종과 계략을 간파하며, 그들이 근거한 거짓말들을 볼 수 있음을 알게 하소서.

오 폴셔여, 어머니의 빛을 가져오시어,
모두를 암흑의 밤에서 해방하소서.

당신 사랑의 화염은 영원토록 밝게 빛나니,
이제 성 저메인과 함께 나를 굳게 잡아주소서.

오 폴셔, 기회의 시혜자여,
나는 이원성을 초월합니다.
나는 이제 내면에 초점을 두며,
당신과 함께 영원히 성장합니다.

6. 사랑하는 폴셔여, 여성들을 일깨워 나르시시스트인 존재들이 어떤 선택을 했음을 알게 하소서. 그들은 여성을 억압하고 남성을 높이는 어떤 관념들을 만들어냈습니다.

오 폴셔여, 나는 변형의 연금술에,
통달한 당신을 느낍니다.
당신이 발하는 실재의 빛 안에서,
나는 황금의 연금술을 발견합니다.

오 폴셔, 기회의 시혜자여,
나는 이원성을 초월합니다.
나는 이제 내면에 초점을 두며,
당신과 함께 영원히 성장합니다.

7. 사랑하는 폴셔여, 여성들을 일깨워 오랫동안 남성은 물론 여성도 이것에 의문을 제기하지 않았음을 알게 하소서. 하지만 주기가 바뀌고 있기 때문에 이 시기는 끝나가고 있습니다. 이 주기가 끝나가고 있습니다.

오 폴셔여, 우주의 흐름 안에서,
나는 인간의 꿈에서 깨어납니다.
에고의 들보를 제거하며,

나는 우주의 팀에 내 자리를 얻습니다.

**오 폴셔, 기회의 시혜자여,
나는 이원성을 초월합니다.
나는 이제 내면에 초점을 두며,
당신과 함께 영원히 성장합니다.**

8. 사랑하는 폴셔여, 여성들을 일깨워 우리가 지금 우주적 수레바퀴가 돌면서 여성 해방을 가져오는 시점에 있음을 알게 하소서.

오 폴셔여, 당신은 아득히 먼 곳에서 온,
우주의 아바타입니다.
당신이 펼치는 은혜에는 한계가 없고,
당신은 지구를 인도하는 별입니다.

**오 폴셔, 기회의 시혜자여,
나는 이원성을 초월합니다.
나는 이제 내면에 초점을 두며,
당신과 함께 영원히 성장합니다.**

9. 사랑하는 폴셔여, 여성들을 일깨워 나르시시스트인 존재들은 여성들이 깨어나는 것을 막기 위해 그들이 할 수 있는 모든 일은 다할 것임을 알게 하소서. 그들은 여성들이 깨어나 새로운 아이디어를 보고 이런 억압에서 자신을 해방하겠다고 결정하는 것을 막지 못합니다.

오 폴셔여, 나는 확신으로 충만한,
우주의 악기입니다.
나는 지구의 상승을 돕기 위해,
하늘에서 지구로 내려왔습니다.

오 폴셔, 기회의 시혜자여,
나는 이원성을 초월합니다.
나는 이제 내면에 초점을 두며,
당신과 함께 영원히 성장합니다.

파트 5

1. 사랑하는 폴셔여, 여성들을 일깨워 여성들이 변화를 원한다고 결정할 때, 나르시시스트인 존재들이 그것을 막지 못함을 알게 하소서. 그들은 여자들을 무지하게 만들고, 소극적 상태를 유지하게 하며, 지식을 갖거나 자신을 자유롭게 하겠다고 결심하지 못하게 하면서, 변화를 지연시키려 할 수 있습니다.

오 폴셔여, 당신의 은거처에서,
당신은 어머니의 사랑으로 나를 맞이합니다.
나는 이제 모든 시험을 완료했으며,
더 이상 옛 패턴을 반복하지 않습니다.

**오 폴셔, 기회의 시혜자여,
나는 이원성을 초월합니다.
나는 이제 내면에 초점을 두며,
당신과 함께 영원히 성장합니다.**

2. 사랑하는 폴셔여, 여성들을 일깨워 일단 여자들이 스스로를 깨우기 시작하고, 사회와 자신의 삶에서 변화를 원하는 더 높고 더 의식적인 결정을 내리기 시작하면, 나르시시스트인 존재들은 그것을 막지 못함을 알게 하소서.

오 폴셔여, 정의는 당신의 이름이며,
우주적 영광의 불꽃을 들어올립니다.

현상 유지를 하기 위한 게임을,
나는 더 이상 하지 않을 것입니다.

오 폴셔, 기회의 시혜자여,
나는 이원성을 초월합니다.
나는 이제 내면에 초점을 두며,
당신과 함께 영원히 성장합니다.

3. 사랑하는 폴셔여, 여성들을 일깨워 나르시시스트인 존재들이 여성 해방 운동을 멈추기 위해 할 수 있는 일은 아무것도 없음을 알게 하소서. 이제 돌이킬 수 없는 지점이 당도했습니다.

오 폴셔여, 나는 우주의 흐름 안에서,
당신과 하나 되어 영원히 성장합니다.
나는 당신이 부여하는 우주의 정의를 담는,
이곳 지상의 성배입니다.

오 폴셔, 기회의 시혜자여,
나는 이원성을 초월합니다.
나는 이제 내면에 초점을 두며,
당신과 함께 영원히 성장합니다.

4. 사랑하는 폴셔여, 여성들을 일깨워 그들이 요청하게 하소서. 이 통합 운동의 일원이 될 더 많은 여성이 포함되도록, 더 많은 여성을 일깨워, 눈덩이가 계속 굴러가며 점점 커지게 해주소서.

오 폴셔여, 우주적인 균형을 가져오소서.
내 가슴은 영원한 희망을 노래합니다.
어머니의 날개는 나를 보호하고,
나는 만물과 하나됨을 느낍니다.

오 폴셔, 기회의 시혜자여,
나는 이원성을 초월합니다.
나는 이제 내면에 초점을 두며,
당신과 함께 영원히 성장합니다.

5. 사랑하는 폴셔여, 여성들을 일깨워 이렇게 깨닫게 하소서. "지구 행성은 우리의 행성이므로, 더 이상 이 행성에서 여성 억압을 용납하지 않겠다."

오 폴셔여, 어머니의 빛을 가져오시어,
모두를 암흑의 밤에서 해방하소서.
당신 사랑의 화염은 영원토록 밝게 빛나니,
이제 성 저메인과 함께 나를 굳게 잡아주소서.

오 폴셔, 기회의 시혜자여,
나는 이원성을 초월합니다.
나는 이제 내면에 초점을 두며,
당신과 함께 영원히 성장합니다.

6. 사랑하는 폴셔여, 여성들을 일깨워 이 운동이 탄력을 받을 때, 나르시시스트인 존재들은 아무런 대응도 할 수 없음을 알게 하소서. 그들은 그것을 막지 못합니다. 방향을 바꿀 수도 없습니다. 그들은 자신들이 이 행성에 대한 지배권을 잃는 것을 그저 지켜봐야만 합니다.

오 폴셔여, 나는 변형의 연금술에,
통달한 당신을 느낍니다.
당신이 발하는 실재의 빛 안에서,
나는 황금의 연금술을 발견합니다.

오 폴셔, 기회의 시혜자여,

나는 이원성을 초월합니다.
나는 이제 내면에 초점을 두며,
당신과 함께 영원히 성장합니다.

7. 사랑하는 폴셔여, 여성들을 일깨워 이 남성-우위의 사회들을 타도하게 하소서. 이 사회들은 남성-우위의 사회로 남아 있지 않고, 진실로 더욱더 균형 잡힌 사회가 될 것입니다.

오 폴셔여, 우주의 흐름 안에서,
나는 인간의 꿈에서 깨어납니다.
에고의 들보를 제거하며,
나는 우주의 팀에 내 자리를 얻습니다.

오 폴셔, 기회의 시혜자여,
나는 이원성을 초월합니다.
나는 이제 내면에 초점을 두며,
당신과 함께 영원히 성장합니다.

8. 사랑하는 폴셔여, 여성들을 일깨워 그들이 오랫동안 남자들이 가졌던 것과 같은 힘을 갑자기 가지게 될 것이라는, 극단적 페미니스트들의 꿈을 초월해서 보게 하소서.

오 폴셔여, 당신은 아득히 먼 곳에서 온,
우주의 아바타입니다.
당신이 펼치는 은혜에는 한계가 없고,
당신은 지구를 인도하는 별입니다.

오 폴셔, 기회의 시혜자여,
나는 이원성을 초월합니다.
나는 이제 내면에 초점을 두며,

당신과 함께 영원히 성장합니다.

9. 사랑하는 폴셔여, 여성들을 일깨워 여성 억압이 나르시시스트인 존재들에 의해 주도되었듯, 여성을 높여 남자들과 똑같은 힘을 갖게 하려는 그들의 시도와 극단적 페미니스트 운동 역시, 그런 존재들에 의해 추동됨을 알게 하소서.

오 폴셔여, 나는 확신으로 충만한,
우주의 악기입니다.
나는 지구의 상승을 돕기 위해,
하늘에서 지구로 내려왔습니다.

오 폴셔, 기회의 시혜자여,
나는 이원성을 초월합니다.
나는 이제 내면에 초점을 두며,
당신과 함께 영원히 성장합니다.

봉인
I AM THAT I AM의 이름으로, 나는 대천사 미카엘과 아스트레아와 쉬바께서 나와 모든 건설적인 사람 주위에 뚫을 수 없는 보호막을 형성하여, 우리를 네 옥타브 안에 있는 모든 두려움 기반의 에너지로부터 봉인해 주심을 받아들입니다. 나는 신의 빛(Light of God)이 지구 여성들을 자유롭게 하는 데 저항하는, 어둠의 힘을 구성하는 두려움 기반의 모든 에너지를 변형하고 소멸하고 있음을 받아들입니다!
.

7
여러분은 남자 또는 여자로
창조되지 않았습니다

상승 마스터 오메가

나는 상승 마스터 오메가입니다. 여러분이 원한다면 우주적 존재인 오메가라고 하겠습니다. 엄밀하게 말하면 나는 지구에서 상승하지 않았기 때문에, 상승 마스터가 아닙니다. 오늘 여기에서 내가 제시하려는 조망은, 적어도 타락한 존재들의 육화가 허용된 이래로, 여러분이 지구 역사를 통해 보아온 대부분의 종교에 도전하고 또한 그것을 훨씬 뛰어넘는 것입니다.

오래전 이 메신저는 정묘체인 상태로, 요즘 용어로는 의식하는 자아(Conscious You)로, 중앙 태양으로 옮겨져 알파와 나의 현존을 체험한 적이 있습니다. 그는 자신의 체험을 묘사했는데, 몇몇 여러분도 그것을 알고 있을 것입니다. 이 체험에서 중요한 점은, 알파와 내가 유지하는 사무국이 창조주와 창조계 사이에 놓인 우주의 문(cosmic gateway)이라는 사실입니다.

여러분은 오직 이 사무국을 통해서만 창조주와 창조주의 존재를 체험할 수 있습니다. 또한, 오직 이 사무국과 지구에서 활동하는 상승 마스터들까지 이어진 상승 마스터들의 계보를 통해서만, 여러분에게 창조주의 메시지가 전해질 수 있습니다. 물론 창조주는 자신이 원하는 것은 무엇이든 할 수 있습니다. 하지만 상승하지 않은 메신저를 통해 말씀하시는 경우는 거의 없습니다. 왜냐하면, 지구에는 극심한 혼란과 모순되는 가르침들, 신과 궁극적 신에 대한 수많은 이론과 종교들이 있기 때문입니다.

신에 대한 모든 이미지는 신을 경험하지 못하게 합니다

여기에서 내가 전하고 싶은 요점은, 창조주의 존재를 체험할 때 여러분은 모든 형상을 초월한 존재를 직접 경험한다는 사실입니다. 여러분은 형상 세계에서 살고 있고, 이 세계의 모든 것은 형상을 지니고 있습니다. 그것은 눈에 보이는 형상이나 듣고 만지고 냄새 맡을 수 있는 형상이 아닐 수도 있습니다. 그것은 어떤 생각이나 느낌일 수도 있지만, 그 역시 형상입니다. 아주 미묘한 정체감마저도 형상을 가지고 있고, 신에 대한 어떤 이미지이든 그 역시 형상을 가지고 있습니다. 그러나 진정한 창조주는 형상을 초월해 있습니다.

이제 여러분은 이렇게 물을지도 모릅니다. "그러면 창조주는 아무런 특성도 개성도 인격도 가지고 있지 않다는 말인가요? 창조주를 묘사할 수 있는 것이 전혀 없나요?" 음, 여기에 대한 대답은 "예, 그리고 아니요."입니다. 물론 여러분의 창조주, 우리의 창조주, 이 형상 세계의 창조주는 여러분이 개성 (individuality)이라고 부를 수 있는 것을 가지고 있습니다. 그것은 이 형상 세계에서 볼 수 있는 어떤 형상으로 묘사되거나 비교될 수 있는 개성은 아닙니다. 그것은 어떤 말로도, 심지어는 창조주가 줄 수 있는 어떤 말로도 묘사될 수 없는 개성입니다. 창조주의 존재를 정확히 담아낼 수 있는 말이나 형상, 이미지는 없습니다. 바로 이런 이유로, 더 나은 표현이 없으므로 창조주는 형상이 없고 형상을 초월해 있다고 우리가 말하는 것입니다. 따라서 여러분이 창조주의 존재를 체험하려면 형상에 대한 집착을 초월하고, 의식하는 자아의 완전한 순수함과 중립성으로 들어가야만 합니다.

창조주는 여러분이 사는 형상 세계의 근원이지만 창조주 그 자체는 자신의 창조물을 초월해 있다는 사실을 인식해야 합니다. 창조주와 피조물 사이에는 유사성조차 없습니다. 폴셔께서 말했듯이 지구에서는 '이것이 창조주에 대해 무언가를 말해 준다.'라고 말하며 추론할 수 있는 그 어떤 것도 포착하거나, 보거나, 체험할 수 없습니다.

만일 이렇게 한다면, 여러분은 대상을 묘사하고 이해하려고 하는 주체인 선형적인 마음으로 들어가게 됩니다. 이런 마음 안에서는 신을 파악하려 해도 알 수 없고, 단지 우상이나 신의 이미지만을 이해할 수 있을 뿐입니다. 이것은 결코 신이 아니며, 하나의 우상에 불과합니다. 따라서 이것은 실재와 정렬하는 것이 아닙니다. 설령 여러분이 실재와 정렬하고 있다고 생각해도, 그것은 거짓된 이미지이며 거짓된 신, 거짓된 우상이 되어버립니다. 사실, 모든 우상은 거짓된 것인데, 그럼에도 여러분은 내 말이 무엇을 의미하는지를 압니다.

창조주는 남성 신이 아닙니다

내가 지금 제시하고 싶은 진실은, 지구에서 만들어져 온 이미지와 우상들과는 아무 상관 없이, 신은 남성이 아니고 창조주는 남성 신이 아니라는 것입니다. 형상을 초월한 진정한 신에 대해서는 여성, 남성의 개념이 전적으로 무의미합니다. 남성과 여성이란 오직 형상 세계에만 존재하는데, 형상을 초월한 존재에게 어떻게 여성과 남성의 구별이 있을 수 있겠습니까? 그런 구분은 여러분이 여기 지구에서 보고 있는 익숙한 그런 행성들에나 존재합니다.

"예수와 함께했던 나의 생애들"이란 책에 나오는 이야기를 읽어 보면, 자연 행성에서는 육체적인 출산이 필요 없다는 사실을 알 수 있습니다. 그래서 이곳 지구처럼 두 성(性)이 필요하지 않습니다. 그러나 여러분은 한쪽의 신체를 임신 가능하게 하는 성적인 기관을 갖춘 물리적인 몸을 가지고 있으며, 그럼으로써 육체를 가진 아기가 그 안에서 자라나 태어나서 독립적인 몸을 갖게 됩니다. 이 과정은 자연 행성에는 없는 것입니다. 자연 행성에서도 여성과 남성에 대해, 남성적인 것과 여성적인 것에 관해 이야기할 수 있지만, 지구에서 이야기하는 방식과는 다릅니다.

내 요지는, 지구에서 보는 여성과 남성의 개념은 물질 밀도가 높은 행성에만 존재하는 아주 원시적인 개념이라는 것입니다. 따라서 이 개념을 창조주에게 적용하는 것은 완전히 무의미합니다. 그렇다면 여러분은 왜 이런 개념을 가지고 있을까요? 그것에 아무런 실재성도 없나요? 음, 여기에 대한 대답은 다시 "예, 그리고 아니요."입니다. 지구에서 대부분의 사람이 남성과 여성의 개념을 바라보는 방식은 실재와 전혀 부합하지 않습니다. 더 깊은 실재, 더 높은 실재에 대해 상세히 설명해 보겠습니다.

창조주는 형상을 초월한 존재입니다. 태초에 창조주는 창조하려는 의도, 형상을 가진 세계를 창조하려는 의지를 가지게 되었습니다. 예전에 설명했듯이, 창조주가 무언가를 창조하기 전에는 오로지 허공(虛空, a void)만이 있었습니다. 여기에서 허공이란 적어도 여러분이 이 형상 세계에서 정의하듯이, 형상이 없는 상태를 의미합니다. 창조주는 형상을 창조하기 위해 무엇을 해야 할까요? 음, 허공은 분화되지 않은(undifferentiated) 상태이며, 허공 안에는 아무런 구별도 없다고 묘사될 수 있습니다. 따라서 여러분은 형상 세계에서 볼 수 있는 것을 규정할 수 없습니다. 왜냐하면, 형상 세계에서는 다른 형태와 분리된 하나의 형상이 있게 되고, 따라서 형상들은 상호 관계 안에서 정의되거나, 형태가 없는 허공과 관련해 규정되기 때문입니다. 아무런 형상도 존재하지 않거나, 어떤 형상이 존재하게 되는데, 이 형상은 저 형상과는 다릅니다. 어떤 의미에서는 이것이 형상 세계를 창조하는 출발점입니다. 즉 여러분은 허공과 분리된 어떤 것을 규정해야 하며, 그 후에 이와는 구별되는 다른 무언가를 창조해야 합니다.

자, 여러분은 처음에 하나를 창조하고 그다음 다른 하나를 창조했다고 생각하고 싶을지 모르지만, 실제로는 그렇지 않습니다. 여러분은 그 둘을 한 쌍으로 창조한 것입니다. 동시에 두 가지 형상을 만들면, 이것이 분화의 시작입니다. 허공과는 다른 형상이 있는 분화가 생겨나지만, 형상의 차원에서는 최소한 서로 분리된 두 개의 형상이 존재합니다. 이것이 창조주가 분화되는 방식입니다. 일단 두 가지 기본 요소가 창조되고 나면, 이것을 바탕으로 더 많은 창조가 이루어집니다. 창조주가 형상 세계를 창조하는 데 사용하기로 결정한 두 기본 요소는 확장하는 힘과 수축하는 힘이었습니다. 음, 여러분은 궁금해하며 말할 것입니다. "그것이 유일한 선택이었고, 다른 선택의 여지는 없었나요? 이와 다른 형상 세계들도 존재하나요?" 이 질문에 대한 대답은

"네"입니다. 그러나 여러분이 이것을 가늠하기는 매우 어려울 것입니다. 왜냐하면, 여러분은 이 특정한 세계에서 창조되었고, 여러분에게는 여러분의 형상 세계를 창조한 분화에 기반을 두어서 모든 것을 바라보는 성향이 있기 때문입니다. 이런 것을 이해하는 데 마음을 집중하지 말고, 여러분이 속한 형상 세계를 통달하는 데 집중하세요. 여러분이 창조주 의식을 성취하게 될 때, 그때, 이들 다른 선택 사항들을 이해할 수 있습니다.

구체를 창조하는 방법

창조주는 확장하는 힘과 수축하는 힘을 선택했습니다. 이것은 지구에서 보는 남성과 여성, 남성적인 것과 여성적인 것과 관련돼 있다고 말할 수 있는 단계가 아닙니다. 그것과는 아무런 관련도 없습니다. 단순히, 외부로 확장되는 힘으로의 분화가 일어난 것이며, 이 힘은 계속 밖으로 뻗어 나가면서 무한히 확장되었습니다. 그런 다음 수축하는 힘이 생겨나 외부로 확장되는 힘의 균형을 잡아주었으며, 이로써 여러분이 시간이라고 부르는 상태를 거치더라도 어느 특정한 형상이 그대로 유지될 수 있게 해주었습니다. 물론 시간이란 것은 상대적인 개념입니다. 실제로 맨 처음에는 시간에 대한 개념이 적용되지는 않았습니다. 하지만 지금 나는 여러분에게 친숙한 단어를 사용하고 있습니다.

달리 표현하면, 수축하는 힘이 확장하는 힘을 균형 잡았기 때문에, 어떤 형상이 유지될 수 있었습니다. 확장과 수축이라는 두 힘으로의 태초의 분화는, 창조주가 허공에서 떨어져 나온, 이른바 첫 번째 구체를 완성할 때까지, 여러 번의 복합적인 단계를 거치며 계속되었습니다. 이 구체에서 확장하는 힘과 수축하는 힘 사이의 특정한 관계가 규정되었습니다. 이 관계, 이 비율에 의해 첫 번째 구체의 밀도가 결정되었고, 이로써 어떤 종류의 형상들이 창조될 수 있는지에 대한 패턴과 경계들이 정해졌습니다.

음, 이것은 자기의식을 가진 처음 두 존재가 창조되는 것으로 이어졌습니다. 이들은 여러분이 알고 있는 알파와 오메가가 아니었습니다. 왜냐하면, 나와 알파는 이 미상승 구체의 중앙 태양 안에 존재하기 때문입니다. 우리는 이들 사무국의 직위를 얻게 되었지만, 이 사무국은 첫 번째 구체에서 창조되지는 않았습니다. 여러분이 원한다면 알파와 오메가 혹은 시작과 끝이라고 부를 수 있는 두 존재가 원래 있었는데, 그들은 창조주의 존재로부터 생겨난 자기의식을 가진 최초의 존재들이었습니다. 그들이 인식을 가지게 되었을 때, 그들에게는 확장하는 힘과 수축하는 힘의 균형을 실제로 규정하는 임무가 주어졌습니다. 창조주는 특정한 비율이나 특정한 경계를 설정했지만, 이런 균형을 잡아주는 힘을 규정할 공간은 남겨두었고, 그것은 이들 두 존재에 의해 결정되었습니다.

그런 다음 두 존재는, 자신들 이후에 창조된 자기의식을 가진 존재들(self-aware beings)이 자유의지를 가지고 할 수 있는 일을 규정하는 책임을 떠맡았습니다. 그들은 자유의지를 가지고 있었지만, 오직 그들의 구체를 위해 설정된 한도 안에서만 가능했습니다. 이것은 실제로 자유의지의 제한이 아닙니다. 왜냐하면, 형상 세계에서는, 형상들이 규정되어야만 하기 때문입니다. 따라서 이것이 여러분의 자유의지를 제한한다고는 말할 수 없습니다. 특정한 한도를 설정하는 결정이 내려져야 하고, 그 이후 존재들은 상승하여 영원불멸의 존재가 될 때까지, 이 한도 내에서 자유의지를 행사합니다. 상승한 후에 그들은 스스로 한도를 설정할 수 있습니다.

여기서 보았듯이 이런 식으로 구체의 기반이 이루어지고, 이 패턴은 여러분의 구체에 이르기까지 반복되어 왔습니다. 이것이 알파와 나, 즉 오메가가 들어온 구체입니다. 우리는 이 사무국에서 알파와 오메가로서, 즉 시작과 끝맺음으로 봉사하도록 임명되었습니다. 우리는 이전 구체에서 이 직위를 성취했기 때문에, 이 구체의 한도를 규정하도록 임무를 받았습니다. 달리 표현하면, 우리는 시작과 끝(the beginning and the ending)을 정의할 수 있었습니다. 시작은 이 구체를 위한 출발점이었습니다. 끝은 이 구체가 도달할 수 있는 최고의 잠재력이었으며, 이 시점에서 구체는 상승할 준비가 됩니다. 그 두 지점 사이에서 일어나는 일들은, 이 구체에 살고 있는 존재들이 자유의지로 선택함으로써 결정됩니다.

이 메신저는 중앙 태양으로 가서 두 보좌에 알파와 내가 앉아 있는 것을 보았던 체험에 관해 이야기한 적이 있습니다. 두 보좌 사이에는 하얀빛을 내뿜는 투명한 백색 큐브(white cube, 백색의 정육면체 형상)가 있었습니다. 이것은 우주 큐브, 그리스도 큐브 등으로 불려왔습니다. 이 입방체(큐브)는 구체의 시작과 끝을 규정할 뿐만 아니라, 주어진 구체 안의 존재들이 스스로를 초월할 수 있는 특정한 (그렇게 말할 수 있다면) 비율이나 기하학도 규정하기 때문입니다. 이것이 여러분의 마음으로 이해하기에는 추상적이라는 것을 압니다. 나는 의도적으로 추상적인 표현을 썼는데, 왜냐하면, 이것을 선형적이고 지성적인 외면의 마음으로 이해할 수 있다고 생각한다면, 폴셔의 말대로, 여러분은 오류에 빠질 것이기 때문입니다. 만일 여러분이 기꺼이 외면적인 마음을 초월하여 이것을 보게 되는 체험을 한다면, 그것을 '언어 너머의 체험'이라고 말할 수 있을 것입니다. 반면 여러분의 마음이 언어에 고착되어 있다면, 이런 체험을 하지 못할 것입니다. 그런 점이 더 높은 단계의 의식에서 소통하려고 하는 우리 상승 마스터들이 직면한 어려움입니다.

그리스도의 비율(Christ ratio)은 자기 초월을 결정합니다

우주 큐브, 그리스도 큐브는 확장되는 힘과 수축하는 힘 사이에서 균형을 잡는 요소입니다. 외부로 확장하는 힘과 수축하는 힘이 존재하며, 오직 이 둘이 균형 잡혀야만 형상이 유지될 수 있다는 의미에서, 여러분의 구체도 첫 번째 구체와 동일한 방식으로 창조되었습니다. 여러분의 구체에서 확장하는 힘과 수축하는 힘 사이의 균형을 결정하는 것은, 정확히 말하자면 화이트 큐브, 혹은 우리가 그리스도 마음이라 부르는 것입니다. 그리스도 마음이 이 두 힘을 균형 잡습니다. 오직 그래야만 영속적인 가치를 지닌 뭔가를 창조할 수 있습니다. 자, 이것이 무슨 뜻일까요? 전에 말했듯이, 두 힘의 균형이 이루어져야만 시간이 지나도 유지될 수 있는 뭔가를 창조할 수 있습니다.

이것은 분명 진실이지만, 최상의 이해는 아닙니다. 더 깊은 진실은 그리스도가, 즉 여러분의 특정한 구체를 위한 그리스도 비율(Christ ratio)에 대한 규정이 여러분의 자기 초월의 증분(增分; increment)을 결정한다는 것입니다. 다른 말로 설명하자면, 양자 물리학을 조금이라도 공부했다면, 과학자들이 에너지가 연속적인 현상이라고 믿었던 때가 있음을 알 것입니다. 그들은 빛과 같은 에너지 파동을 연속적인 현상으로 보았습니다. 그리고 나서, 이것이 맞지 않는다는 사실이 알려졌고, 빛은 "양자(quanta)"라고 하는 불연속적인 패키지 안에서 방사된다는 의미에서, 실제로 불연속적인 현상이라는 것이 발견되었습니다. 그래서 빛은 어떤 값도 가질 수 없으며, 그렇기 때문에 양자 도약이란 개념이 있는 것입니다. 빛은 오로지 이 값, 다음의 더 높은 값, 그다음의 더 높은 값, 그다음의 더 높은 값만을 가질 뿐입니다. 그리고 이 값들 사이에는 특정한 간격이 있습니다.

예전에 들었던 제노의 역설처럼, 두 점 사이의 거리를 더 짧은 거리로 무한히 나눌 수 있습니다. 1번과 2번 사이의 거리를 취해서, 그것을 점점 더 작은 수로 무한히 나눌 수 있습니다. 점점 더 큰 숫자로 계속 갈 수 있는 것도 마찬가지입니다. 이것은 어떤 의미에서는 무한한 폐쇄회로입니다. 선형적으로 무한한 척도(scale)란 있을 수 없으므로, 실제로 이것은 무한한 선형적 척도는 아니며, 단지 무한한 폐쇄회로가 있을 뿐입니다. 그럼에도 불구하고 중요한 점은, 창조는 무한히 나누어질 수 있는 가분(加分)의 것이 아니며, 불연속적인 간격들이 존재한다는 사실입니다. 하나의 단계에서 다음 단계로 점프할 수 있는 불연속적인 도약이 있기 때문에, 여러분은 자신을 초월해 다음 단계로 올라가거나 내려갑니다. 여러분은 이 단계에 있거나, 저 단계에 있거나, 혹은 더 낮은 단계에 있습니다. 그 사이에는 아무것도 없고, 연속적인 이동도 없습니다.

이것이 지구 행성에 144단계의 의식이 있고, 여러분이 그 한 단계에서 다른 단계로 이동하는 이유입니다. 그래서 여러분은 이 의식 아래로는 갈 수 없는 것입니다. 그런 경우에는 지구에 머물 수 없습니다. 144단계 위로도 갈 수 없는데, 그때 여러분은 지구를 벗어나 상승하게 됩니다. 이것은 정해져 있습니다. 이러한 간격, 이러한 양자 도약, 우주적인 양자 도약은, 알파와 내 보좌 사이에 있는 우주 큐브에 코드화된 값(values coded into the Cosmic Cube)에 의해 결정됩니다. 우리는 이전 구체들에서 설정된 한도(parameters) 안에서 이 값을 정하였고, 우리 구체에서는 그것이 어떻게 되어야 할지를 결정했습니다.

알파와 나는 서로 다른 두 존재가 되도록 분화되었습니다. 여러분은 비-이원성에 대한 우리 가르침의 실재를 정말 주의 깊게, 진실로 잘 이해하고 진실로 경험해야 합니다. 왜냐하면, 우리는 이원적인 존재가 아니고, 서로 반대되는 존재가 아니기 때문입니다. 알파와 내가 무언가를 파괴할 수 있는 방법은 없습니다. 우리는 오직 창조하는 존재입니다. 왜 그럴까요? 실제로 우리는 전체 형상 세계의 상향 움직임에 결코 역행하지 않기 때문입니다. 우리는 이 구체의 성장을 위해 전력을 다하고 있습니다. 따라서 우리는 구체 전체의 그리스도 균형을 지탱하는 무한 8자 형상의 흐름을 유지하고 있습니다. 진실로, 우리가 규정하고 유지해온 이 균형은, 여러분의 구체를 더 높은 수준으로 끌어올리는 측면에서 발생하는 모든 일의 매트릭스를 설정합니다. 여러분의 구체 전체에는 144단계를 훨씬 넘어서는 많은 수준이 있습니다. 그러나 지구처럼 밀도가 조밀한 행성에서는 단지 144단계만 정의되어 있습니다.

여러분이 보는 것은, 그리스도는 이러한 비율로, 즉 확장하는 힘과 수축하는 힘 사이의 특정한 기하학적 비율로 보일 수 있다는 것입니다. 지구에서 그것을 수(數)로 나타낼 수는 없지만, 어떤 값(value)으로 이해할 수는 있습니다. 이것은 여러분이 가진 수(數) 개념을 넘어섭니다. 그리스도 마음을 특정한 수와 연관시키려 하는 다양한 이론과 가르침이 있다는 것을 나는 압니다. 그리스도 마음은 이러한 것에 제한될 수 없으므로, 이것은 궁극적인 이해가 아닙니다. 그러나 반-그리스도 마음은 상향의 흐름에 역행하고, 자기-초월에 반대하는 특정 숫자에 한정될 수 있습니다.

힘을 얻기 위해 그리스도를 정의하려고 하는 것

여러분은 그리스도 마음이 자기-초월임을 알고 있습니다. 우리가 점진적인 계시를 통해 얘기해 왔듯이, 그것은 결코 정지된 상태로 있지 않습니다. 그것은 결코 변하지 않는 절대적인 용어로 정의될 수 없습니다. 어떤 사람들이 경험했듯이, 여러분은 특정한 시점에 그리스도를 파악할 수 있습니다. 예수는 그의 심오한 구술에서, 그리스도는 먼지를 일으키며 마을로 달려오는 말과 같다고 설명한 적이 있습니다. 어떤 사람들은 먼지를 뒤집어 씁니다. 말이 돌아오면, 말을 보지 못한 다른 사람들은 먼지 만을 보며, 그 사람에게 특별한 뭔가가 있음을 감지합니다. 어떤 사람들은 그 말과 함께 달리기도 했고, 심지어는 한동안 말 위에 올라탔다가 뛰어내릴 수도 있습니다. 이제 그 상태에서 빠져나와 그들은 이렇게 말합니다. "내가 경험한 것이 그리스도입니다. 그리스도는 바로 이렇습니다." 그리스도를 정의하는 순간, 여러분은 그리스도를 잃어버립니다. 그리스도는 이미 그 자신을 초월했기 때문입니다. 만일 그리스도와 보조를 맞추려면 지속적으로 자신을 초월해야 합니다. 그리고 자신이 최종적인 경험이나 궁극적인 이해, 최종적인 이론과 교리를 알고 있다고 믿지 말아야 합니다. 그리스도를 고정시켜버리면, 여러분은 그리스도를 잃게 되며, 반-그리스도 상태로 들어가게 됩니다.

그렇다면 타락한 존재와 같은 특정한 존재들은 무슨 이유로 그리스도를 고정시키려고 할까요? 음, 미상승 구체에서는 그리스도가 궁극적인 힘이며, 그들은 이 힘을 자신의 목적을 위해 사용하기를 원합니다. 물론 그렇게 될 수는 없습니다. 왜냐하면, 그리스도는 모든 생명의 하나됨이며, 구체가 스스로를 초월하고 있듯이, 계속 스스로를 초월하고 있기 때문입니다. 자신을 위한 힘을 얻기 위해 그리스도를 고정시키려고 하는 순간, 여러분은 자신을 초월하기를 거부하고 그 힘을 보유하기를 원하는 것입니다. 이때 여러분이 얻는 것은 그리스도가 아닌 반-그리스도입니다. 다른 방법이 있을 수 없습니다. 그리스도는 궁극적인 권능입니다. 그리스도는 지구에 있는 그 무엇보다도 더 높기 때문에, 여러분이 부르는 합창에서 왕 중의 왕, 주들의 주로서 찬양되는 것입니다. 물론 대부분의 사람은 이를 가늠할 수 없으며, 타락한 존재들은 분명히 그렇습니다. 따라서 그들은 단지 그리스도의 거짓된 이미지만을 만들 수 있는데, 이것은 반-그리스도입니다.

남성적인 것과 여성적인 것의 근원

그러면 여러분은 타락한 존재들이 한 일이 무어라고 보나요? 그들은 확장하는 힘과 수축하는 힘의 개념을 취해서, 이것을 지구에서 여러분이 보는 남성적인 것과 여성적인 것과 비교함으로써 왜곡시켜 버렸습니다. 자, 내가 무슨 말을 했나요? 미상승 구체인 지구에서 볼 수 있는 것과 창조주 사이에는 엄청난 차이가 있습니다. 심지어는 지구에서 볼 수 있는 것과 여러분 구체의 자연 행성에서 볼 수 있는 것 사이에도 엄청난 격차(gap)가 있습니다. 따라서 이런 우주적 힘에 대한 생각들을, 지구와 같이 밀도가 높은 물질 행성의 남성과 여성의 육체처럼, 원시적이고 밀도가 높은 뭔가와 결부하는 것은 전혀 현실성이 없습니다. 이것은 완전히 사람들을 조종하려는 시도입니다. 타락한 존재들이 한 일은 창조에 대한 자신들의 제한된 이해를 살펴보고, 확장하는 힘이 있고, 수축하는 힘이 존재한다는 것을 감지한 것입니다. 그런 후 그들은 이 힘들과 이 힘들의 상호작용에 대한 고정된 이미지를 만들어내려고 했습니다. 그러나 이것은 가능하지 않습니다.

만일 여러분이 알파와 나에 대한 고정된 이미지를 만들려고 한다면, 시간 안에서 작용하는 마음으로 이미지를 창조한 그 순간, 우리는 이미 우리 자신을 초월했을 것이며 더 이상 그 이미지에 맞지 않을 것입니다. 그리스도의 경우도 마찬가지입니다. 타락한 존재들이 한 일은, 이 두 힘을 자신들의 이원적인 관점으로 끌어당기고서, 이렇게 말한 것입니다. "하나는 남성이고, 하나는 여성이다. 남성은 우월하고 여성은 열등하다." 달리 말한다면, 그들은 여러분의 구체를 초월한 우주적인 힘들을 자신들의 제한된 관점, 인식 필터, 그들의 의식 상태, 이원적 관점으로 끌어당긴 것입니다. 여기에서 하나의 극성은 다른 극성과 반대되게 정의되어야 합니다.

즉, 두 힘이 보완적으로 되는 대신, (그렇게 되어야 한다고 우리는 말하는데), 이제는 반대 방향으로 서로를 잡아당기고 있습니다. 물론, 여러분은 외면의 선형적이고, 논리적이며, 합리적이고, 분석적인 마음으로 이렇게 말할 것입니다. "하지만 분명히, 밖으로 확장되는 힘은 수축하는 힘과는 반대 방향으로 가고 있는 걸요." 예, 선형적인 관점에서는 그렇지요. 그러나 형상 세계는 선형적이 아니라 구형적(spherical)입니다. 만일 여러분이 같은 방향으로 충분히 오랫동안 계속 간다면 무슨 일이 일어날까요? 아인슈타인이 직관했듯이, 여러분은 다른 방향에서 출발지점으로 되돌아오게 됩니다. 문제는, 돌아오는 데 시간이 너무 오래 걸려서 지구 같은 행성에서는 어떤 형상도 유지될 수 없다는 것입니다. 형상이 유지되려면 밖으로 나가는 힘을 균형 잡는 무엇이 있어야 합니다. 그런데 이것을 정말 반대되는 것이라고 말할 수 있을까요? 아닙니다. 그것은 단지 형상이 유지될 수 있도록 균형을 잡는 것입니다. 여기에는 어떠한 모순도 없고, 반대 극도 없으며, 다른 것을 붕괴시키는 형태도 없습니다.

여러분이 이원성 안에 있지 않다면, 여러분은 확장하는 힘과 수축하는 힘을 이용해서 무언가를 창조할 수 있습니다. 서로 반대되지 않고, 서로를 무너뜨리거나 파괴하지 않고도, 많은 다양한 형상들을 창조할 수 있습니다. 여러분이 일단 이원성으로 들어가 버리면, 여러분은 여전히 같은 방식으로 창조하고 있지만, 이제 두 힘은 반대 극을 이루며, 서로 대립하여 작용합니다.

그래서, 마치 저항이 있는 것처럼, 여러분이 창조하고 유지하거나 초월하려고 하는 것에, 반대되는 것이 있게 됩니다. 우선, 여러분이 뭔가를 일정 시간 경험할 수 있도록 시간이 지나도 그것을 유지하는 데 반대되는 힘이 있습니다. 하지만 그것을 초월하는 데에도 반대되는 힘이 존재합니다. 왜냐하면, 여러분이 자신의 창조물에 갇혀버렸기 때문입니다. 타락한 존재들은 이 두 우주적인 힘을 취해서 이원적인 세계관 속으로 끌어당겼고, 그럼으로써 이들은 대극을 이루며, 상반되는 힘으로 나타나게 되었습니다. 따라서 남성은 여성과 반대되는 속성들을 가져야만 합니다. 일단 이 두 힘이 상반된 것으로 정의되고 나면, 여러분이 무엇을 할 수 있을까요? 타락한 존재들의 품질보증 마크를 붙일 수 있습니다. 말하자면, 여러분은 남성적 요소인 확장하는 힘은 우월하고 여성은 열등하다고 정의하는 가치 판단을 만들어냅니다. 여러분은 그 가치 판단을 지구의 상황으로 투사하여, 남자는 여자보다 우월하다고 말합니다. 따라서 여자는 남자의 지배에 복종해야 합니다.

　이런 식으로 타락한 존재들은 상반되는 두 성(性)을 창조했습니다. 창조주는 남성이나 여성으로 설명될 수 없다고, 내가 앞에서 한 말을 이제 이해할 수 있나요? 창조주는 이원적인 존재가 아니며, 이원적인 사고방식으로 봐서는 안됩니다. 그렇게 하면 여러분은 거짓된 신을 창조하게 되니까요? 사실, 이것이야말로 타락한 존재들이 지구에서 행한 일입니다. 그들은 많은 거짓된 신들을 창조했습니다. 우리가 말했듯이, 정말 많은 종교인, 심지어 많은 영적인 사람조차 이 사실을 받아들이기 어려울 것임을 알고 있지만, 구약의 신 야훼(Jehovah)는 타락한 존재들이 만든 거짓된 신입니다. 여성과 남성으로 보이는 그 어떤 신이든, 지구에서 남신과 여신으로 정의된 그 어떤 신이든, 모두 거짓된 신입니다. 그런 방식으로, 지구에서 정의된 형상을 가진 신은 다 거짓된 신입니다.

딜레마

　음, 물론 여러분은 "상승 마스터들이 있다."라고 반문할 수 있습니다. 우리가 직면한 딜레마가 바로 그것입니다. 여러분이 우리와 관계 맺을 수 있도록, 우리는 여러분이 마음속에서 우리와 연결될 수 있고 다룰 수 있는 형상으로 우리 자신을 나타내야만 했습니다. 이런 까닭에 이전 가르침들에서 특정 마스터들을 위한 특정한 이미지들이 존재했던 것입니다. 하지만 실제로 여러분은 상승 마스터들의 이미지를 만들 수 없습니다. 상승 마스터들은 지속해서 자신을 초월하고 있기 때문입니다. 과거 여러 차례의 가르침을 통해 잘 알려진 엘 모리야의 예가 있습니다. 엘 모리야는 너무 많은 학생이 그에 대한 특정한 이미지에 갇혀 있어서, 그 이미지가 더 이상 학생들의 성장에 도움이 되지 않는다는 사실을 깨닫게 되었습니다. 그래서 그는 자신의 이름을 마스터 모어로 바꾸는 전례 없는 조치를 취하기로 결정했습니다. 상승 마스터들은 우상 숭배로부터 사람들을 흔들어 떼어놓기 위해 가끔 이런 일을 해야 합니다. 학생들이 투사하는 이미지의 영향을 받는 것은 엘 모리야(마스터 모어)가 아니라 학생들이었습니다. 그들은 엘 모리야(마스터 모어)의 우상을 만들어 그것을 숭배하고 있었기 때문입니다. 엘 모리야는 자신을 초월하면서 이동을 했는데, 학생들은 그 우상에 집착하느라 그와 함께 이동할 수 없었기 때문에, 진짜 마스터를 놓쳤습니다.

어떤 의미에서, 여러분에게 남성과 여성 마스터들의 이미지를 준 것은 우리라고 할 수 있습니다. 알파와 내가 특정한 양극성을 유지하고 있으므로, 그런 이미지가 전혀 현실성이 없는 것은 아닙니다. 알파는 확장하는 힘의 극성을, 나는 수축하는 힘의 극성을 유지합니다. 분화에는 어떤 실재가 있지만, 지구에서 보는 남성과 여성의 방식은 아닙니다. 여러분이 우리와 관계를 맺을 수 있도록 여러분에게 이러한 이미지들을 주는 것이 필요했습니다. 또한, 우리는 여러분이 이 이미지들 너머를 볼 필요가 있다고도 말했는데, 왜냐하면, 여러분이 특정한 의식 수준에 도달하면, 남성과 여성을 넘어서게 되기 때문입니다. 또한, 여러분이 지구로부터 상승하기 위해서는, 지구의 집단의식 안에 있는 남성과 여성의 이미지를 초월해야 합니다.

여러분은 남성이나 여성으로서 상승하는 것이 아니라, 중립적인 존재로서 상승합니다. 이것은, 여러분이 양성적인 존재가 되어야 한다는 말이 아닙니다. 비록 이런 용어를 쓸 수 있다 할지라도 말입니다. 성 정체성이나 성 역할의 측면에서 중립적으로 되어야 한다고 생각하는 것이 더 좋겠습니다. 이 말은, 일본에서 일부 사람들이 여자인지 남자인지 분간할 수 없도록, 거의 양성적인 차림새를 하고 행동하는 것처럼 극단적으로 되어야 한다는 의미가 아닙니다. 신체의 성을 억압하거나 이를 넘어서서 바꾸려고 할 필요가 없습니다. 마음 안에서 점점 더 중립적으로 되면 됩니다. 여러분은 자신이 남성이나 여성의 신체 안에 있음을 명확히 의식하지만, 한 존재로서의 자신을 남성이나 여성과 동일시하지 않는 의식의 단계에 도달합니다. 이것이 이 메신저가 여성 해방을 위한 컨퍼런스의 메신저로 있을 수 있는 이유입니다. 왜냐하면, 그는 자신을 남성이나 여성으로 보지 않고 영적인 존재로 보기 때문입니다.

성적인 모든 이미지는 지구에서 만들어졌으며 비현실적입니다

이와 함께 여러분이 생각해 볼 몇 가지 아이디어를 주고 싶군요. 먼저, 남성 마스터와 여성 마스터가 있다는 아이디어를 살펴볼 수 있지만, 여러분은 그런 전통적인 성 이미지와 성 역할을 초월해야 합니다. 성모 마리아와 같은 여성 마스터는 매우 엄격하고 매우 직설적이기도 합니다. 많은 상승 마스터 학생들은 이런 자질을 남성 마스터들과 연관시켜 왔지만, 남성 마스터들도 부드럽고 애정에 넘치며 친절할 수 있습니다. 여러분이 지구에서 보는 여성과 남성에 근거해서 우리를 동일시하지 않도록, 상승 마스터에 대한 시각을 좀 유연하게 가지는 것이 좋겠습니다.

그다음 단계는 여러분이 자기 자신을 보는 방식을 유연하게 하는 것입니다. 내가 말했듯이, 144단계의 의식을 향해 올라감에 따라, 여러분은 점점 더 남성적인 것과 여성적인 것, 남성과 여성에 관해 관심을 두지 않게 됩니다. 자연스럽게, 여러분이 여전히 여성이나 남성의 몸 안에 있지만 이렇게 말하는 시점이 옵니다. "그것이 무슨 상관인가요. 성별이 왜 지구에서 내 영적인 성장이나 진정한 내 존재의 표현을 제한해야 하나요? 내가 남성의 몸으로 있든 여성의 몸으로 있든 그것과 상관없이 나는 내가 되고자 하는 존재가 될 것이고, 내가 표현하고자 하는 것을 표현할 것입니다."

자, 여러분이 이해할 수 있도록 폴셔께서 준비를 시켰듯이, 이제 여러분은 과거의 시혜에서 주어진 가르침 너머를 보기 시작해야 합니다. 여러분은 남성 영혼이나 여성 영혼으로 창조되었다는 말을 들었지만, 이것은 물고기자리의 사고방식과 집단의식을 기반으로 한 시대에 주어질 수 있던 가르침이었습니다. 우리는 여러분에게 '의식하는 자아(Conscious You)'에 대한 가르침을 주었습니다. 우리가 의식하는 자아에 대해 무엇이라 말했나요? 그것은 무형의 존재입니다. 그것은 순수의식입니다. 그것은 형상이 없습니다. 의식하는 자아는 남성도, 여성도 아닙니다. 여러분의 영혼이 남성성이 더 우세할 수도 있고 여성성이 더 우세할 수도 있지만, 그것은 신이나 여러분의 아이앰 현존이 여러분을 그런 식으로 창조했기 때문이 아닙니다. 그것은 의식하는 자아 때문입니다. 여러분이 지구 행성의 밀도 안에서 자유의지를 행사하기 시작했을 때, 여러분은 자신의 정체성체 안에 특정한 정체성을 만들고, 멘탈체 안에 특정한 매트릭스들을, 감정체 안에 특정한 느낌, 특정한 감정의 패턴들을 만들었습니다. 여러 생을 거치면서, 이것은 일련의 자아들을 만들었습니다. 이런 자아들의 일부는 여러분이 여성의 몸으로 있을 때 만들어진 것이고, 일부는 남성의 몸으로 있을 때 만들어졌습니다.

음, 여러분 모두는 여성의 몸과 남성의 몸으로 수없이 육화해 왔습니다. 남성적인 자아와 여성적인 자아라고 말할 수 있는 이 자아들은 매우 오랜 세월 동안 수많은 육화를 거치며 강화됐습니다. 여러분이 현재의 생으로 내려올 때 생기는 일은, 여러분이 남성이나 여성의 몸을 가지고 온다는 것입니다. 대부분의 사람에게 일어나는 일은, 만일 여러분이 남성의 몸 안으로 들어온다면, 자궁 안에서 몸과 통합되는 과정에서, 남성적인 자아들이 활성화되고 여성적인 자아들은 억압되는 것입니다. 만일 여성의 몸 안으로 들어온다면, 분명 반대되는 일이 일어납니다. 음, 이런 일이 제대로 일어나지 않는 사람들도 있는데, 그들은 일부 남성적인 자아들이 활성화되고 일부 여성적인 자아들이 활성화되는 그런 일종의 중간 상태에 있는 것입니다. 이 때문에 그들은 몸에 들어와서 자신의 성적인 지향에 대해 혼동하거나 혹은 자신의 신체와는 다른 성적인 지향을 가질 수 있습니다. 자신이 잘못된 몸 안에 있다고 느끼는 사람들도 많습니다. 이런 일 또한 많은 생을 통해 일어납니다.

자, 오래된 옛 가르침에, 동성애자들은 영적으로 더 높은 발전 단계에 있다는 말이 있었습니다. 글쎄요. 다시 말하자면 이에 대한 대답은, '맞다. 맞지 않다.' 둘 다입니다. 그것은 모든 사람에게 다 맞는 말은 아닙니다. 모든 동성애자가 영적으로 더 높은 성취에 도달해 있다고는 말할 수 없습니다. 사실 대다수의 많은 동성애자가 평균적인 사람보다 영적으로 더 높은 성취를 이루지 못했습니다. 그들은 가까운 전생들에서 남성, 여성 간의 전환이 있었거나 남성이나 여성으로서의 육화 모두에서 심각한 트라우마를 받은 탓에, 에너지장(auras)이 너무 조각나 있어서 남성적인 지향이나 여성적인 지향을 명확하게 가지고 있지 못합니다. 그들은 자신이 실제로 어느 성에 속하는지 알지 못하는 여러 자아 사이를 옮겨 다니며, 일관성 있는 정체감을 확립하지 못합니다.

그러나 남성과 여성 양쪽으로 너무나 오랫동안 육화를 해왔기 때문에 이제 자신의 성 정체성을 유연하게 대하기 시작한 일부 동성애자들이 있습니다. 그들은 자신을 신체의 성별과 그다지 동일시하지 않습니다. 이것은 일부 사람들에게 해당하는 경우이며, 이것은 우리가 전에 준 내용을 넘어섭니다. 이 말은 의심할 여지없이 많은 사람에게 안도감을 줄 것이고, 실제로 영적으로 높은 단계에 이르지 못한 일부 사람들에 의해 이용될 것입니다. 하지만 여러분을 혼란스럽게 하지 않겠습니다. 이 가르침은 동성애가 이상적이란 의미가 아닙니다. 자신의 의식 수준을 높이고 상승하기 위해 동성애 단계를 거쳐야 한다는 의미가 아닙니다. 대다수의 사람은 이렇게 하지 않습니다. 얼마간 그런 사람들이 있기는 하지만 대부분은 그럴 필요가 없습니다. 왜냐하면, 그들은 정말 신체의 성별과 정렬된 자아로 전환하는 것이 전혀 문제가 되지 않는 지점에 이르렀기 때문입니다.

지구상의 기본적인 갈등을 초월하기

이 모든 이야기가 어디로 향하나요? 음, 그것은 여러분이 여성 해방과 관련된 매우 중요한 개념에 대해 숙고해야 한다는 사실로 이어집니다. 첫째. 신은 남성도, 여성도 아닙니다. 창조주는 지구에서 정의될 수 있는 어떤 종류의 성별도 초월해 있습니다. 신이 남성 신이라는 생각은 잘못된 것이며, 타락한 존재들이 창작한 완전한 거짓입니다. 이것은 이 행성을 조종하기 위해, 남성과 여성 간의 갈등을 만들기 위해 의도적으로 만들어진 개념입니다. 지구 같은 행성에서 남성과 여성 간의 갈등보다 더 기본적인 갈등을 어떻게 만들 수 있겠습니까?

두 번째 생각. 영적인 영역에는 남성적인 것과 여성적인 것 사이에 구별이 있지만, 지구에서 정의된 성 역할들을 완전히 초월해 있습니다. 그것은 이원적인 것이 아니며, 아무런 가치 판단도 없습니다. 창조를 위해 동등하게 필요한 두 가지 우주적인 힘이 존재합니다. 이 두 힘을 균형 잡는 그리스도가 존재합니다. 그리스도는 성별을 초월해 있고, 남성도 아니고 여성도 아니며, 성별로 특징 지워질 수 없습니다. 말로 하기에는 한계가 있지만, 굳이 표현한다면, 그리스도는 중성적입니다.

세 번째 단계는 여러분의 존재 안에서, 여러분은 남성도 아니고 여성도 아니라는 것입니다. 여러분은 의식하는 자아입니다. 여러분은 중성이며 순수의식입니다. 여러분은 성 역할을 초월해 있습니다. 이것이 무슨 의미일까요? 이곳 지구에서 규정된 성 역할들이 무엇이든 간에, 여러분이 그 모든 것들로부터 자유로워질 수 있다는 의미입니다. 이것은 남성 여성 모두에게 동등하게 적용됩니다. 폴셔께서 말했듯이, 이 물병자리 주기에서는 기존의 성 역할로부터 자유로워지는 일이 여성들에게 더 쉽고 더 필요합니다. 왜냐하면, 여성들은 억압받아왔기 때문입니다. 그럼에도 불구하고 남성 역시 성 역할로 인해 매우 엄격한 제한을 받고 있습니다. 특정한 특전들을 누리고 있기는 하지만, 그들 역시 여전히 제한을 받습니다. 여러분은 그로부터 스스로 자유로워질 수 있습니다.

쌍둥이 불꽃이라는 개념

그 밖에 또 무엇을 배울 수 있을까요? 자, 쌍둥이 불꽃의 개념을 한번 살펴봅시다. 그것은 여러분이 자신과 반대 극에 있는 또 다른 영혼과 양극성을 이루며 창조되었다는 것, 오직 그 영혼과 함께할 때만 완전해진다는 것입니다. 다시 말하자면, 이 개념에 약간의 현실성이 있기는 하지만, 이것은 시대에 맞춰 주어진, 한계가 있는 개념이었습니다. 여러분은 양극성 안에서 창조되지 않았습니다. 여러분은 '의식하는 자아'로 창조되었고, 그것은 아무런 구조도 가지고 있지 않으므로 본질적으로 불완전하지 않습니다. 어떻게 불완전함이 있을 수 있을까요? 어떻게 불균형이 생겨날 수 있을까요? 어떻게 여러분이 남성이나 여성일 수 있을까요?

여러분은 양극성 안에서 창조되지 않았습니다. 여러분은 유일무이하고 독립적인 존재입니다. 여러분은 다른 존재와 만나지 않아도 독립적인 존재로서 상승할 수 있습니다. 우리는 왜 쌍둥이 불꽃이란 개념을 가지고 있을까요? 사람들이 이원성으로 추락한 후에, 지구의 모든 사람은 아니더라도 좀 더 영적인 많은 사람이 의식의 사다리를 오르기 시작했고, 그들이 원한다면 다른 한 존재, 다른 영혼을 배정받아, 그 두 사람이 서로를 균형을 잡아 줄 수 있었습니다. 이것은 영적인 영역에서 창조된 것이 아니라, 이원성으로 추락한 상황에 대한 반응으로서 창조된 것입니다.

이것이, 쌍둥이 불꽃이 서로를 위해 만들어진 완전한 사랑이라는 의미일까요? 사랑하는 이들이여, 이것은 할리우드 영화에서나 볼 수 있는 터무니없는 생각입니다! 그것은 여러분이 서로를 위해 만들어졌다는 뜻입니다. 여기에는 여러분이 자신 안에서 보지 못한 것들을 밖으로 끌어낼 수 있는 정확한 자질을 가진, 특정한 존재가 있다는 의미가 담겨 있습니다. 그들은 그것을 끄집어내도록 강요할 수 있고, 갈등을 강요하고, 성장을 위해 서로를 돌아보도록 강요할 수 있습니다. 여러분이 쌍둥이 불꽃을 필요로 하지 않는 의식 수준에 도달하는 시점이 옵니다. 여러분은 자신을 성찰하려는 의지를 굳건히 세웠기 때문에, 반대 극에 있거나 반대되는 자질을 가진 사람을 필요로 하지 않게 됩니다. 서로를 보완해 주기 때문에 여러분은 여전히 연인관계를 즐길 수 있습니다. 그것은 여러분을 강요하지 않습니다.

쌍둥이 불꽃의 개념을 살펴보면, 그 안에 어떤 미묘한 강요의 요소가 들어 있습니다. 어떤 사람을 자신의 쌍둥이 불꽃이라고 생각한다면, 그 사람과 함께 해야 하고, 그 사람과 완벽하고 조화로운 관계를 유지해야 한다는 어떤 느낌이 있었습니다. 이러한 감각은, 이전의 메신저에게서 자신들이 쌍둥이 불꽃이라는 말을 듣거나 혹은 자신들이 쌍둥이 불꽃이라고 믿었던 사람들에게, 엄청난 긴장감을 주었습니다. 많은 경우, 이런 관계들은 비현실적인 기대 때문에 실패했습니다. 두 사람이 서로 끌어당긴다고 느끼는 어떤 친밀한 관계에서도, 그들은 서로에게서 뭔가 배울 것이 있기 때문입니다. 그러나 그들은 자신을 기꺼이 들여다보며, 상대방이 내 안에서 무엇을 끄집어내는지를 인식하고, 이를 초월해야만 이것을 배울 수 있습니다. 만일 그들이 영원히 행복한 관계를 유지해야 한다고 생각하며 모든 갈등을 억누르며 이런 성찰과 초월을 회피한다면, 그들은 성장할 수 없고, 결국 그 관계는 깨지고 말 것입니다. 그래야만 두 사람이 떨어져서 성장할 수 있으니까요?

그렇다면, 상승 마스터들은 어떨까요? 알파와 나, 폴셔와 성 저메인은 쌍둥이 불꽃이 아닌가요? 글쎄요. 이전 가르침에서 주어진 개념에 따르면, 그렇습니다. 보다시피, 성 저메인과 폴셔는 그들이 원래 창조되었을 때 쌍둥이 불꽃으로 창조된 것이 아닙니다. 그들은 상승한 후에 양극성을 이루었고, 사무국을 운영할 수 있게 되었습니다. 상승 영역에 있는 영적 사무국들은 대부분, 확장하는 힘과 수축하는 힘을 유지하면서 그리스도와 함께 균형을 잡는 남성과 여성의 극성을 가지고 있습니다. 여러분은 이런 양극성 안에서 다른 상승 마스터를 지정하거나, 혹은 지정받거나 이끌림을 가질 수 있습니다. 예전에는 쌍둥이 불꽃이라고 불렀지만, 이제 우리는 그 용어를 더 이상 사용하지 않습니다. 왜냐하면, 우리는, 여러분이 그 개념 너머를 보고 그보다 훨씬 더한 뭔가가 있음을 깨닫기를 원하기 때문입니다.

그렇습니다. 항상 그 이상의 경험이 존재합니다.

기본적으로 여러분이 매우 긴 이 구술을 통해 나를 따라왔다면, 물론 이 구술은 내가 시간과 공간을 초월해 있다는 사실에서 나왔는데, 비록 여러분은 시간과 공간을 초월해 있지 않다고 해도, 한 가지 사실, 즉 무엇에나 항상 그것을 넘어서는 더 이상의 것이 존재한다는 사실을 깨닫게 될 것입니다. 폴셔께서 말했듯이, 궁극적인 계시란 존재하지 않습니다. 항상 그것을 초월하는 것이 존재합니다. 사랑하는 이들이여, 이것이 왜 그럴까요? 음, 우선 우리가 말했듯이, 여러분이 가장 위대한 존재를 경험하기 전에는, 그것은 여러분이 멀리서 이해하려고 애쓰는 하나의 개념에 불과하기 때문입니다. 우리는 항상, 여러분이 현재 의식 수준을 초월하고 더 높은 것을 체험하도록 자극을 주려고 합니다. 그것이 그리스도의 원리이고 그리스도의 움직임이기 때문입니다.

여러분이 신과 상승 마스터와 여러분 자신과 지구에 대하여 우주에 대하여 어떤 개념을 가지고 있다고 생각하는 순간, 여러분은 성장을 멈춰버립니다. 왜냐하면, 그럴 때 여러분은 거기 앉아서 이렇게 말하고 있는 것이기 때문입니다. "신이시여, 저를 귀찮게 하지 마세요. 상승 마스터들이여, 저를 성가시게 하지 마세요. 마침내 나는 그것을 알아냈어요. 이제는 창조가 어떻게 이루어지는지 정확히 알게 되었어요. 선형적이고 분석적인 마음으로 나는 그것을 모두 해결했습니다. 나는 세상이 어떻게 작동하는지에 대한 완벽한 이미지를 갖게 되었고, 이제 아주 안전해졌다는 기분이 듭니다. 세상이 어떻게 작동하는지를 알기 때문에 이제 내 에고는 아주 안전합니다. 나는 구원받을 것이고, 세상이 어떻게 작동하는지를 모르는 다른 모든 사람보다 내가 우월하다고 느낄 수 있습니다. 이런 느낌이 오래 지속되었으면 좋겠어요. 그러니 이보다 더한 것이 있다고 말하면서 저를 귀찮게 하지 마세요. 왜냐하면, 나는 서밋 라이트하우스와 아이엠 운동의 가르침(I AM teachings), 그리스도교 근본주의, 힌두교, 이슬람, 불교 등에 기반을 둔 가르침들을 전부 다 이해했기 때문입니다."

물론 사랑하는 이들이여, 나는 여러분의 자유의지에 경의를 표합니다. 나는 여러분의 자유의지를 존중합니다. 여러분이 그 경험을 원한다면, 원하는 만큼 오랫동안 그런 체험을 할 수 있지만, 그렇다면 내 구술은 여러분을 위한 것이 아닙니다. 내 구술은 그런 체험을 충분히 하고 나서 이제는 그리스도와 다시 연결되어 스스로를 초월하는 상향의 움직임으로 들어가고자 하는 사람들을 위한 것입니다. 이런 자기-초월이야말로 형상 세계가 창조된 목적입니다.

사랑하는 이들이여, 이제 나는 여러분을 알파와 오메가의 무한 8자 흐름 안에 봉인하면서 말합니다. 화이트 큐브, 우주의 큐브, 그리스도의 큐브에 대해 깊이 숙고하세요. 알파와 나 사이의 흐름을 느끼면서 그 위에 앉아 있는 여러분을 상상하세요. 그러면 여러분은 자신의 출발점(beginning)을 알게 될 것이고, 여러분의 종착점(ending)을, 최소한 상승을 통해 지구에서의 삶을 마치는 그 지점을 잠시나마 일별할 수 있을 것입니다. 이것으로, 지구의 집단의식을 끌어올리는 데 중요한 이정표가 될 이 긴 구술을 들어준 것에 대해 감사를 표합니다. 이루어졌습니다.

8
미리 규정된 모든 역할로부터의
자유를 기원하기-1 (기원)

I AM THAT I AM, 예수 그리스도의 이름으로, 나는 지구에 육화한 존재로서 가진 내 권한을 사용하여 오메가께 이 기원을 증폭해 달라고 요청합니다. 내 차크라들을 통해 이 기원문의 내용을 집단의식으로 방출하시어, 여성과 남성 모두가 타락한 존재들의 심리적, 영적 속박에서 자유로워지도록 의식을 일깨워 주소서. 우리는 영적인 존재들이며 상승 마스터들과 함께 일함으로써 새로운 미래를 공동창조할 수 있다는 진실(reality)을 일깨워 주소서. 나는 특히 이것을 요청합니다... (여기에 개인적인 요청을 추가하세요)

파트 1

1. 오메가여, 여성들을 일깨우시어, 창조주의 존재는 모든 형상을 초월해 있지만, 우리는 형상 세계에 살고 있고, 이 세상의 모든 것은 형상을 가지고 있음을 알게 하소서.

오메가여, 나는 우주의 문 안에 있는,

당신의 보좌를 명상합니다.
나는 알파와 오메가가 공동창조한,
무한 8자 형상에서 탄생합니다.

오 생명의 노래여, 당신은 생명을 부어 주며,
모든 가슴에 진정한 동조를 일으킵니다.
오 신성한 음류여, 당신의 연금술은,
지구를 파라다이스로 변형합니다.

2. 오메가여, 여성들을 일깨우시어, 생각이나 느낌도 형상임을 알게 하소서. 미묘한 정체감마저 형상을 가지고 있으며, 우리가 신에 대해 가질 수 있는 어떤 이미지이든 형상을 가지지만, 진정한 창조주는 형상 너머에 있습니다.

오메가여, 당신의 신성한 공간 안에서,
나는 우주의 부모를 포옹합니다.
우주적 인종에 합류하는 일은,
무한한 은총임을 나는 압니다.

오 생명의 노래여, 당신은 생명을 부어 주며,
모든 가슴에 진정한 동조를 일으킵니다.
오 신성한 음류여, 당신의 연금술은,
지구를 파라다이스로 변형합니다.

3. 오메가여, 여성들을 일깨우시어, 창조주의 존재를 파악할 수 있는 어떤 말도, 형상도, 이미지도 없음을 알게 하소서. 창조주는 어떤 형상도 지니고 있지 않으며, 형상 너머에 있고, 형상을 초월한 존재입니다.

중앙태양의 오메가여, 당신은 나에게,
삶이 우주적인 즐거움임을 보여줍니다.

이제 나는 승리를 얻고,
집으로 향하는 여정을 시작합니다.

오 생명의 노래여, 당신은 생명을 부어 주며,
모든 가슴에 진정한 동조를 일으킵니다.
오 신성한 음류여, 당신의 연금술은,
지구를 파라다이스로 변형합니다.

4. 오메가여, 여성들을 일깨우시어, 우리가 창조주의 존재를 체험하기 위해서는 형상에 대한 집착을 초월해야 하고, 의식하는 자아의 완전한 순수성과 중립성으로 들어가야 함을 알게 하소서.

오메가여, 여성성이야말로
무한으로 인도하는 문입니다.
나는 당신과 동화되며,
나 자신의 신성을 깨닫습니다.

오 생명의 노래여, 당신은 생명을 부어 주며,
모든 가슴에 진정한 동조를 일으킵니다.
오 신성한 음류여, 당신의 연금술은,
지구를 파라다이스로 변형합니다.

5. 오메가여, 여성들을 일깨우시어, 창조주는 형상 세계를 창조한 근원이지만, 창조주 그 자체는 자신의 창조물을 초월해 있음을 알게 하소서. 지구에서 우리가 파악하거나 경험하는 그 어떤 것을 통해서도, '이것이 창조주에 대해 무언가를 말해 준다.'라고 추론할 수 없습니다.

오메가여, 당신의 우주적 흐름 안에서,
내 신성한 계획을 명확히 깨닫습니다.
이제 내 가슴은 등불처럼 밝게 타오르고,

나는 모두에게 사랑을 비춰줍니다.

오 생명의 노래여, 당신은 생명을 부어 주며,
모든 가슴에 진정한 동조를 일으킵니다.
오 신성한 음류여, 당신의 연금술은,
지구를 파라다이스로 변형합니다.

6. 오메가여, 여성들을 일깨우시어, 그렇게 하려 한다면, 우리는 어떤 대상을 이해하려는 주체인 선형적인 마음으로 들어간다는 것을 알게 하소서.

오메가여, 우주 어머니의 화염이여,
나는 바로 이 빛에서 나왔습니다.
나는 우주의 게임에 참여하며,
그리스도의 승리를 선언합니다.

오 생명의 노래여, 당신은 생명을 부어 주며,
모든 가슴에 진정한 동조를 일으킵니다.
오 신성한 음류여, 당신의 연금술은,
지구를 파라다이스로 변형합니다.

7. 오메가여, 여성들을 일깨우시어, 이런 마음으로 들어가 신을 이해하려고 한다면 우리는 신을 이해할 수 없고, 단지 우상이나 신의 이미지만을 이해할 수 있음을 알게 하소서. 그것은 결코 신이 아니며, 하나의 우상일 뿐입니다.

오메가여, 내가 왜 지구에 내려왔는지,
이제 나는 깨닫습니다.
그러므로 나는 이 행성의 상승을 돕겠다는,
의지로 충만합니다.

오 생명의 노래여, 당신은 생명을 부어 주며,
모든 가슴에 진정한 동조를 일으킵니다.
오 신성한 음류여, 당신의 연금술은,
지구를 파라다이스로 변형합니다.

8. 오메가여, 여성들을 일깨우시어, 이미지란 실재와 정렬된 것이 아님을 알게 하소서. 만일 이미지가 실재와 일치한다고 생각한다면 그것은 거짓된 이미지, 거짓된 신, 우상이 되고 맙니다.

오메가여, 나는 지금 열망합니다.
우주적인 합창단의 대열에 합류하기를.
이 행성을 성화(聖化)하는 그리스도의 불꽃과 함께,
내 가슴은 불타오르고 있습니다.

오 생명의 노래여, 당신은 생명을 부어 주며,
모든 가슴에 진정한 동조를 일으킵니다.
오 신성한 음류여, 당신의 연금술은,
지구를 파라다이스로 변형합니다.

9. 오메가여, 여성들을 일깨우시어, 지구에서 창조된 이미지나 우상에 상관없이, 창조주는 남성이 아니고 남성 신도 아님을 알게 하소서.

오메가여, 내 가슴은 찬란히 타오르고,
내 삶은 상향의 단계로 들어왔습니다.
이제 내게 비밀의 구절을 가르치시어,
내가 이 행성을 들어올릴 수 있게 하소서.

오 생명의 노래여, 당신은 생명을 부어 주며,
모든 가슴에 진정한 동조를 일으킵니다.

**오 신성한 음류여, 당신의 연금술은,
지구를 파라다이스로 변형합니다.**

파트 2

1. 오메가여, 여성들을 일깨우시어, 형상을 초월한 진정한 신에게 남성과 여성의 개념은 전혀 의미가 없음을 알게 하소서. 남성과 여성이란 오직 형상 세계에만 존재하는데, 형상을 초월한 존재에게 어떻게 여성과 남성의 구별이 있을 수 있겠습니까?

오메가여, 나는 우주의 문 안에 있는,
당신의 보좌를 명상합니다.
나는 알파와 오메가가 공동창조한,
무한 8자 형상에서 탄생합니다.

**오 생명의 노래여, 당신은 생명을 부어 주며,
모든 가슴에 진정한 동조를 일으킵니다.
오 신성한 음류여, 당신의 연금술은,
지구를 파라다이스로 변형합니다.**

2. 오메가여, 여성들을 일깨워, 지구의 남성과 여성의 개념은 단지 밀도가 높은 물질 행성에만 존재하는 매우 원시적인 개념임을 알게 하소서. 이것을 창조주에게 적용하려는 것은 전혀 의미가 없습니다.

오메가여, 당신의 신성한 공간 안에서,
나는 우주의 부모를 포옹합니다.
우주적 인종에 합류하는 일은,
무한한 은총임을 나는 압니다.

오 생명의 노래여, 당신은 생명을 부어 주며,

모든 가슴에 진정한 동조를 일으킵니다.
오 신성한 음류여, 당신의 연금술은,
지구를 파라다이스로 변형합니다.

3. 오메가여, 여성들을 일깨워, 형상 세계를 창조하려면, 창조주는 한 형상이 다른 형상에게서 분리되고, 두 형상이 상호 관계 안에서 정의되거나, 형상 없는 허공과의 관계에서 정의되도록 분화를 규정해야 함을 알게 하소서.

중앙태양의 오메가여, 당신은 나에게,
삶이 우주적인 즐거움임을 보여줍니다.
이제 나는 승리를 얻고,
집으로 향하는 여정을 시작합니다.

오 생명의 노래여, 당신은 생명을 부어 주며,
모든 가슴에 진정한 동조를 일으킵니다.
오 신성한 음류여, 당신의 연금술은,
지구를 파라다이스로 변형합니다.

4. 오메가여, 여성들을 일깨우시어, 두 가지 형상은 반드시 동시에 창조되어야 하며, 이것이 분화의 시작임을 알게 하소서. 허공과는 다른 형상이 있는 분화가 생겨나지만, 형상의 차원에서는 최소한 서로 분리된 두 개의 형상이 존재합니다.

오메가여, 여성성이야말로
무한으로 인도하는 문입니다.
나는 당신과 동화되며,
나 자신의 신성을 깨닫습니다.

오 생명의 노래여, 당신은 생명을 부어 주며,

모든 가슴에 진정한 동조를 일으킵니다.
오 신성한 음류여, 당신의 연금술은,
지구를 파라다이스로 변형합니다.

5. 오메가여, 여성들을 일깨워, 우리의 창조주가 형상 세계 창조에 사용하기로 결정한 두 요소는 확장하는 힘과 수축하는 힘이었음을 알게 해주소서.

오메가여, 당신의 우주적 흐름 안에서,
내 신성한 계획을 명확히 깨닫습니다.
이제 내 가슴은 등불처럼 밝게 타오르고,
나는 모두에게 사랑을 비춰줍니다.

오 생명의 노래여, 당신은 생명을 부어 주며,
모든 가슴에 진정한 동조를 일으킵니다.
오 신성한 음류여, 당신의 연금술은,
지구를 파라다이스로 변형합니다.

6. 오메가여, 여성들을 일깨워, 창조주께서 확장하는 힘과 수축하는 힘을 선택했음을 알게 하소서. 이것은 지구에서 우리가 보고 있는 남성과 여성과는 아무런 관련도 없습니다.

오메가여, 우주 어머니의 화염이여,
나는 바로 이 빛에서 나왔습니다.
나는 우주의 게임에 참여하며,
그리스도의 승리를 선언합니다.

오 생명의 노래여, 당신은 생명을 부어 주며,
모든 가슴에 진정한 동조를 일으킵니다.
오 신성한 음류여, 당신의 연금술은,

지구를 파라다이스로 변형합니다.

7. 오메가여, 여성들을 일깨우시어, 이것이 확장하는 힘과 수축하는 힘으로의 분화였음을 알게 하소서. 확장하는 힘은 외부로 무한히 확장해가려고 하고, 수축하는 힘은 일정한 형상이 유지되도록 확장하는 힘을 균형 잡을 수 있습니다.

오메가여, 내가 왜 지구에 내려왔는지,
이제 나는 깨닫습니다.
그러므로 나는 이 행성의 상승을 돕겠다는,
의지로 충만합니다.

오 생명의 노래여, 당신은 생명을 부어 주며,
모든 가슴에 진정한 동조를 일으킵니다.
오 신성한 음류여, 당신의 연금술은,
지구를 파라다이스로 변형합니다.

8. 오메가여, 여성들을 일깨워, 어떤 형상이 창조되고 유지될 수 있는 것은 수축하는 힘이 확장하는 힘을 균형 잡기 때문임을 알게 해주소서. 창조주는 확장하는 힘과 수축하는 힘 사이의 특정한 관계를 규정했습니다.

오메가여, 나는 지금 열망합니다.
우주적인 합창단의 대열에 합류하기를.
이 행성을 성화(聖化)하는 그리스도의 불꽃과 함께,
내 가슴은 불타오르고 있습니다.

오 생명의 노래여, 당신은 생명을 부어 주며,
모든 가슴에 진정한 동조를 일으킵니다.
오 신성한 음류여, 당신의 연금술은,

지구를 파라다이스로 변형합니다.

9. 오메가여, 여성들을 일깨우시어, 이 관계와 비율이 물질의 밀도를 결정짓고, 이에 따라 어떤 종류의 형상이 창조될지에 대한 패턴과 경계가 정해졌음을 알게 하소서.

오메가여, 내 가슴은 찬란히 타오르고,
내 삶은 상향의 단계로 들어왔습니다.
이제 내게 비밀의 구절을 가르치시어,
내가 이 행성을 들어올릴 수 있게 하소서.

오 생명의 노래여, 당신은 생명을 부어 주며,
모든 가슴에 진정한 동조를 일으킵니다.
오 신성한 음류여, 당신의 연금술은,
지구를 파라다이스로 변형합니다.

파트 3

1. 오메가여, 여성들을 일깨워, 확장하는 힘과 수축하는 힘 사이에 균형치(balancing factor)가 있음을 알게 하소서. 확장하는 힘과 수축하는 힘이 존재하며, 이 두 힘이 균형을 이루어야만 형상이 유지될 수 있습니다.

오메가여, 나는 우주의 문 안에 있는,
당신의 보좌를 명상합니다.
나는 알파와 오메가가 공동창조한,
무한 8자 형상에서 탄생합니다.

오 생명의 노래여, 당신은 생명을 부어 주며,
모든 가슴에 진정한 동조를 일으킵니다.

오 신성한 음류여, 당신의 연금술은,
지구를 파라다이스로 변형합니다.

2. 오메가여, 여성들을 일깨워, 우리 구체를 위해 규정된 그리스도 비율(Christ ratio)이 우리가 자신을 초월할 수 있는 증분(增分; increments)을 결정함을 알게 하소서.

오메가여, 당신의 신성한 공간 안에서,
나는 우주의 부모를 포옹합니다.
우주적 인종에 합류하는 일은,
무한한 은총임을 나는 압니다.

오 생명의 노래여, 당신은 생명을 부어 주며,
모든 가슴에 진정한 동조를 일으킵니다.
오 신성한 음류여, 당신의 연금술은,
지구를 파라다이스로 변형합니다.

3. 오메가여, 여성들을 일깨우시어, 확장하는 힘과 수축하는 힘 사이의 이 비율, 이 특정한 기하학적 비율이 그리스도임을 알게 하소서. 그리스도 마음은 자기-초월입니다.

중앙태양의 오메가여, 당신은 나에게,
삶이 우주적인 즐거움임을 보여줍니다.
이제 나는 승리를 얻고,
집으로 향하는 여정을 시작합니다.

오 생명의 노래여, 당신은 생명을 부어 주며,
모든 가슴에 진정한 동조를 일으킵니다.
오 신성한 음류여, 당신의 연금술은,
지구를 파라다이스로 변형합니다.

4. 오메가여, 여성들을 일깨우시어, 그리스도를 정의하는 순간, 우리는 그리스도를 잃었음을 알게 하소서. 왜냐하면, 그리스도는 이미 스스로를 초월했기 때문입니다. 그리스도와 보조를 맞추고 싶다면, 우리는 계속 자신을 초월해야 하며, 우리가 궁극적인 체험과 이해, 궁극의 이론과 교리를 가졌다고 믿지 말아야 합니다.

오메가여, 여성성이야말로
무한으로 인도하는 문입니다.
나는 당신과 동화되며,
나 자신의 신성을 깨닫습니다.

오 생명의 노래여, 당신은 생명을 부어 주며,
모든 가슴에 진정한 동조를 일으킵니다.
오 신성한 음류여, 당신의 연금술은,
지구를 파라다이스로 변형합니다.

5. 오메가여, 여성들을 일깨워, 우리가 그리스도를 고정시키려 한다면 그리스도를 잃게 되고, 반-그리스도 상태로 들어가게 된다는 사실을 알게 하소서. 어떤 존재들은 그리스도를 고정시키려고 합니다. 왜냐하면, 미상승 구체에서는 그리스도가 궁극의 힘이기 때문입니다. 그들은 이 힘을 자신들의 목적을 위해 이용하려고 합니다.

오메가여, 당신의 우주적 흐름 안에서,
내 신성한 계획을 명확히 깨닫습니다.
이제 내 가슴은 등불처럼 밝게 타오르고,
나는 모두에게 사랑을 비춰줍니다.

오 생명의 노래여, 당신은 생명을 부어 주며,
모든 가슴에 진정한 동조를 일으킵니다.

오 신성한 음류여, 당신의 연금술은,
지구를 파라다이스로 변형합니다.

6. 오메가여, 여성들을 일깨우시어, 이런 일이 행해질 수 없음을 알게 하소서. 그리스도는 모든 생명의 하나됨이며, 계속 스스로를 초월하고 있습니다. 우리가 그리스도를 고정시켜 힘을 얻는 데 사용하려 한다면, 이때 우리가 얻는 것은 그리스도가 아니라 반-그리스도입니다.

오메가여, 우주 어머니의 화염이여,
나는 바로 이 빛에서 나왔습니다.
나는 우주의 게임에 참여하며,
그리스도의 승리를 선언합니다.

오 생명의 노래여, 당신은 생명을 부어 주며,
모든 가슴에 진정한 동조를 일으킵니다.
오 신성한 음류여, 당신의 연금술은,
지구를 파라다이스로 변형합니다.

7. 오메가여, 여성들을 일깨우시어, 그리스도가 궁극의 힘임을 알게 하소서. 그리스도는 지상의 모든 것을 초월해 있습니다.

오메가여, 내가 왜 지구에 내려왔는지,
이제 나는 깨닫습니다.
그러므로 나는 이 행성의 상승을 돕겠다는,
의지로 충만합니다.

오 생명의 노래여, 당신은 생명을 부어 주며,
모든 가슴에 진정한 동조를 일으킵니다.
오 신성한 음류여, 당신의 연금술은,
지구를 파라다이스로 변형합니다.

8. 오메가여, 여성들을 일깨워, 자기애성 인격장애자들(narcissistic beings)인 타락한 존재들은 그리스도를 가늠할 수 없음을 알게 하소서. 그들은 오로지 그리스도에 대한 그릇된 이미지를 만들 수 있을 뿐이고, 그것은 반-그리스도입니다.

오메가여, 나는 지금 열망합니다.
우주적인 합창단의 대열에 합류하기를.
이 행성을 성화(聖化)하는 그리스도의 불꽃과 함께,
내 가슴은 불타오르고 있습니다.

오 생명의 노래여, 당신은 생명을 부어 주며,
모든 가슴에 진정한 동조를 일으킵니다.
오 신성한 음류여, 당신의 연금술은,
지구를 파라다이스로 변형합니다.

9. 오메가여, 여성들을 일깨워, 타락한 존재들이 확장하는 힘과 수축하는 힘의 개념을 취해, 이를 지구에 있는 남성과 여성 개념에 비교해 왜곡시켜 버렸음을 알게 하소서.

오메가여, 내 가슴은 찬란히 타오르고,
내 삶은 상향의 단계로 들어왔습니다.
이제 내게 비밀의 구절을 가르치시어,
내가 이 행성을 들어올릴 수 있게 하소서.

오 생명의 노래여, 당신은 생명을 부어 주며,
모든 가슴에 진정한 동조를 일으킵니다.
오 신성한 음류여, 당신의 연금술은,
지구를 파라다이스로 변형합니다.

파트 4

1. 오메가여, 여성들을 일깨워, 이 우주적인 힘들에 대한 개념을, 지구처럼 조밀한 물질 행성의 남성과 여성의 몸처럼, 원시적이고 밀도 높은 뭔가와 결합하는 것은 현실성이 없음을 보게 하소서.

오메가여, 나는 우주의 문 안에 있는,
당신의 보좌를 명상합니다.
나는 알파와 오메가가 공동창조한,
무한 8자 형상에서 탄생합니다.

**오 생명의 노래여, 당신은 생명을 부어 주며,
모든 가슴에 진정한 동조를 일으킵니다.
오 신성한 음류여, 당신의 연금술은,
지구를 파라다이스로 변형합니다.**

2. 오메가여, 여성들을 일깨워, 이것은 사람들을 조종하려는 시도임을 알게 하소서. 타락한 존재들은 창조에 대해 자신들의 제한된 이해를 살펴보고, 확장하는 힘과 수축하는 힘이 존재한다는 것을 감지했습니다. 그런 후 그들은 이 힘들과 이 힘들의 상호작용에 대한 고정된 이미지를 만들어내려고 했습니다. 그러나 이것은 가능하지 않습니다.

오메가여, 당신의 신성한 공간 안에서,
나는 우주의 부모를 포옹합니다.
우주적 인종에 합류하는 일은,
무한한 은총임을 나는 압니다.

**오 생명의 노래여, 당신은 생명을 부어 주며,
모든 가슴에 진정한 동조를 일으킵니다.
오 신성한 음류여, 당신의 연금술은,**

지구를 파라다이스로 변형합니다.

3. 오메가여, 여성들을 일깨워, 타락한 존재들이 이 두 힘을 취한 뒤, 그들의 이원적인 관점으로 끌어당겼음을 알게 하소서. 그런 후 그들은 이렇게 말했습니다. "하나는 남성이고, 하나는 여성이다. 남성은 우월하고 여성은 열등하다."

중앙태양의 오메가여, 당신은 나에게,
삶이 우주적인 즐거움임을 보여줍니다.
이제 나는 승리를 얻고,
집으로 향하는 여정을 시작합니다.

오 생명의 노래여, 당신은 생명을 부어 주며,
모든 가슴에 진정한 동조를 일으킵니다.
오 신성한 음류여, 당신의 연금술은,
지구를 파라다이스로 변형합니다.

4. 오메가여, 여성들을 일깨우시어, 타락한 존재들이 우리 구체를 초월해 있는 우주적인 힘들을 가져와서, 그들의 제한된 관점과 인식 필터 안으로, 그들의 의식 상태와 이원적 관점으로 끌어당겼음을 알게 하소서. 그 관점에서는 하나의 이원적 극성은 다른 이원적 극성과 반대되는 것으로 정의되어야 합니다.

오메가여, 여성성이야말로
무한으로 인도하는 문입니다.
나는 당신과 동화되며,
나 자신의 신성을 깨닫습니다.

오 생명의 노래여, 당신은 생명을 부어 주며,
모든 가슴에 진정한 동조를 일으킵니다.

오 신성한 음류여, 당신의 연금술은,
지구를 파라다이스로 변형합니다.

5. 오메가여, 여성들을 일깨워, 두 힘이 상호보완적인 힘이 되는 대신 상반되는 힘이 되었고, 이제는 반대 방향으로 끌어당기게 되었음을 알게 하소서.

오메가여, 당신의 우주적 흐름 안에서,
내 신성한 계획을 명확히 깨닫습니다.
이제 내 가슴은 등불처럼 밝게 타오르고,
나는 모두에게 사랑을 비춰줍니다.

오 생명의 노래여, 당신은 생명을 부어 주며,
모든 가슴에 진정한 동조를 일으킵니다.
오 신성한 음류여, 당신의 연금술은,
지구를 파라다이스로 변형합니다.

6. 오메가여, 여성들을 일깨우시어, 어떤 형상을 유지하기 위해서는 외부로 확장하는 힘을 균형 잡을 뭔가가 있어야 함을 알게 하소서. 그러나 그것은 상반되는 힘이 아닙니다. 그것은 형상이 유지되도록 균형을 잡아주는 힘일 뿐입니다. 여기에는 어떠한 모순도 없고, 반대극도 없으며, 다른 것을 붕괴시키는 형태도 없습니다.

오메가여, 우주 어머니의 화염이여,
나는 바로 이 빛에서 나왔습니다.
나는 우주의 게임에 참여하며,
그리스도의 승리를 선언합니다.

오 생명의 노래여, 당신은 생명을 부어 주며,
모든 가슴에 진정한 동조를 일으킵니다.

오 신성한 음류여, 당신의 연금술은,
지구를 파라다이스로 변형합니다.

7. 오메가여, 여성들을 일깨워, 우리가 이원성 안에 있지 않을 때, 확장력과 수축력을 사용해 뭔가를 창조할 수 있음을 알게 하소서. 이때 우리는 서로 반대 극을 이루지 않고, 서로를 붕괴시키거나 파괴하지도 않으면서 다양한 형상들을 창조할 수 있습니다.

오메가여, 내가 왜 지구에 내려왔는지,
이제 나는 깨닫습니다.
그러므로 나는 이 행성의 상승을 돕겠다는,
의지로 충만합니다.

오 생명의 노래여, 당신은 생명을 부어 주며,
모든 가슴에 진정한 동조를 일으킵니다.
오 신성한 음류여, 당신의 연금술은,
지구를 파라다이스로 변형합니다.

8. 오메가여, 여성들을 일깨우시어, 우리가 일단 이원성으로 들어가게 되면, 여전히 같은 방식으로 창조하더라도, 두 힘은 반대 극을 이루며 상호대립하여 작용함을 알게 하소서.

오메가여, 나는 지금 열망합니다.
우주적인 합창단의 대열에 합류하기를.
이 행성을 성화(聖化)하는 그리스도의 불꽃과 함께,
내 가슴은 불타오르고 있습니다.

오 생명의 노래여, 당신은 생명을 부어 주며,
모든 가슴에 진정한 동조를 일으킵니다.
오 신성한 음류여, 당신의 연금술은,

지구를 파라다이스로 변형합니다.

9. 오메가여, 여성들을 일깨워, 이원성 안에는 저항이 있으며, 우리가 창조하기를 원하고 그것을 유지하거나 그것을 초월하려고 하는 모든 것에 대한 반대가 있음을 알게 하소서.

오메가여, 내 가슴은 찬란히 타오르고,
내 삶은 상향의 단계로 들어왔습니다.
이제 내게 비밀의 구절을 가르치시어,
내가 이 행성을 들어올릴 수 있게 하소서.

**오 생명의 노래여, 당신은 생명을 부어 주며,
모든 가슴에 진정한 동조를 일으킵니다.
오 신성한 음류여, 당신의 연금술은,
지구를 파라다이스로 변형합니다.**

봉인
I AM THAT I AM의 이름으로, 나는 대천사 미카엘과 아스트레아와 쉬바께서 나와 모든 건설적인 사람 주위에 뚫을 수 없는 보호막을 형성하여, 우리를 네 옥타브 안에 있는 모든 두려움 기반의 에너지로부터 봉인해 주심을 받아들입니다. 나는 신의 빛(Light of God)이 지구 여성들을 자유롭게 하는 데 저항하는, 어둠의 힘을 구성하는 두려움 기반의 모든 에너지를 변형하고 소멸하고 있음을 받아들입니다!
.

9
미리 규정된 모든 역할로부터의 자유를 기원하기-2 (기원)

I AM THAT I AM, 예수 그리스도의 이름으로, 나는 지구에 육화한 존재로서 가진 내 권한을 사용하여 오메가께 이 기원을 증폭해 달라고 요청합니다. 내 차크라들을 통해 이 기원문의 내용을 집단의식으로 방출하시어, 여성과 남성 모두가 타락한 존재들의 심리적, 영적 속박에서 자유로워지도록 의식을 일깨워 주소서. 우리는 영적인 존재들이며 상승 마스터들과 함께 일함으로써 새로운 미래를 공동창조할 수 있다는 진실(reality)을 일깨워 주소서. 나는 특히 이것을 요청합니다... (여기에 개인적인 요청을 추가하세요)

파트 1

1. 오메가여, 여성들을 일깨워, 시간이 지나도 무언가를 유지하는 것에 반대되는 힘이 있음을 알게 하소서. 따라서 우리는 그것을 잠깐만 경험할 수 있습니다. 하지만 우리가 자신의 창조물에 갇히게 되면, 그것을 초월하려 할 때도 반대되는 힘이 작용합니다.

오메가여, 나는 우주의 문 안에 있는,
당신의 보좌를 명상합니다.
나는 알파와 오메가가 공동창조한,
무한 8자 형상에서 탄생합니다.

오 생명의 노래여, 당신은 생명을 부어 주며,
모든 가슴에 진정한 동조를 일으킵니다.
오 신성한 음류여, 당신의 연금술은,
지구를 파라다이스로 변형합니다.

2. 오메가여, 여성들을 일깨워, 타락한 존재들은 이 두 가지 우주적 힘들을 가져와 이원적 세계관으로 끌어당겼고, 이제 그것들은 상반되는 것으로 여겨짐을 알게 하소서. 이에 따라 남성성은 여성성과 반대되는 속성을 가져야 합니다.

오메가여, 당신의 신성한 공간 안에서,
나는 우주의 부모를 포옹합니다.
우주적 인종에 합류하는 일은,
무한한 은총임을 나는 압니다.

오 생명의 노래여, 당신은 생명을 부어 주며,
모든 가슴에 진정한 동조를 일으킵니다.
오 신성한 음류여, 당신의 연금술은,
지구를 파라다이스로 변형합니다.

3. 오메가여, 여성들을 일깨워, 타락한 존재들은 이 두 힘을 상반된 것으로 정의한 후, 남성적 요소인 확장하는 힘은 우월하며, 여성성은 열등하다는 가치 판단을 만들었음을 알게 하소서.

중앙태양의 오메가여, 당신은 나에게,

삶이 우주적인 즐거움임을 보여줍니다.
이제 나는 승리를 얻고,
집으로 향하는 여정을 시작합니다.

오 생명의 노래여, 당신은 생명을 부어 주며,
모든 가슴에 진정한 동조를 일으킵니다.
오 신성한 음류여, 당신의 연금술은,
지구를 파라다이스로 변형합니다.

4. 오메가여, 여성들을 일깨우시어, 타락한 존재들이 그 가치 판단을
지구 상황으로 투사하여, 남성은 여성보다 우월하므로 여성은 남성의
지배에 복종해야 한다고 주장함을 알게 하소서.

오메가여, 여성성이야말로
무한으로 인도하는 문입니다.
나는 당신과 동화되며,
나 자신의 신성을 깨닫습니다.

오 생명의 노래여, 당신은 생명을 부어 주며,
모든 가슴에 진정한 동조를 일으킵니다.
오 신성한 음류여, 당신의 연금술은,
지구를 파라다이스로 변형합니다.

5. 오메가여, 여성들을 일깨워, 타락한 존재들이 이런 식으로 상반되는
두 성(性)을 창조했음을 알게 하소서.

오메가여, 당신의 우주적 흐름 안에서,
내 신성한 계획을 명확히 깨닫습니다.
이제 내 가슴은 등불처럼 밝게 타오르고,
나는 모두에게 사랑을 비춰줍니다.

오 생명의 노래여, 당신은 생명을 부어 주며,
모든 가슴에 진정한 동조를 일으킵니다.
오 신성한 음류여, 당신의 연금술은,
지구를 파라다이스로 변형합니다.

6. 오메가여, 여성들을 일깨우시어, 타락한 존재들은 많은 거짓된 신들을 창조했음을 알게 하소서. 심지어 구약의 신 야훼조차도 타락한 존재들이 만든 거짓 신입니다. 남신이나 여신으로 여겨지는 모든 신이 거짓된 신입니다. 형상을 가진 그 어떤 신도 모두가 거짓된 신입니다.

오메가여, 우주 어머니의 화염이여,
나는 바로 이 빛에서 나왔습니다.
나는 우주의 게임에 참여하며,
그리스도의 승리를 선언합니다.

오 생명의 노래여, 당신은 생명을 부어 주며,
모든 가슴에 진정한 동조를 일으킵니다.
오 신성한 음류여, 당신의 연금술은,
지구를 파라다이스로 변형합니다.

7. 오메가여, 여성들을 일깨워, 우리는 남성이나 여성으로 상승하는 것이 아니라 중립적인 존재로서 상승함을 알게 하소서. 우리는 성 정체성이나 성 역할에 있어서 중립적으로 됩니다.

오메가여, 내가 왜 지구에 내려왔는지,
이제 나는 깨닫습니다.
그러므로 나는 이 행성의 상승을 돕겠다는,
의지로 충만합니다.

오 생명의 노래여, 당신은 생명을 부어 주며,
모든 가슴에 진정한 동조를 일으킵니다.
오 신성한 음류여, 당신의 연금술은,
지구를 파라다이스로 변형합니다.

8. 오메가여, 여성들을 일깨워, 우리가 신체의 성별을 바꾸거나 이를 초월하거나 억압할 필요가 없음을 알게 하소서. 마음 안에서, 우리는 점점 더 중립적으로 되어갑니다.

오메가여, 나는 지금 열망합니다.
우주적인 합창단의 대열에 합류하기를.
이 행성을 성화(聖化)하는 그리스도의 불꽃과 함께,
내 가슴은 불타오르고 있습니다.

오 생명의 노래여, 당신은 생명을 부어 주며,
모든 가슴에 진정한 동조를 일으킵니다.
오 신성한 음류여, 당신의 연금술은,
지구를 파라다이스로 변형합니다.

9. 오메가여, 여성들을 일깨워, 우리가 남성이나 여성의 신체 안에 있지만, 자신을 남성이나 여성으로 동일시하지 않고, 영적인 존재로 보는 의식 단계에 이르렀음을 알게 하소서.

오메가여, 내 가슴은 찬란히 타오르고,
내 삶은 상향의 단계로 들어왔습니다.
이제 내게 비밀의 구절을 가르치시어,
내가 이 행성을 들어올릴 수 있게 하소서.

오 생명의 노래여, 당신은 생명을 부어 주며,
모든 가슴에 진정한 동조를 일으킵니다.

**오 신성한 음류여, 당신의 연금술은,
지구를 파라다이스로 변형합니다.**

파트 2

1. 오메가여, 여성들을 일깨워, 우리가 더 높은 의식 수준으로 올라감에 따라 남성성이나 여성성, 남성이나 여성에 점점 더 관심을 두지 않게 됨을 보게 하소서.

오메가여, 나는 우주의 문 안에 있는,
당신의 보좌를 명상합니다.
나는 알파와 오메가가 공동창조한,
무한 8자 형상에서 탄생합니다.

**오 생명의 노래여, 당신은 생명을 부어 주며,
모든 가슴에 진정한 동조를 일으킵니다.
오 신성한 음류여, 당신의 연금술은,
지구를 파라다이스로 변형합니다.**

2. 오메가여, 여성들을 일깨우시어, 우리가 여전히 남성이나 여성의 몸 안에 있지만 이렇게 말하는 시점이 온다는 것을 알게 하소서. "그것이 무슨 상관인가요. 성별이 왜 지구에서 내 영적인 성장이나 진정한 내 존재의 표현을 제한해야 하나요? 내가 남성의 몸으로 있든 여성의 몸으로 있든 그것과 상관없이 나는 내가 되고자 하는 존재가 될 것이고, 내가 표현하고자 하는 것을 표현할 것입니다."

오메가여, 당신의 신성한 공간 안에서,
나는 우주의 부모를 포용합니다.
우주적 인종에 합류하는 일은,
무한한 은총임을 나는 압니다.

오 생명의 노래여, 당신은 생명을 부어 주며,
모든 가슴에 진정한 동조를 일으킵니다.
오 신성한 음류여, 당신의 연금술은,
지구를 파라다이스로 변형합니다.

3. 오메가여, 여성들을 일깨우시어, 우리 존재의 핵심은 의식하는 자아
(Conscious You)이며, 그것은 형태 없는 존재임을 알게 하소서. 그것
은 순수의식입니다. 그것은 형상이 없습니다. 의식하는 자아는 남성도,
여성도 아닙니다.

중앙태양의 오메가여, 당신은 나에게,
삶이 우주적인 즐거움임을 보여줍니다.
이제 나는 승리를 얻고,
집으로 향하는 여정을 시작합니다.

오 생명의 노래여, 당신은 생명을 부어 주며,
모든 가슴에 진정한 동조를 일으킵니다.
오 신성한 음류여, 당신의 연금술은,
지구를 파라다이스로 변형합니다.

4. 오메가여, 여성들을 일깨우시어, 우리의 영혼(soul)에 남성성이 더
우세할 수도 있고 여성성이 더 우세할 수도 있지만, 원래 그렇게 창
조되었기 때문이 아님을 알게 하소서.

오메가여, 여성성이야말로
무한으로 인도하는 문입니다.
나는 당신과 동화되며,
나 자신의 신성을 깨닫습니다.

오 생명의 노래여, 당신은 생명을 부어 주며,

모든 가슴에 진정한 동조를 일으킵니다.
오 신성한 음류여, 당신의 연금술은,
지구를 파라다이스로 변형합니다.

5. 오메가여, 여성들을 일깨우시어, 우리가 지구 행성의 밀도 안에서 자유의지를 행사하기 시작했을 때, 특정한 정체성과 멘탈체의 특정한 매트릭스, 특정한 느낌의 패턴들을 만들었음을 알게 하소서.

오메가여, 당신의 우주적 흐름 안에서,
내 신성한 계획을 명확히 깨닫습니다.
이제 내 가슴은 등불처럼 밝게 타오르고,
나는 모두에게 사랑을 비춰줍니다.

오 생명의 노래여, 당신은 생명을 부어 주며,
모든 가슴에 진정한 동조를 일으킵니다.
오 신성한 음류여, 당신의 연금술은,
지구를 파라다이스로 변형합니다.

6. 오메가여, 여성들을 일깨우시어, 이것들은 많은 생을 거치며 만들어진 일련의 자아들임을 알게 하소서. 그중 일부는 우리가 여성의 몸에 있을 때 만들어졌고, 일부는 남성의 몸에 있을 때 만들어졌습니다.

오메가여, 우주 어머니의 화염이여,
나는 바로 이 빛에서 나왔습니다.
나는 우주의 게임에 참여하며,
그리스도의 승리를 선언합니다.

오 생명의 노래여, 당신은 생명을 부어 주며,
모든 가슴에 진정한 동조를 일으킵니다.
오 신성한 음류여, 당신의 연금술은,

지구를 파라다이스로 변형합니다.

7. 오메가여, 여성들을 일깨우시어, 우리 모두가 여성의 몸으로도 남성의 몸으로도 수없이 여러 번 육화해 왔음을 알게 하소서. 이 남성적 자아들과 여성적 자아들은 아주 오랜 세월 동안 육화를 거치며 재강화되어 왔습니다.

오메가여, 내가 왜 지구에 내려왔는지,
이제 나는 깨닫습니다.
그러므로 나는 이 행성의 상승을 돕겠다는,
의지로 충만합니다.

**오 생명의 노래여, 당신은 생명을 부어 주며,
모든 가슴에 진정한 동조를 일으킵니다.
오 신성한 음류여, 당신의 연금술은,
지구를 파라다이스로 변형합니다.**

8. 오메가여, 여성들을 일깨우시어, 우리가 현재의 생으로 내려올 때, 남성이나 여성의 몸 안으로 오게 됨을 알게 하소서. 우리가 남성의 몸 안으로 오게 된다면 남성적인 자아들이 활성화되고, 여성적인 자아들은 억압됩니다.

오메가여, 나는 지금 열망합니다.
우주적인 합창단의 대열에 합류하기를.
이 행성을 성화(聖化)하는 그리스도의 불꽃과 함께,
내 가슴은 불타오르고 있습니다.

**오 생명의 노래여, 당신은 생명을 부어 주며,
모든 가슴에 진정한 동조를 일으킵니다.
오 신성한 음류여, 당신의 연금술은,**

지구를 파라다이스로 변형합니다.

9. 오메가여, 여성들을 일깨우시어, 일부 사람들에게는 얼마간의 남성적인 자아들이 활성화되고 얼마간의 여성적인 자아들이 활성화됨을 알게 하소서. 이로 인해 그들은 자신의 성적 지향을 혼동하거나, 자신의 신체와 다른 성적인 지향을 가졌다고 확신할 수 있습니다. 그들은 자신이 잘못된 몸 안에 있다고 느낍니다.

오메가여, 내 가슴은 찬란히 타오르고,
내 삶은 상향의 단계로 들어왔습니다.
이제 내게 비밀의 구절을 가르치시어,
내가 이 행성을 들어올릴 수 있게 하소서.

오 생명의 노래여, 당신은 생명을 부어 주며,
모든 가슴에 진정한 동조를 일으킵니다.
오 신성한 음류여, 당신의 연금술은,
지구를 파라다이스로 변형합니다.

파트 3

1. 오메가여, 여성들을 일깨워, 이상적으로는 우리가 신체의 성별과 일치하는 자아로 전환하는 것이 문제가 되지 않는 지점에 이르게 됨을 알게 하소서.

오메가여, 나는 우주의 문 안에 있는,
당신의 보좌를 명상합니다.
나는 알파와 오메가가 공동창조한,
무한 8자 형상에서 탄생합니다.

오 생명의 노래여, 당신은 생명을 부어 주며,

모든 가슴에 진정한 동조를 일으킵니다.
오 신성한 음류여, 당신의 연금술은,
지구를 파라다이스로 변형합니다.

2. 오메가여, 여성들을 일깨우시어, 신은 남성도 여성도 아니며, 창조주는 지구에서 정의될 수 있는 어떤 종류의 성별도 초월해 있음을 알게 하소서.

오메가여, 당신의 신성한 공간 안에서,
나는 우주의 부모를 포옹합니다.
우주적 인종에 합류하는 일은,
무한한 은총임을 나는 압니다.

오 생명의 노래여, 당신은 생명을 부어 주며,
모든 가슴에 진정한 동조를 일으킵니다.
오 신성한 음류여, 당신의 연금술은,
지구를 파라다이스로 변형합니다.

3. 오메가여, 여성들을 일깨우시어, 신이 남성 신이라는 개념은 타락한 존재들이 창조한 완전한 거짓임을 알게 하소서. 그것은 남성과 여성 간의 갈등을 만들고 조종하기 위해 타락한 존재들이 의도적으로 심어 놓은 개념입니다. 남성과 여성 간의 갈등보다 더 기본적인 갈등을 어떻게 만들 수 있겠습니까?

중앙태양의 오메가여, 당신은 나에게,
삶이 우주적인 즐거움임을 보여줍니다.
이제 나는 승리를 얻고,
집으로 향하는 여정을 시작합니다.

오 생명의 노래여, 당신은 생명을 부어 주며,

모든 가슴에 진정한 동조를 일으킵니다.
오 신성한 음류여, 당신의 연금술은,
지구를 파라다이스로 변형합니다.

4. 오메가여, 여성들을 일깨우시어, 영적인 영역에 남성적인 것과 여성적인 것의 분화가 있지만, 그것은 지구에서 정의된 성 역할들을 완전히 초월해 있음을 알게 하소서. 그것은 이원적인 것이 아니며, 아무런 가치 판단도 없습니다.

오메가여, 여성성이야말로
무한으로 인도하는 문입니다.
나는 당신과 동화되며,
나 자신의 신성을 깨닫습니다.

오 생명의 노래여, 당신은 생명을 부어 주며,
모든 가슴에 진정한 동조를 일으킵니다.
오 신성한 음류여, 당신의 연금술은,
지구를 파라다이스로 변형합니다.

5. 오메가여, 여성들을 일깨우시어, 창조를 위해 동등하게 필요한 두 우주적 힘이 존재함을 알게 하소서. 이 두 힘을 균형 잡는 그리스도가 존재합니다. 그리스도는 성별을 초월해 있고, 남성도 아니고 여성도 아니며, 성별로 특징 지워질 수 없습니다. 그리스도는 중성적입니다.

오메가여, 당신의 우주적 흐름 안에서,
내 신성한 계획을 명확히 깨닫습니다.
이제 내 가슴은 등불처럼 밝게 타오르고,
나는 모두에게 사랑을 비춰줍니다.

오 생명의 노래여, 당신은 생명을 부어 주며,
모든 가슴에 진정한 동조를 일으킵니다.
오 신성한 음류여, 당신의 연금술은,
지구를 파라다이스로 변형합니다.

6. 오메가여, 여성들을 일깨우시어, 우리 존재는 남성도 아니고 여성
도 아님을 알게 하소서. 우리는 의식하는 자아입니다. 우리는 중성이
며, 순수의식이고, 성 역할을 초월해 있습니다.

오메가여, 우주 어머니의 화염이여,
나는 바로 이 빛에서 나왔습니다.
나는 우주의 게임에 참여하며,
그리스도의 승리를 선언합니다.

오 생명의 노래여, 당신은 생명을 부어 주며,
모든 가슴에 진정한 동조를 일으킵니다.
오 신성한 음류여, 당신의 연금술은,
지구를 파라다이스로 변형합니다.

7. 오메가여, 여성들을 일깨워, 이곳 지구에서 규정된 성 역할이 무엇
이든, 우리는 그 모두로부터 자유로워질 수 있음을 알게 하소서. 이것
은 남성 여성 모두에게 동등하게 적용됩니다.

오메가여, 내가 왜 지구에 내려왔는지,
이제 나는 깨닫습니다.
그러므로 나는 이 행성의 상승을 돕겠다는,
의지로 충만합니다.

오 생명의 노래여, 당신은 생명을 부어 주며,
모든 가슴에 진정한 동조를 일으킵니다.

오 신성한 음류여, 당신의 연금술은,
지구를 파라다이스로 변형합니다.

8. 오메가여, 여성들을 일깨워, 이 주기에서는 여성들이 이 성 역할들에서 자유로워지는 일이 더 쉽고 더 필요함을 알게 하소서. 왜냐하면, 여성들은 억압받아 왔기 때문입니다.

오메가여, 나는 지금 열망합니다.
우주적인 합창단의 대열에 합류하기를.
이 행성을 성화(聖化)하는 그리스도의 불꽃과 함께,
내 가슴은 불타오르고 있습니다.

오 생명의 노래여, 당신은 생명을 부어 주며,
모든 가슴에 진정한 동조를 일으킵니다.
오 신성한 음류여, 당신의 연금술은,
지구를 파라다이스로 변형합니다.

9. 오메가여, 여성들을 일깨우시어, 남성들 역시 성 역할에 의해 엄격한 제한을 받고 있음을 알게 하소서. 남성들이 어떤 이점을 누리기는 하지만, 그들 역시 여전히 제한받고 있습니다.

오메가여, 내 가슴은 찬란히 타오르고,
내 삶은 상향의 단계로 들어왔습니다.
이제 내게 비밀의 구절을 가르치시어,
내가 이 행성을 들어올릴 수 있게 하소서.

오 생명의 노래여, 당신은 생명을 부어 주며,
모든 가슴에 진정한 동조를 일으킵니다.
오 신성한 음류여, 당신의 연금술은,
지구를 파라다이스로 변형합니다.

파트 4

1. 오메가여, 여성들을 일깨워, 우리가 양극성 안에서 창조되지 않았음을 알게 하소서. 우리는 의식하는 자아로 창조되었으며, 의식하는 자아는 아무런 구조도 가지고 있지 않으므로 본질적으로 불완전할 수 없습니다. 어떻게 불완전함이 있을 수 있을까요? 어떻게 불균형이 생겨날 수 있을까요? 어떻게 우리가 남성이나 여성일 수 있을까요?

오메가여, 나는 우주의 문 안에 있는,
당신의 보좌를 명상합니다.
나는 알파와 오메가가 공동창조한,
무한 8자 형상에서 탄생합니다.

오 생명의 노래여, 당신은 생명을 부어 주며,
모든 가슴에 진정한 동조를 일으킵니다.
오 신성한 음류여, 당신의 연금술은,
지구를 파라다이스로 변형합니다.

2. 오메가여, 여성들을 일깨우시어, 우리는 양극성 안에서 창조되지 않았고, 유일무이하며 독립적인 존재임을 알게 하소서. 우리는 다른 어느 존재(쌍둥이 불꽃)를 만나지 않아도 독립적인 존재로서 상승할 수 있습니다.

오메가여, 당신의 신성한 공간 안에서,
나는 우주의 부모를 포옹합니다.
우주적 인종에 합류하는 일은,
무한한 은총임을 나는 압니다.

오 생명의 노래여, 당신은 생명을 부어 주며,
모든 가슴에 진정한 동조를 일으킵니다.

오 신성한 음류여, 당신의 연금술은,
지구를 파라다이스로 변형합니다.

3. 오메가여, 여성들을 일깨우시어, 사람들이 이원성으로 추락한 후에 서로를 균형 잡아줄 다른 존재를 배정받았음을 알게 하소서. 이것은 영적인 영역에서 창조된 것이 아니라, 이원성으로 추락한 상황에 대한 반응으로서 창조된 것입니다.

중앙태양의 오메가여, 당신은 나에게,
삶이 우주적인 즐거움임을 보여줍니다.
이제 나는 승리를 얻고,
집으로 향하는 여정을 시작합니다.

오 생명의 노래여, 당신은 생명을 부어 주며,
모든 가슴에 진정한 동조를 일으킵니다.
오 신성한 음류여, 당신의 연금술은,
지구를 파라다이스로 변형합니다.

4. 오메가여, 여성들을 일깨워, 쌍둥이 불꽃은 우리가 자신 안에서는 볼 수 없는 것들을 끌어낼 수 있는 정확한 자질을 가진 존재임을 알게 하소서. 우리가 성장하기를 원한다면 그들은, 그것을 강요해 끄집어내고, 갈등을 강요하고, 자신을 돌아보도록 강요할 수 있습니다.

오메가여, 여성성이야말로
무한으로 인도하는 문입니다.
나는 당신과 동화되며,
나 자신의 신성을 깨닫습니다.

오 생명의 노래여, 당신은 생명을 부어 주며,
모든 가슴에 진정한 동조를 일으킵니다.

오 신성한 음류여, 당신의 연금술은,
지구를 파라다이스로 변형합니다.

5. 오메가여, 여성들을 일깨워, 우리가 쌍둥이 불꽃이 필요 없는 의식 수준에 도달할 수 있음을 알게 하소서. 스스로를 성찰하려는 굳은 의지가 있다면, 우리는 반대 극에 있는 사람이나 반대되는 자질을 가진 사람을 필요로 하지 않기 때문입니다.

오메가여, 당신의 우주적 흐름 안에서,
내 신성한 계획을 명확히 깨닫습니다.
이제 내 가슴은 등불처럼 밝게 타오르고,
나는 모두에게 사랑을 비춰줍니다.

오 생명의 노래여, 당신은 생명을 부어 주며,
모든 가슴에 진정한 동조를 일으킵니다.
오 신성한 음류여, 당신의 연금술은,
지구를 파라다이스로 변형합니다.

6. 오메가여, 여성들을 일깨우시어, 멀리 떨어져서 이해하는 일을 넘어서면, 항상 더 이상의 이해와 체험을 갖게 됨을 알게 하소서. 우리는 현재 의식 수준을 초월하고 더 높은 것을 체험해야 합니다. 왜냐하면, 그것이 그리스도의 원리이고 그리스도의 움직임이기 때문입니다.

오메가여, 우주 어머니의 화염이여,
나는 바로 이 빛에서 나왔습니다.
나는 우주의 게임에 참여하며,
그리스도의 승리를 선언합니다.

오 생명의 노래여, 당신은 생명을 부어 주며,

모든 가슴에 진정한 동조를 일으킵니다.
오 신성한 음류여, 당신의 연금술은,
지구를 파라다이스로 변형합니다.

7. 오메가여, 여성들을 일깨워, 우리가 신과 우리 자신, 지구에 대한 개념을 가지고 있다고 생각하는 순간, 성장을 멈추게 됨을 알게 하소서. 우리는 외부 가르침이 규정한 개념을 더 이상 초월하려 하지 않게 되며, 더 높은 인식에 의해 교란받는 것을 원하지 않게 됩니다.

오메가여, 내가 왜 지구에 내려왔는지,
이제 나는 깨닫습니다.
그러므로 나는 이 행성의 상승을 돕겠다는,
의지로 충만합니다.

오 생명의 노래여, 당신은 생명을 부어 주며,
모든 가슴에 진정한 동조를 일으킵니다.
오 신성한 음류여, 당신의 연금술은,
지구를 파라다이스로 변형합니다.

8. 오메가여, 여성들을 일깨워, 바로 이런 생각이 여성들을 억압해온 것이었음을 알게 하소서. 종교 경전이나 과학 이론은 여성들의 역할을 규정해 놓고 그것이 항상 통용되어야 한다고 주장합니다.

오메가여, 나는 지금 열망합니다.
우주적인 합창단의 대열에 합류하기를.
이 행성을 성화(聖化)하는 그리스도의 불꽃과 함께,
내 가슴은 불타오르고 있습니다.

오 생명의 노래여, 당신은 생명을 부어 주며,
모든 가슴에 진정한 동조를 일으킵니다.

**오 신성한 음류여, 당신의 연금술은,
지구를 파라다이스로 변형합니다.**

9. 오메가여, 여성들을 일깨우시어, 이 행성에 여성들을 위해 미리 정해진 역할이란 없음을 알게 하소서. 우리는 여성에게 가해진 모든 제한을 깨고 그들을 자유롭게 해줄 권리가 있으며, 지구에서 여성의 몸을 통해 자신을 표현하는 영적인 존재가 되는 것이 어떤 것인지를 다시 정의할 권리가 있습니다.

오메가여, 내 가슴은 찬란히 타오르고,
내 삶은 상향의 단계로 들어왔습니다.
이제 내게 비밀의 구절을 가르치시어,
내가 이 행성을 들어올릴 수 있게 하소서.

**오 생명의 노래여, 당신은 생명을 부어 주며,
모든 가슴에 진정한 동조를 일으킵니다.
오 신성한 음류여, 당신의 연금술은,
지구를 파라다이스로 변형합니다.**

봉인
I AM THAT I AM의 이름으로, 나는 대천사 미카엘과 아스트레아와 쉬바께서 나와 모든 건설적인 사람 주위에 뚫을 수 없는 보호막을 형성하여, 우리를 네 옥타브 안에 있는 모든 두려움 기반의 에너지로부터 봉인해 주심을 받아들입니다. 나는 신의 빛(Light of God)이 지구 여성들을 자유롭게 하는 데 저항하는, 어둠의 힘을 구성하는 두려움 기반의 모든 에너지를 변형하고 소멸하고 있음을 받아들입니다!
.

10
모든 여성이 자유로워질 때까지는
어떤 여성도 자유롭지 못합니다

상승 마스터 성 저메인

나는 상승 마스터 성 저메인입니다. 나는 다른 마스터들께서 언급한, 타락한 존재들이 남성과 여성 모두에게서 자유를 어떻게 앗아 갔나 하는 것에 관해 이야기하면서, 이것을 기반으로 앞의 내용을 이어 가겠습니다. 자, 우리가 설명한 대로, 타락한 존재들은 기본적 창조 능력인 확장하는 힘과 수축하는 힘을 이원적 극성으로 바꾸어 놓았습니다. 뭔가를 이원적 극성으로 가져오기만 하면, 그것의 원래 성질을 왜곡시킬 수 있으므로, 타락한 존재들은 확장하는 힘과 수축하는 힘을 왜곡시켰습니다.

먼저 확장하는 힘을 살펴보겠습니다. 타락한 존재들은 그 힘을 어떻게 왜곡시켰을까요? 음, 확장하는 힘은 확장하기를 원합니다. 자, 우리가 말한 대로, 확장하는 힘을 사용하는 목적은 잠시 동안 유지할 수 있는 어떤 형태를 창조하는 것입니다. 그렇기 때문에 확장은 의미가 없습니다. 단지 확장만 있고 균형 잡힌 확장이 없다면, 어떤 형태도 창조될 수 없고 지탱될 수 없을 것입니다. 잠시 동안 어떤 형태를 지닐 수는 있겠지만, 다음 순간 형태는 사라져버리거나, 다른 형태로 변형될 것입니다. 타락한 존재들이 해온 일은 창조하는 이 추동력, 즉 확장하는 이 추동력을 취하여, 여러분이 자유의지로 할 수 있는 일에는 어떠한 규칙도, 어떠한 제한도 있어서는 안된다고 말하면서 그 힘을 왜곡시켜온 것입니다. 만일 여러분에게 정말로 자유의지가 있다면, 여러분은 원하는 어떤 일이든 할 수 있어야 합니다. 그러므로, 타락한 존재들이 하는 일에 대해서도 어떤 규칙, 어떤 제한, 어떤 결과, 어떤 반향(反響)도 없어야 합니다.

우주의 역학(mechanics)에 대한 반항

우리는, 비상승 구체의 특정한 존재들이 그들의 의식 상태를 초월하기를 거부하였고, 따라서 구체의 나머지 존재들이 상승할 준비가 되었을 때, 그들이 상승할 준비가 되지 않았던 시점이 있었다고 설명했습니다. (아직 추락하지 않았던) 이 존재들은 특정한 행성들에서 매우 높은 수준의 권력을 가진 존재로 스스로를 내세웠습니다. 그들이 자신들의 사고방식을 초월하고 구체의 다른 존재들과 함께 상승해야 할 필요성 때문에 마스터들과 대면하게 되었을 때, 그들은 저항했습니다. 그들은 이런 사고방식을 놓아버리는 것을 거부했는데, 그 이유는 자신들이 정말로 자유의지를 가지고 있다면, 그들이 원하는 어떤 일이든 그들이 원하는 동안에는 할 수 있도록 허용되어야 하고, 어떤 상승 마스터일지라도 그들의 계획을 망치게 하거나, 특정한 행성에서 자신이 전권(全權)을 가지고 있다는 그런 감각을 갖지 못하게 방해해서는 안된다고 생각했기 때문입니다. 상승 마스터들과 직면했을 때 그들은, 자신이 모든 권력을 지니지 못했고, 자유의지란 그들이 원하는 무슨 일이든 할 수 있음을 뜻하지 않는다는 사실과 자신이 하는 일에는 결과가 있음을 깨닫게 되었습니다. 하지만 그들은 이것에 반발했습니다. 그들은 스스로를 초월하기를 거부했고, 그리하여 창조된 다음 구체로 추락하게 되었습니다.

예전에 우리는 여러분의 선택이 결과를 가진다는 사실이 여러분의 자유의지를 제한하는 것이 아님을 이야기했습니다. 우리가 설명한 대로, 여러분은 특정한 매트릭스, 특정한 그리스도의 매트릭스, 특정한 밀도의 물질과 에너지로 창조된 형태의 세상에 살고 있습니다. 여러분은 그 매트릭스 안에서 창조하는 공동창조자로 출발했습니다. 여러분이 일단 상승하게 된다면, 자신만의 매트릭스를 정의할 수 있을 때까지 계속 올라갈 수 있습니다. 여러분은 공동창조자로서 시작하고, 공동창조자로서 자유의지를 가지지만, 무제한의 자유의지를 가진 것은 아닙니다. 왜냐하면, 여러분은 여러분의 상위 존재들이 정한 한계 (parameters) 내에서 공동 창조하기 때문입니다. 상위 존재들은 전체와 하나가 된 상승한 존재들이므로, 어떤 존재들을 해치거나, 다른 이들을 특권을 가진 위치로 끌어올리는 변수들(parameters)을 설정하지 않습니다. 또한, 우리는, "여러분이 자신이 한 선택의 결과를 보지 못한다면, 여러분이 어떤 선택을 했는지를 어떻게 알 수 있겠는가?" 하는 말을 했습니다.

공동창조자가 되는 목적은 특정한 창조물을 만든 후, 그것을 무한정 유지하는 것이 아닙니다. 공동창조자가 되는 목적은 어떤 것을 창조하고, 자신이 창조한 것을 경험한 후에, 그것을 창조했던 의식을 초월하는 기회를 가짐으로써 앞으로 계속 나아가는 것입니다. 이것이 생명의 목적이며, 비상승 구체에 있는 대부분의 존재에게 해당되는 일입니다. 자, 타락한 존재들은 자신을 위해 특권적 위치를 창조했던 의식을 초월하기를 거부했습니다. 수십억 생명의 흐름들이 있는 행성 전체에서, 소수의 타락한 존재들이 스스로를 절대적인 힘과 절대적 특권을 지닌 지도자로 내세웠기 때문입니다. 기본적으로, 그 행성의 수십억 나머지 존재들은, 현재 지구에서 보거나 과거에 보았던 것과 비슷하게, 엘리트들의 이익을 위해 일하는 노예였을 뿐입니다.

책임의 부정(denial)과 파워 엘리트

이것은 아버지의 확장하는 힘이 이원적인 극성의 수준으로 내려가는 왜곡의 하나입니다. 이것은 사람들이 자신에게 어떤 제한도 없어야 하고, 그들이 원하는 어떤 일이든지 할 수 있어야 하며, 그 일에 대한 어떤 결과도 없어야 한다고 생각하게 만듭니다. 여러분은 이렇게 믿는 사람들이 이 세상에 있는 것을 볼 것입니다. 여러분은 이것이 일부 믿음 체계를 어떻게 만들어냈는지도 볼 것입니다. 예를 들면, 그리스도교에서, 특히 가톨릭교회의 형성과 함께, 환생(reincarnation)에 대한 부인, 환생을 공식적인 그리스도교 교리에 포함시키는 것에 대한 거부가 있었는데, 기본적으로 이것은 결과에 대한 부인임을 여러분은 알 것입니다. 사람들은 이번 생애 동안 행한 선택들에 대한 결과가 그들의 미래 생애에 돌아오거나, 이번 생애에서 발생한 어떤 일들이 그들이 이전 생애에서 했던 선택들의 결과임을 부인합니다. 다른 말로 하자면, 확장하는 힘의 왜곡 가운데 하나는 사람들이 책임을 부인하는 것입니다. 그들은 결과를 거부합니다. 그러므로 이번 생애에 발생하는 어떤 일도 그들이 과거에 했던 선택들의 결과가 아니며, 단지 그들의 통제를 벗어난 조건들의 결과일 뿐이라고 생각합니다. 그들은 자신들이 이번 생애에서 하는 일들이 미래의 생애에 영향을 줄 수 있다는 것을 부인합니다.

음, 아주 비슷한 이유로 과학적 물질주의자나 공산주의자 역시 환생을 부인합니다. 물질주의 배후에 있는 주요 철학자 중 많은 수가, 혹은 적어도 일부가 이번의 특정한 생애를 벗어나는 것에 대해 책임지는 것을 거부합니다. 자, 당연히 여러분은 이 행성에 이런 사고방식의 영향을 받는 특정한 사람들이 있는 것을 볼 수 있는데, 대체로 그들은 특정한 파워 엘리트를 형성합니다. 그들은 자신이 특별한 권위와 특별한 능력, 특히 지도자가 되고, 다른 사람들을 지배할 능력을 지녔다고 믿는 자들입니다. 따라서 그들은 어느 사회에서나, 스스로를 힘을 가진 엘리트로 내세우려는 경향이 있습니다. 기회가 주어지기만 하면, 그들이 스스로를 독재자로 내세울 정부가 있을 수 있습니다. 그들이 선출된 지도자가 되려고 하는 민주주의 사회도 있을 수 있지만, 그들은 더 많은 권력을 쥐려고 하고, 어떤 의미에서는 민주주의의 기반을 약화시킵니다. 이런 실정을 일부 국가에서 볼 수 있습니다. 예를 들자면, 폴란드의 현 정부에서 그런 예를 볼 수 있습니다. 푸틴이 있는 러시아에서도 볼 수 있고, 전쟁 중의 영국 처칠, 또 당연히 히틀러를 포함하는 다른 예들도 있습니다. 그 사람이 민주적으로 선출되었는지 아닌지는 논쟁의 여지가 있을 수 있기는 하지만, 적어도 그들에게 권력을 가져다준 선거는 있었습니다.

이것도 한 가지 방법이지만, 이런 사람들이 자신을 내세우는 곳이 정부만은 아닙니다. 경제분야에서도 독점권을 얻기 위해 독점 자본가로 스스로를 내세우며, 대기업의 소유주가 되려고 하는 시도를 볼 수 있습니다. 그들은 기업의 최고 경영자가 되려고 할 수 있는데, 기본적으로 자신이 그 기업의 독재자이며 모든 권력을 가진 것처럼 행동합니다. 또한, 지적인 엘리트를 볼 수 있습니다. 그들은 철학자일 수 있고, 교육기관, 특히 그 누구도 자신에게 반대할 수 없는 위치에 스스로를 올려놓았고, 그 누구도 그들에게 이의를 제기할 수 없는, 대학에 있는 사람일 수 있습니다. 그들은 무엇이 진리이고, 무엇이 진리가 아닌지를 규정하는 사람들입니다. 여러분은 이것을 기본적으로, 특히 현대 민주주의 사회에서, 물질주의자의 의제(agenda)를 홍보하고, 물질주의라는 철권(鐵拳)으로 전 세계의 교육기관을 장악하고 있는 사람의 관점에서 볼 수 있습니다. 우리가 말한 대로, 그들은 물질주의자의 패러다임이나 물질주의자의 복음에 의문을 제기하는 어떤 연구나 이론도 허용하지 않습니다.

물론 사회 모든 분야에서 이러한 것들이 발견되지만, 특히 내가 언급한 분야에서 더욱 그렇습니다. 당연히, 종교 분야에서도 스스로를 내세우려고 하는 사람들이 있습니다. 꼭 새로운 종교를 규정하는 것은 아니고, (물론 그런 일이 일어나기도 하지만), 가톨릭 종교에서 전권(全權)을 가진 교황이나, 이슬람 종교의 엄청난 힘을 가진 소수 성직자와 같은 고대 종교의 지도자들에게도 그런 일이 일어날 수 있습니다.

모든 남자가 특정한 역할을 하도록 억압하는 힘

물론 상황을 살펴보면, 모든 남자가 권력을 가지거나 특권을 원하는 사고방식을 가지고 있지는 않습니다. 적어도 이들 특정한 기관에서 지위를 얻는다는 측면에서는 그렇지 않습니다. 집단의식 안에 어떤 경향이 있는 것을 알 수 있습니다. 모든 남자에게는 일종의 압박감이 있는데, 그것은 원래 타락한 존재들에 의해 규정된 집단 야수에 의해 만들어진 것으로, 남성 지배적이고 가부장적인 사회의 많은 남성에 의해 수천 년 동안 더욱 강화되어 왔습니다. 기본적으로 타락한 존재들이 이런 역학을 창조했으며, 이러한 역학 안에서 그들은 자신들을 특권을 가진 파워 엘리트로 내세웠습니다. 그들은 사회 대다수의 남자가 그들의 특권과 힘을 지지하는 특별한 역할을 받아들이도록 떠밀고 있습니다. 남자들은 군인이 되도록 강요받고, 중세 사회의 농노나 산업 사회의 근로자처럼 특정한 생활방식으로 살아가도록 강요당합니다. 그들은 돈을 벌 수 있는 모든 노동을 하지만, 자본가들이 모든 이익을 수확해 갑니다

타락한 존재들은, 지배 엘리트를 통해, 대부분의 남자를 무력함을 느끼게 하는 상황으로 몰아갑니다. 그들은 자기 자신을 자기 운명의 주인으로 느끼지 않습니다. 그들은 삶에서 제한된 선택을 합니다. 어렸을 때 그들은 꿈이 있었지만, 그것을 이룰 수가 없었습니다. 그들은 살아가는 데 필요한 돈을 벌기 위해 더 적은 것에 만족해야 했고, 이 때문에 좌절감을 느낍니다.

성욕이 왕성해야 한다는 압박

자, 많은 남자에게 일어나는 일은 그들이 또 다른 압력의 희생양이 되고 있다는 것입니다. 그것은 이 집단 야수에 의해 창조되어 남성들에게 가해지고 있는 성적인 것으로, 남자는 성적으로 적극적이어야 하며, 섹스할 수 있는 여자를 찾아야 하고, 성적으로 능동적이 되어야

한다는, 남성의 성생활에 대한 압박감입니다. 이것은, 또 다른 파워 엘리트인 종교적인 지배 엘리트와 함께, 남성들을 압박하여 여성과 결혼하도록 떠밀었습니다. 아주 많은 남성이 어린 나이에 결혼이라는 관계를 시작하게 된 원인이 이것입니다.

특히 그들은 과거 가톨릭 사회에서, 피임을 부정했습니다. 그들은 아주 어린 나이에 임신한 아내가 생겼고, 앞으로의 삶에서 무엇을 할 것인가를 꿈꾸었을지도 모르는 이 남성은 갑자기 여성과 아이들에게 얽매이게 되었습니다. 식탁에는 빵이 있어야만 했고, 여성은 아이들을 돌봐야 했기에, 그는 밖으로 나가서 그 당시 가능해 보이는 온갖 일을 직업으로 가지면서 돈을 벌어야 했습니다. 음, 남자는 일을 해야만 했고, 그래서 무력감을 느낍니다. 이 상태에 대해 그가 무엇을 비난할까요? 예, 대부분의 남자는 타락한 존재들이나 지배 엘리트를 비난할 만큼 충분히 깨어 있지 못하므로, 결국 자신의 아내를 비난하게 됩니다. 왜냐하면, 그들은 결혼 때문에 좋지 못한 직업을 선택해야 했고, 꿈을 이룰 수 없었기 때문입니다.

그들은 무엇을 할까요? 음, 그들은 남자의 확장하는 힘을 왜곡하는 집단의식의 압력에 의한 희생물이 됩니다. 만일 자신이 아내와 아이들에게 권력을 행사할 수 있다면, 만일 자신이 가장이라면, 만일 자신이 모든 것을 정하고 결정을 내릴 수 있는 사람이라면, 이 무기력하다는 느낌에 대해 최소한의 보상을 받을 수 있다고 그들은 느낍니다. 당연히 이것이 남자들이 남성 지배적인 가족 구조를 받아들이게 된 이유입니다. 그리고 이것은 남자들이 자신의 아내나 아이들을 육체적, 감정적, 또는 다른 방식으로 학대하는 수준에 이르게 할 정도로 좌절감을 가지게 하는 원인입니다.

타락한 존재들이 남성들을 스스로 무기력하다고 느끼게 하는 이런 역할에 갇히게 하는 역학 전체를 여러분은 볼 수 있습니다. 이 모두는 파워 엘리트가 권력을 가진 특권적 위치에 머무르게 하고, 그들이 필요한 것보다 더 많은 부와 안락한 생활방식을 누릴 수 있도록 하기 위해서, 남자들이 일을 해야만 하기 때문입니다. 남자들은 갇혀 있게 되고, 그 결과 자신의 여자에게 폭력을 행사합니다. 그리고 만일 여성이 이것에 굴복하게 되면, 여성 역시 갇히게 됩니다. 자, 분명하게, 여러분이 남자이든 여자이든 상관없이, 만일 여러분이 황금시대를 향해 사회가 앞으로 나아가게 하는 데 관심이 있다면, 이러한 야수들과 그러한 사고방식, 타락한 존재들을 모두 결박하고 불태워버릴 것을 요청할 수 있습니다.

수축하는 힘의 왜곡

이제 더 나아가 타락한 존재들이 수축하는 힘을 어떻게 왜곡했는지를 살펴보겠습니다. 확장하는 힘의 왜곡은 힘을 얻으려고 하는 것이고, 수축하는 힘의 왜곡은 수동적이 되는 것입니다. 여러분은 결정을 내리거나 결단력을 갖는 것을 꺼리고 고분고분해지며, 편안한 일상에 관심을 두게 됩니다. 어떤 야망이나 꿈도 포기하고, 개인적인 일상생활에 집착하며 다소 편안해지기를 원합니다. 우리는 모든 사람이 자신의 삶을 어느 정도 통제하고 있다고 느끼기 위해 어떤 안전감을 필요로 하는 심리적 경향을 어떻게 가지는지를 아주 자세히 얘기해 왔는데, 일단 여러분이 이런 안전감을 가지게 되면, 이것을 포기하기를 꺼리게 됩니다. 타락한 존재들이 창조한 것이 무엇인가요? 그들은 아내가 되고 어머니가 되며, 아이들을 키우고, 집에 있으면서 가정이 잘 돌아가게 하는 것에 주력하는 것을 여성의 역할로 규정하여, 여성들이 재정적으로 남자에게 의존하게 하는, 남성들이 지배하는 사회를 만들었습니다. 당연히 이것은 많은 여성으로 하여금 이것이 자기 삶의 전부이고, 이것이 그들이 할 수 있는 전부라고 받아들이게 합니다. 여러분이 현재의 조건에 만족하는 것은 수축하는 힘의 왜곡입니다. 현재의 상태가 별로 나쁘지 않다면, 여러분은 안전하다고 느끼고, 어쩌면 편안해지기까지 할 것입니다. 양의 우리에서 벗어나는 불확실성을 무릅쓰고 싶지 않기 때문에, 그런 상태에 오래 머무르는 경향이 여러분에게는 있습니다. 아주 많은 여성이 남편이 충분한 돈을 벌어오고, 남편이 그다지 나쁘지 않으며, 자신을 학대하지 않는 등 이런저런 이유로 어느 정도 안정감과 편안함을 가질 수 있기 때문에, 성장도 없고 초월도 없는 관계나 결혼생활에 머무르고 있습니다.

또한, 좀 더 폭력적인 관계에 처한 여성들을 보게 되는데, 종종 바로 그 여성들이 그 상황에서 해방되는 것을 볼 수 있습니다. 그 이유는 그 여성들이 더 이상 감당할 수 없을 정도로 학대가 심해졌기 때문입니다. 물론 이것은 여성들에게 매우 불행한 상황이고, 나는 이것에 대해 커다란 연민을 느끼고 있습니다. 우리 모두 이에 대해 커다란 연민을 느끼고 있으며, 이런 일이 누구에게도 일어나지 않기를 바랍니다. 이런 상황에서 벗어나 사회적인 차원에서 이것을 실제로 바꿀 수 있는 유일한 방법은, 여성들이 이것을 수축하는 힘의 왜곡으로 보기 시작하는 것입니다. 여성들이 안전의 욕구에서 벗어나, 그들이 남자의 몸으로 있든 여자의 몸으로 있든, 모든 사람이 가진 성장하려는 욕구, 초월하려는 욕구, 지금 경험하는 것보다 더 많은 것을 경험하려고 하는 욕구에 다시 연결되는 것입니다.

끝없는 소유욕

이제 타락한 존재들이 저지른 다음 단계의 왜곡이 있습니다. 아버지의 확장하는 힘, 또는 일반적으로 확장하는 힘의 왜곡은 계속 앞으로 나아가려고 하는 것으로, 그것은 뭔가 다른 것을 경험하고 싶어합니다. 권력이든, 돈이든, 소유물이든, 섹스이든, 그것이 무엇이든, 자신이 가진 것보다 더 많은 것을 경험하고 싶어합니다. 확장하는 힘에는 더 많은 것을 원하는 경향이 있고, 확장하는 힘이 이원적인 극성으로 왜곡되었다면, 이것은 여러분이 더 많이 경험하기를 원해서가 아니라, 더 많이 소유하고 싶기 때문에 더 많은 것을 원한다는 의미입니다. 여러분은 그것을 지키고 싶어합니다. 축적하기를 원합니다. 왜냐하면, 절대 충분하지 않기 때문입니다. 이런 사고방식에 빠질 때, 여러분은 뭔가를 충분히 가질 수 없습니다. 분명한 예로서, 돈을 살펴볼 수 있습니다. 어떤 사람이 사업을 시작했고, 사업이 잘 되기 시작하는 시점이 있습니다. 갑자기 그는 더 많은 돈을 벌게 되고, 더 많은 돈을 버는 경험을 하게 됩니다. 그것은 그에게 필요한 경험입니다. 그것은 그가 앞으로 나아가고, 그의 의식 수준을 초월하는 것을 도울 수 있다는 점에서 건설적인 경험입니다. 그는 "내가 정말로 돈을 벌고 있구나" 하고 느낍니다. 그는 돈을 버는 경험을 합니다. 하지만 만약 그가 세상에서 가장 부유한 일부 사람들이 했던 것처럼 계속해서 더 많은 돈을 번다면, 여러분은 돈을 버는 것에서 더 이상 어떤 즐거움도 느끼지 못하는 지점에 도달하게 됩니다. 이제 여러분은, 여러분의 마음을 압도한 이 집단적 야수에게 사로잡혀서, "이걸로 충분해"라는 말을 할 수 없게 됩니다. 여러분은 더욱더 많은 돈을 원합니다. 자, 그것은 돈을 버는 경험에 대한 문제가 아닙니다. 어떤 의미에서 그것은 돈을 소유하는 경험에 대한 문제입니다. 그렇긴 한데, 여러분이 정말 충분한 돈을 소유하는 경험을 할 수 있을까요? 음, 여러분은 할 수 있습니다. 어떤 남자들은 그 지점에 도달하여, "이것으로 충분해"라고 말했기 때문입니다. 하지만 어떤 남자들은 그럴 수 없습니다. 그리고 특히 타락한 존재들은 당연히 그럴 수 없습니다. 그들은 더 많은 돈, 더 많은 소유물, 혹은 더 많은 권력을 원합니다.

확장하는 힘의 왜곡은 결코 충분히 가질 수가 없다는 것이고, 수축하는 힘의 왜곡은 더 많이 가지면 안된다는 것입니다. 즉 여러분은 더 많이 가질 수 있는 가치가 없는 존재이며, 사람에게는 특정한 신분이 있고, 이것이 여러분의 팔자라는 것입니다. 많은 여성이 그 사고 방식에 갇혀 있는 것을 볼 수 있습니다. 덜 발달한 나라, 예를 들면 인도나 아프리카에 가본다면, 여자들이 어릴 때부터, 말하자면, 자신들이 삶에서 매우 제한된 선택권만을 가졌다는 것을 수용하도록 프로그래밍이 되면서 성장하는 것을 보게 될 것입니다.

이것은 인도 같은 나라에서는 더 심합니다. 그곳에서 여자들은, 소녀들은 자신들이 본질적으로 가치가 없는 존재라고 생각하도록 양육됩니다. 그들은 인간 존재로서 가치가 없고, 심지어 가족 안에서도 아무런 가치가 없습니다. 그들의 부모나 형제들도 그들에게 어떤 가치가 있다고 생각하지 않습니다. 사회도 그들이 어떤 가치를 가졌다고 생각하지 않습니다. 어쩌면 신, 즉 힌두 신들도 그들이 정말로 어떤 가치를 지녔다고 생각하지 않을 것입니다. 그들은 다른 사람들이 뭔가를 가지는 것을 볼 수도 있지만 이렇게 생각하도록 양육됩니다. "그것은 나를 위한 것이 아니야. 나는 그것을 가질 자격이 없어. 나는 그것을 가질 수 없어. 그것을 갖는 것은 내게 허용되지 않아. 나는 훌륭한 존재가 아니야. 나는 똑똑하지 않아. 나는 그것을 가질 능력이 안 돼." 이것이 수축하는 힘의 왜곡입니다.

더 높은 목적을 발견함으로써 균형을 찾기

이 교착상태를 깰 수 있는 것은 무엇일까요? 무엇이 그것을 깨뜨릴 수 있을까요? 우리는 여성이 남성을 균형 잡게 할 수 있는 가능성에 대하여 얘기해 왔습니다. 음, 이미 큰 규모로 일어나고 있는 일은, 더 발전된 국가의 많은 여성이 이런 사고방식에서 벗어나기 시작한 것입니다. 수많은 여성이 그들의 사회와 문화가 규정한 전통적인 성 역할들(gender roles)을 받아들이길 거부하고 있습니다. 예를 들면 그들은 이렇게 말합니다. "여성으로서, 나는 왜 교육을 받을 수 없나요? 여성으로서 나는 왜, 좋은 직업과 경력을 가질 수 없나요? 나는 왜 근사한 집과 차를 가질 수 없나요? 나는 왜 부유해질 수 없나요? 남편에게 의존할 필요도 없고, 만일 그가 폭력적이거나, 혹은 관계가 성장하지 않는다면 그를 떠날 수 있도록, 내가 경제적으로 자급자족할 수 없는 이유가 뭔가요?" 아주 많은 여성이 이미 이 문제를 돌파하기 시작했습니다.

이 수축하는 힘의 왜곡을 돌파한 후에, 더욱더 많은 것을 원한다는 느낌, 확장하는 힘의 왜곡에 갇히지 않도록 여러분은 아주 아주 조심해야 합니다. 여성들조차도 자신이 충분히 지녔다고 느낄 수 없는 상태가 될 수 있습니다. 어쩌면 그것은 많은 남성이 원하는 것과는 다를 수 있습니다. 많은 여성은 권력을 원하지 않습니다. 꼭 돈을 갖기 위해 돈을 원하는 것은 아니지만, 어떤 일을 할 수 있게 되기 위해, 어떤 것을 사기 위해, 더 크고 더 근사한 집을 가지기 위해, 혹은 휴가를 가기 위해, 이런저런 것을 위해 여성들은 돈을 원합니다. 여성들도 돈에 사로잡히는 지점에 도달할 수 있습니다. 그들은 이것을 가질 수 없다는 수축하는 힘의 왜곡에서는 자유로워졌지만, 이제는 그녀들도 더욱더 많은 것을 원하며, 결코 충분하지 않다는 확장하는 힘의 왜곡에 사로잡히게 되었습니다.

이제, 특히, 좀 더 발전된 나라에 사는 여성들이 어느 정도 균형을 찾기 시작했습니다. 많은 여성이 이런 외적인 것들을 얻는 데 관심을 가졌던 사회에서, 바로 이런 물질주의적 집중을 하는 일정한 기간이 있었습니다. 이제 많은 여성이 균형을 찾기 시작했으며, 물론 일부 남성들도 균형을 찾기 시작했습니다. 여기에서 가장 큰 잠재력은 여성들이 자신을 편안하게 해주는 것 이상을 원하지 않도록, 그들이 수축하는 힘의 균형을 이룰 수 있는 곳에서 균형을 찾을 수 있다는 것입니다. 이런 일이 어떻게 일어날 수 있을까요? 음, 이것은 이 여성들이, 많은 여성이 하기 시작한 것처럼, 그들의 삶에서, 그들의 문화, 특히 서구의 소비문화가 정의해온 것보다 더 높은 삶의 목적을 찾기 시작해야만, 이런 일이 발생할 수 있습니다. 여성들이 목적을 발견할 필요가 하는데, 처음에는 그것이 심리적인 치유가 될 수 있습니다. 그것은 자기-개발, 자기-개선이 될 수 있으며, 에이브러햄 매슬로우가 언급한 "욕구의 피라미드(pyramid of needs)"에서 가장 상위에 있는 "자아-실현 욕구(self-actualization needs)"입니다. 많은 여성이 자신을 개발하고, 자신을 실현하는 다양한 방법들을 추구하기 시작했습니다. 그것은 마음 챙김(mindfulness)이나 요가, 다양한 치유법, 집단 상담을 통해 이루어질 수 있습니다. 반드시 높은 영적 가르침이나 비전(秘傳)의 영적인 가르침일 필요는 없고, 영적인 가르침의 보다 보편적 형태인 아주 많은 것들이 될 수 있습니다. 물론 더 많은 사람이 더 높은 가르침을 발견하고, 삶에는 목적이 있다는 사실, 지금 현재보다 더 나은 자신을 개발하는 것만이 아니라, 실제로 삶에는 목적이 있다는 사실을 깨달을 준비가 되어 있습니다. 영적인 여정을 꺼내든 그리스도교와 영적 여정을 가져본 적이 없는 물질주의가 지배해 온 여러분의 사회에서, 인간이 가질 수 있는, 주변에서 보는 것보다 더 높은 의식 상태가 있습니다.

여성은 남성이 목적을 찾도록 도울 수 있습니다

만일 여성들이 이것을 알 수 있다면, 그들은 남성들이 이런 사고방식에서 빠져나오거나, 그들 스스로 빠져나올 수 있도록 균형을 잡기 시작할 수 있습니다. "결코 충분하지 않다. 나는 더 많은 것을 원한다." 우선 여성들은 남성들이 깨달을 수 있도록 고무시킬 수 있습니다. "그런데 우리는 실제로 얼마나 많은 돈이 필요한가요? 우리는 좋은 집과 잘 움직이는 차를 가졌고, 휴가를 갈 수 있는데, 이것으로 충분하지 않나요? 이제 이 모든 것들을 가졌으니, 다른 것들을 살펴봐야 하지 않을까요? 우리가 어떻게 삶을 살고 있고, 어떻게 우리 자신을 경험하는지, 우리 삶에서 정말로 중요한 것이 무엇인지 살펴보면 어떨까요?" 그러면, 남성들도 자기-개발, 마음 챙김, 자기 개선, 어떤 경우에는 훨씬 더 높은 수준으로 의식을 끌어올리는 여정을 수용하게 될 수 있습니다.

이것이 다가오는 십 년 동안, 더 많이 발전된 국가의 많은 여성이 전환을 이룰 수 있는 실제적인 가능성입니다. 물론 우리가 말했듯이, 그다지 발전하지 않은 국가에도 이런 전환을 만들 수 있고, 영적인 여정이 있음을 깨달을 수 있는 진보한 영혼들이 있습니다. 여러분은 자신의 의식을 높이고, 그렇게 함으로써 덜 발달된 나라의 환경을 개선하는 데 더 큰 영향을 줄 수 있습니다. 물론 이것은 균형을 요구합니다. 어떤 영혼들은 특정한 환경에 정말 여러 번 육화해 왔기 때문에, 그들이 균형을 잡기 시작할 때, 부분적으로 균형을 찾을 수 있습니다. 그들은 과거의 생애들에서 여러 가지 극단으로 치달아 본 경험이 있고, 그렇기 때문에 균형을 찾아야 한다는 것을 더 많이 의식하고 있습니다. 실제로 균형이 이루어질 수 있습니다. 왜냐하면, 상승 마스터 학생인 여러분이 사람들이 그것을 볼 수 있도록 그들을 자유롭게 하고, 그들이 어떤 더 높은 목적, 즉 어떤 영적인 목적을 발견하여, 삶의 목적이 단순히 살아가는 것에 대한 문제가 아니라는 것, 물질적인 소유물을 축적하거나, 아이들을 기르고, 경력을 쌓고, 돈을 벌거나, 이런 외적이고 물질적인 목표들을 달성하는 문제가 아니라는 것을 발견할 수 있게 해달라고 요청하고 있기 때문입니다.

우리가 추구하는 변화, 특히 황금시대의 현 단계에서 추구하는 변화는, 오래전에 일어났으면 하고 내가 바라던 변화입니다. 더 많이 발전된 국가에서 볼 수 있는 이 모든 기술의 개발을 후원한 내 목적은, 전에도 말했듯이, 정확하게는 사람들에게 자유로운 시간을 만들어 줌으로써, 그들이 모든 시간과 에너지를 단지 생활비를 벌고 물질적으로 살아남는 데에 소비하지 않도록 하기 위한 것입니다. 그 대신, 그들에게는 공허한 여흥이나 결코 충족될 수 없는 더 많은 것에 대한 끝없는 추구 대신, 삶에서 다른 것을 추구할 시간과 에너지, 주의력이 남습니다. 그것이 나의 희망이었습니다. 다가오는 십년 안에 임계수치의 사람들이 그러한 전환을 만들 수 있는 실질적인 가능성이 있습니다. 주로 여성들이 시작할 것이지만, 여성들이 그 전환을 이룸에 따라, 점차 남성들도 끌어당기기 시작할 것입니다. 물론 일부 남성들은 이미 시작했습니다. 더 많은 사람이 해낼 수 있습니다.

그렇지만 이런 전환을 이룰 수 있는 지점에 와 있는 사람은 주로 여성들로, 그들은 이렇게 깨닫고 있습니다. "물질적인 편안함을 어느 정도 이루고 나면, 더 많은 물건이 필요치 않습니다. 우리에게는 다른 것이 필요합니다. 우리는 삶에서 어떤 만족감, 더 높은 목적, 스스로를 먼저 발전시키고 스스로를 초월하려는 영적인 목적이 필요합니다. 하지만 그때조차, 다른 사람을 위해 무엇을 할 수 있는지에 대한 우리의 인식을 확장시켜야 합니다. 어떻게 하면 우리의 안락함, 물질적 풍요, 우리의 인식과 지식의 수준을 다른 사람을 돕는 데 활용할 수 있을까요?" 바로 이것이 일어나기 시작할 수 있는 변화입니다. 물론, 이런 전환이 이미 일어나고 있습니다. 하지만 다가오는 십 년 동안 더 발전된 민주주의 국가에서 주로 여성들이 이것을 가속할 수 있습니다. 그들은 자신들이 이 행성에 있는 대다수의 여성보다 훨씬 나은 조건들을 가진, 특혜가 많은 사회에서 성장하는 행운을 누려왔음을 깨닫기 시작합니다.

여성을 돕는 여성

자, 지구에서 여성으로 존재하는 것의 한 측면은 물론 어머니가 되는 것(motherhood)입니다. 모성애(Motherhood)는 본질상 균형이 잡힐 때, 자기 자신을 초월하여 뭔가를 하거나, 타인을 위해 뭔가를 하는 행위나 사고방식입니다. 가정에서 남편이나 자식들을 위해 여러분이 하는 일이 바로 그것입니다. 이미 많은 여성이 타인을 위하는 일을 하는 사고방식을 가지고 있습니다. 자식들이 이미 자란 시점에 도달한 여성들이 아주 아주 많이 있고, 그들이 자급자족할 수 있게 됨에 따라, 자신들이 가진 추진력을 다른 사람들을 양육하는 데 쓰고, 자신보다 운이 좋지 못한 다른 사람들에게 그 추진력을 쏟을 수 있는 실질적인 잠재력이 있습니다. 물론 그 대상이 자신들의 사회에 속한 사람일 수도 있지만, 세계의 덜 발전된 지역에 사는 사람들, 특히 그곳의 여성들일 수 있습니다.

여성들 사이의 연대(solidarity)를 증진시키는 새로운 종류의 여성운동에 대한 진정한 잠재력, 진정한 필요성이 있습니다. 그것은 더 발전된 나라의 여성들, 다시 말해 덜 발달한 나라에 사는 여성들보다 더 많은 혜택을 받는 여성들이, 다른 나라에 사는 자매들에게 다가가서 그들을 도울 수 있는 다양한 방법을 모색하는 것이 필요하다는 아이디어를 촉진시킵니다. 여러 가지 방법들이 있기 때문에, 여기에서 이런 방법들을 규정짓지는 않겠습니다. 어떤 여성들은 이미 이 일에 참여하고 있습니다. 하지만 더 많은 여성이 나타날 수 있고, 이런 아이디어들이 분명히 주어질 것입니다. 나는 이것에 대해 어떤 제한도 두고 싶지 않습니다. 물론 여러분은 사람들을 직접 도울 수도 있고, 그들 사회의 변화를 촉진시킴으로써 그들을 도울 수 있습니다. 아니면 더 발전된 민주주의 국가의 정부를 이용하여, 덜 발전된 국가에 손을 내밀고 다양한 지원을 하게 하거나, 필요하다면 그들의 정부에게 압력을 가하게 할 수도 있습니다.

많은 여성이 지닌 이 모성애적 양육의 모멘텀을 자신의 자녀에게서 그치지 않고, 덜 발전된 나라의 아이들이나 여성들을 살펴보는 데까지 확장해 본다면, 특혜를 받는 현대 민주주의 국가에 사는 여성으로서, 여러분은 수백만의 아주 어린 소녀들이 여성 성기 훼손인 여성 할례에 노출되는 것을 용납할 수 있을까요? 그것이 정말 민주주의 세계의 여성들에게 받아들여질 수 있을까요? 인도의 소녀들이 무가치하다고 간주되고, 가족에 의해 노예처럼 매매되거나, 결혼을 강요당하는 것이 과연 받아들여질 수 있을까요? 수많은 이슬람 여성들이 강제로 매우 고립된 생활을 해야 하며 외출할 때는 얼굴을 가려야 하고, 운전면허증을 가질 수 없다는 것이, 과연 현대 민주주의 세계의 여성들에게 받아들여질 수 있을까요? 그들은 민주주의 국가의 여성들이 자라면서 당연한 것으로 받아들였던 기본적인 자유도 가지지 못하고 있습니다. 여러분은 정말로 그것을 용납할 수 있나요?

물론 이것은 내가 누구인지, 그리고 내가 지구를 위해 유지하고 있는 자유의 화염과 관련이 있습니다. 나는 지구를 위한 자유의 화염의 주요한 영적 대표자입니다. 여러분은 현대 민주주의 사회에서, 자유로운 사회에서 성장했습니다. 여러분은 소녀 시절부터 원한다면 교육을 받겠다고 선택할 수 있는 그런 사회에서 매우 폭넓은 자유를 누려왔습니다. 여러분에게는 교육을 받고, 이를 통해 무언가를 할 수 있는 실제적인 가능성이 있습니다. 여러분은 믿을 수 없을 만큼 많은 자유를 누리며 성장했습니다. 여러분은 부모가 정해 주는 사람과 반드시 결혼할 필요가 없습니다. 심지어 결혼하지 않아도 됩니다. 직업을 가질 수 있고 자급-자족할 수 있습니다. 어떤 특별한 종류의 옷을 입을 필요도 없습니다. 자기 몸을 감추지 않아도 됩니다. 누구도 여러분의 성기를 훼손하여, 여러분이 성적인 즐거움을 갖지 못하게 할 수 없습니다.

여러분은 이 모든 자유를 당연한 것으로 받아들이는 경향에서 깨어나서, 이 행성의 얼마나 많은 여성이 이런 기본적인 자유도 누리지 못하는지를 살펴볼 수 있나요? 그런 다음, 마음을 전환하며 이렇게 말할 수 있나요? "이 행성의 대부분 여성이 내가 성장하면서 지녔던 자유를 갖지 못하는 것을 나는 받아들일 수 없습니다. 그처럼 많은 다른 여성들이 자유롭지 못하다는 것을 알면서, 나 자신의 삶에만 집중하면서, 이런 자유를 누리는 것은 결코 충분하지 않습니다. 나는 다른 여성들에게 자유를 주기 위해 내 자유를 이용하고 싶습니다. 다른 나라, 다른 사회들이 여성의 평등, 동등한 가치, 동등한 권리, 그리고 여성의 동등한 자유와 기회를 인정하게 하는 것이 내 신성한 계획에 들어 있으므로, 나는 그렇게 해야 하고, 그렇게 할 것입니다."

모든 여성이 자유로워질 때까지는 어떤 여성도 진정 자유롭지 못합니다

이것이야말로, 매우 많은 특권을 가졌다는 의미에서, 현대 국가에서 성장한 여러분이 자유를 사용할 수 있는 최고의 방법입니다. 질문은 이것입니다. 여러분은 이런 특권을 가진 국가의 남성들이 계속해서 "아직 충분하지 않다."라는 사고방식에 갇혀 있도록 내버려 두겠습니까? 그들은 계속해서 점점 더 많은 이런저런 것들을 얻는 것에만 집중하고 있으며, 결코 충분하지 않기 때문에 그들은 절대 만족하지 못합니다. 아니면 여러분은 이 특권을 가진 사회들을 일깨우는 동력이 돼서 이렇게 말하겠습니까? "하지만 우리는 이미 다른 사람을 도울 수 있을 만큼 충분히 가지고 있고, 우리가 가진 것을 얻는 목적은 우리를 어느 곳으로도 인도하지 않는 회전목마(a merry-go-round)를 더 이상 타지 않기 위해서입니다. 우리가 가진 것을 얻는 목적은 다른 사람들을 도와 그들을 자유롭게 해주는 것이고, 여전히 제한받고, 여전히 억압받고, 여전히 자유롭지 못한 사람들에게 더 큰 자유를 주기 위해 우리는 우리의 자유를 이용할 수 있습니다.

나는 지구를 위한 자유의 화염을 유지하고 있습니다. 너무 많은 사람, 자기 자신이 자유롭다고 생각하는 그런 나라들의 너무 많은 남성과 여성들이, 자유의 화염을 가슴에서 느끼지 못하고, 자유의 화염에 고정되지 못하고 있으며, 그것을 이해하지도 못합니다. 만일 그들이 그것을 느꼈다면, 이 세상에 그처럼 많은 사람이 자유롭지 못한 것을 받아들일 수 없었을 것입니다. 다른 사람들의 자유를 확장하기 위해, 그들은 자신의 자유를 사용했을 것입니다. 따라서, 나는 집단의식을 향해 이야기합니다. "깨어나서 자유의 화염을 경험하세요! 그 화염은 이미 여러분의 가슴 속에 있습니다. 자유의 화염을 느낄 수 있도록 그 불꽃이 여러분의 정체성, 멘탈, 감정체 그리고 몸의 세포들 안의 저항을 뚫고 불타도록 허용하세요. 다른 이에게 자유를 주고, 다른 이를 위한 자유를 확보하기 위해, 이제 자유의 화염을 표현하세요."

이미 자유롭게 되어서 높은 수준의 자유를 누리는 여성들이 거기에 멈추지 않고, 다른 나라들, 아직 자유롭지 못한 세계 다른 지역의 자매들에게 동일한 자유를 보장하기 위한 실제적인 노력을 하는 여성 해방 운동(women's liberation movement)이 필요합니다. 그들은 아직 자유롭지 않습니다. 그들이 자유롭게 될까요? 음, 여러분이 그들의 자유도 중요하다고 결정할 때만, 여러분은 그들을 위해 무언가를 하는 데 여러분의 자유를 사용할 것입니다. 모든 사람이 물리적으로 어떤 일을 해야 한다는 말이 아닙니다.

영적인 사람인 여러분 가운데 많은 사람이 영적인 작업을 하고 요청을 함으로써 더 큰 영향력을 발휘할 수 있지만, (다시 집단의식을 향해 말하는데) 저기 바깥의 많은 여성은 지구의 다른 여성들을 위하여 물리적으로 어떤 일을 하는 것을 신성한 계획에 가지고 있습니다. 이것이 여러분이 여성으로서 자유를 가진 특혜 받은 사회에 육화한 이유입니다. 따라서 여러분은 이제 외적인 자유를 충분히 가질 수 있고, 관심의 자유, 다른 사람을 위해 뭔가를 할 수 있는 물리적, 경제적 자유까지도 가질 수 있는 지점에 도달할 수 있었습니다.

따라서, 2020년 올해부터 다가오는 10년 동안은 깨어나는 시간입니다. 전 세계 여성들 간의 연대를 증진시키고, "모든 여성이 자유로워질 때까지는 어떤 여성도 자유롭지 못하다."라는 모토를 가진 이런 여성운동을 시작하거나 다시 점화시킬 때입니다."

사랑하는 사람들이여, 그것이 나의 담화이며, 나의 선물이고, 나의 봉사입니다. 집단의식을 향해 이것을 전파하는 방송국이 되어준 여러분에게 감사합니다. 이것으로 나는 자유의 화염, 자유 화염의 기쁨 안에 여러분을 봉인합니다.

.

11
세상 모든 곳에 있는
여성의 자유를 기원하기-1 (기원)

I AM THAT I AM, 예수 그리스도의 이름으로, 나는 지구에 육화한 존재로서 내가 가진 권한을 사용하여 성 저메인께 이 기원을 증폭해 달라고 요청합니다. 내 차크라를 통해 이 기원문의 내용을 집단의식으로 방출하시어, 타락한 존재들에 대한 영적이고 물리적인 노예 상태로부터 남성과 여성 모두를 자유롭게 해주기를 기원합니다. 우리는 영적인 존재들이며 상승 마스터들과 함께 일함으로써 새로운 미래를 공동창조할 수 있다는 진실(reality)을 일깨워 주소서. 나는 특히 이것을 요청합니다...

(여기에 개인적인 요청을 추가하세요)

파트 1

1. 성 저메인이여, 나는 남성과 여성 모두의 자유를 빼앗아 온 타락한 존재들에 대한 당신의 심판을 요청합니다.

오 성 저메인이여, 당신은 영감을 부어 주시며,

내 비전을 영원히 더 높이 들어올립니다.
나는 당신과 함께 무한 8자 형상의 흐름을 만들며,
당신의 황금시대를 공동창조합니다.

오 성 저메인이여, 당신이 가져오는 사랑은,
진실로 모든 물질을 노래하게 하고,
당신의 보라색 불꽃은 모든 것을 회복시키며,
당신과 함께 우리는 스스로를 초월합니다.

2. 성 저메인이여, 나는 기본적 창조력인 팽창하고 수축하는 힘을 이원적 극성으로 변화시켜, 원래의 본성에서 벗어나도록 왜곡시킨 타락한 존재들에 대한 당신의 심판을 요청합니다.

오 성 저메인이여, 당신의 이름을 부를 때,
자유의 불꽃이 방출됩니다.
당신이 가속을 더해 주시니,
이로써 우리 행성은 더 높이 올라갑니다.

오 성 저메인이여, 당신이 가져오는 사랑은,
진실로 모든 물질을 노래하게 하고,
당신의 보라색 불꽃은 모든 것을 회복시키며,
당신과 함께 우리는 스스로를 초월합니다.

3. 성 저메인이여, 나는 자유의지를 가지고 한 일에는 어떤 제한도 없고 어떤 규칙도 없어야 한다고 말하면서, 창조하려는 욕구와 확장하려는 욕구를 왜곡해온 타락한 존재에 대한 당신의 심판을 요청합니다.

오 성 저메인이여, 우리는 사랑 안에서,
당신의 보라색 불꽃을 가져올 권리를 선언합니다.
모든 것을 변형시키는 당신의 불꽃이,

하늘에서 지상의 우리에게 흘러옵니다.

오 성 저메인이여, 당신이 가져오는 사랑은,
진실로 모든 물질을 노래하게 하고,
당신의 보라색 불꽃은 모든 것을 회복시키며,
당신과 함께 우리는 스스로를 초월합니다.

4. 성 저메인이여, 나는 "여러분이 정말로 자유의지를 가지고 있다면, 원하는 것은 무엇이든 할 수 있어야 한다."라고 말하는 타락한 존재들에 대한 당신의 심판을 요청합니다. 타락한 존재들은 자신들이 하는 일에는 어떤 규칙도, 어떤 제약도, 어떤 결과도, 어떤 영향도 없어야 한다고 생각합니다.

오 성 저메인이여, 당신을 너무나 사랑합니다.
내 오라가 보라색 광휘로 채워지고,
내 차크라들이 보라색 불꽃으로 타오르니,
나는 당신의 우주적 증폭기입니다.

오 성 저메인이여, 당신이 가져오는 사랑은,
진실로 모든 물질을 노래하게 하고,
당신의 보라색 불꽃은 모든 것을 회복시키며,
당신과 함께 우리는 스스로를 초월합니다.

5. 성 저메인이여, 나는 자신의 권력을 내려놓기 싫어서, 자신의 의식 상태를 초월하고 상승하기를 거부한 타락한 존재들에 대한 당신의 심판을 요청합니다.

오 성 저메인이여, 나는 이제 자유로워졌습니다.
당신의 보라색 불꽃은 치유법이며,
내 마음속의 모든 장애를 변형시켜 주니,

나는 진정한 내면의 평화를 발견합니다.

오 성 저메인이여, 당신이 가져오는 사랑은,
진실로 모든 물질을 노래하게 하고,
당신의 보라색 불꽃은 모든 것을 회복시키며,
당신과 함께 우리는 스스로를 초월합니다.

6. 성 저메인이여, 나는 자신의 사고방식을 포기하길 거부하며 반발하는 타락한 존재들에 대한 당신의 심판을 요청합니다. 그들은 자신이 정말로 자유의지를 가진다면, 자신이 원하는 동안에는 자신이 원하는 모든 일을 하는 것이 허용돼야 한다고 주장합니다.

오 성 저메인이여, 내 몸은 순수해지고,
당신의 보라색 불꽃은 모두를 치유합니다.
모든 질병의 원인을 태워 버리니,
나는 완전한 평온함을 느낍니다.

오 성 저메인이여, 당신이 가져오는 사랑은,
진실로 모든 물질을 노래하게 하고,
당신의 보라색 불꽃은 모든 것을 회복시키며,
당신과 함께 우리는 스스로를 초월합니다.

7. 성 저메인이여, 나는 그들의 특정한 행성에서 모든 권력을 가졌다는 감각을 방해받고 싶지 않아 상승 마스터들에게 반발했던 타락한 존재들에게 대한 당신의 심판을 요청합니다.

오 성 저메인이여, 나는 카르마에서 해방되어,
과거의 짐에서 벗어납니다.
나는 그리스도 의식의 하나됨 안에서,
완전히 새로운 기회를 얻습니다.

오 성 저메인이여, 당신이 가져오는 사랑은,
진실로 모든 물질을 노래하게 하고,
당신의 보라색 불꽃은 모든 것을 회복시키며,
당신과 함께 우리는 스스로를 초월합니다.

8. 성 저메인이여, 나는 자신들이 전권(全權)을 가진 것이 아니고, 자신이 한 일에 관한 결과가 있음을 상승 마스터들이 보여줬기 때문에, 상승 마스터들과 대면하기를 거부했던 타락한 존재들에 대한 당신의 심판을 요청합니다.

오 성 저메인이여, 우리는 이제 하나이고,
나는 당신을 위한 보랏빛 태양입니다.
우리가 이 지구 행성을 변형시키니,
당신의 황금시대가 탄생합니다.

오 성 저메인이여, 당신이 가져오는 사랑은,
진실로 모든 물질을 노래하게 하고,
당신의 보라색 불꽃은 모든 것을 회복시키며,
당신과 함께 우리는 스스로를 초월합니다.

9. 성 저메인이여, 나는 스스로 상승하기를 거부하여 창조된 다음 구체로 추락한 타락한 존재들에 대한 당신의 심판을 요청합니다.

오 성 저메인이여, 지구는 이원성의 부담을 벗어나,
자유를 얻고,
우리는 하나됨 안에서 최상의 것을 이루니,
당신의 황금시대가 실현됩니다.

오 성 저메인이여, 당신이 가져오는 사랑은,
진실로 모든 물질을 노래하게 하고,

당신의 보라색 불꽃은 모든 것을 회복시키며,
당신과 함께 우리는 스스로를 초월합니다.

파트 2

1. 성 저메인이여, 나는 자신을 위해 이 특권적 지위들을 만들었던 의식을 초월하길 거부했던 타락한 존재들에 대한 당신의 심판을 요청합니다.

오 성 저메인이여, 당신은 영감을 부어 주시며,
내 비전을 영원히 더 높이 들어올립니다.
나는 당신과 함께 무한 8자 형상의 흐름을 만들며,
당신의 황금시대를 공동창조합니다.

오 성 저메인이여, 당신이 가져오는 사랑은,
진실로 모든 물질을 노래하게 하고,
당신의 보라색 불꽃은 모든 것을 회복시키며,
당신과 함께 우리는 스스로를 초월합니다.

2. 성 저메인이여, 나는 그들 스스로를 절대적 권력과 특권을 가진 지도자로 내세우고, 수십억 명의 사람들을 단지 엘리트의 이익을 위해 일하는 노예가 되게 한 타락한 존재들에 대한 당신의 심판을 요청합니다.

오 성 저메인이여, 당신의 이름을 부를 때,
자유의 불꽃이 방출됩니다.
당신이 가속을 더해 주시니,
이로써 우리 행성은 더 높이 올라갑니다.

오 성 저메인이여, 당신이 가져오는 사랑은,

진실로 모든 물질을 노래하게 하고,
당신의 보라색 불꽃은 모든 것을 회복시키며,
당신과 함께 우리는 스스로를 초월합니다.

3. 성 저메인이여, 나는 아버지의 확장하는 힘을 이원적인 극성 수준으로 끌어내린 타락한 존재들에 대한 당신의 심판을 요청합니다. 그들은 어떠한 제한도 없이, 그들이 원하는 일은 무엇이든 할 수 있으며, 그 어떤 결과도 없어야 한다고 생각합니다.

오 성 저메인이여, 우리는 사랑 안에서,
당신의 보라색 불꽃을 가져올 권리를 선언합니다.
모든 것을 변형시키는 당신의 불꽃이,
하늘에서 지상의 우리에게 흘러옵니다.

오 성 저메인이여, 당신이 가져오는 사랑은,
진실로 모든 물질을 노래하게 하고,
당신의 보라색 불꽃은 모든 것을 회복시키며,
당신과 함께 우리는 스스로를 초월합니다.

4. 성 저메인이여, 나는 윤회를 부정하기 위해 가톨릭교회를 이용했던 타락한 존재들에 대한 당신의 심판을 요청합니다. 그들은 결과를 부정하기 때문에, 공식적인 가톨릭 교리에 윤회를 포함시키는 것을 거부했습니다.

오 성 저메인이여, 당신을 너무나 사랑합니다.
내 오라가 보라색 광휘로 채워지고,
내 차크라들이 보라색 불꽃으로 타오르니,
나는 당신의 우주적 증폭기입니다.

오 성 저메인이여, 당신이 가져오는 사랑은,

진실로 모든 물질을 노래하게 하고,
당신의 보라색 불꽃은 모든 것을 회복시키며,
당신과 함께 우리는 스스로를 초월합니다.

5. 성 저메인이여, 나는 지금 생에서 그들이 한 선택들이 다음 생에 돌아올 수 있고, 지금 생에서 그들에게 발생한 일들은, 전생에 그들이 했던 선택들의 결과임을 부인하는 타락한 존재들에 대한 당신의 심판을 요청합니다.

오 성 저메인이여, 나는 이제 자유로워졌습니다.
당신의 보라색 불꽃은 치유법이며,
내 마음속의 모든 장애를 변형시켜 주니,
나는 진정한 내면의 평화를 발견합니다.

오 성 저메인이여, 당신이 가져오는 사랑은,
진실로 모든 물질을 노래하게 하고,
당신의 보라색 불꽃은 모든 것을 회복시키며,
당신과 함께 우리는 스스로를 초월합니다.

6. 성 저메인이여, 나는 확장하는 힘을 왜곡하여 책임을 부인하는 데 이용해온 타락한 존재들에 대한 당신의 심판을 요청합니다. 그들은 지금 생에서 일어나는 모든 일은 전생에 자신이 한 선택의 결과가 아니며, 단지 그들이 통제할 수 없는 조건들의 결과라고 생각합니다.

오 성 저메인이여, 내 몸은 순수해지고,
당신의 보라색 불꽃은 모두를 치유합니다.
모든 질병의 원인을 태워 버리니,
나는 완전한 평온함을 느낍니다.

오 성 저메인이여, 당신이 가져오는 사랑은,

진실로 모든 물질을 노래하게 하고,
당신의 보라색 불꽃은 모든 것을 회복시키며,
당신과 함께 우리는 스스로를 초월합니다.

7. 성 저메인이여, 나는 똑같은 이유에서 윤회를 부인하는 과학적 물질주의자나 공산주의자 배후에 있는 타락한 존재들에 대한 당신의 심판을 요청합니다.

오 성 저메인이여, 나는 카르마에서 해방되어,
과거의 짐에서 벗어납니다.
나는 그리스도 의식의 하나됨 안에서,
완전히 새로운 기회를 얻습니다.

오 성 저메인이여, 당신이 가져오는 사랑은,
진실로 모든 물질을 노래하게 하고,
당신의 보라색 불꽃은 모든 것을 회복시키며,
당신과 함께 우리는 스스로를 초월합니다.

8. 성 저메인이여, 나는 이번의 특정한 생애를 벗어나 책임지길 거부하는 물질주의 주요 철학자들 배후에 있는 타락한 존재들에 대한 당신의 심판을 요청합니다.

오 성 저메인이여, 우리는 이제 하나이고,
나는 당신을 위한 보랏빛 태양입니다.
우리가 이 지구 행성을 변형시키니,
당신의 황금시대가 탄생합니다.

오 성 저메인이여, 당신이 가져오는 사랑은,
진실로 모든 물질을 노래하게 하고,
당신의 보라색 불꽃은 모든 것을 회복시키며,

당신과 함께 우리는 스스로를 초월합니다.

9. 성 저메인이여, 나는 자신들은 특별한 능력과 지위를 가졌고, 특히 다른 사람들을 지배하고 지도자가 될 수 있는 능력과 권위를 가졌다고 믿기 때문에, 파워 엘리트를 형성하고 있는 타락한 존재들에 대한 당신의 심판을 요청합니다.

오 성 저메인이여, 지구는 이원성의 부담을 벗어나,
자유를 얻고,
우리는 하나됨 안에서 최상의 것을 이루니,
당신의 황금시대가 실현됩니다.

오 성 저메인이여, 당신이 가져오는 사랑은,
진실로 모든 물질을 노래하게 하고,
당신의 보라색 불꽃은 모든 것을 회복시키며,
당신과 함께 우리는 스스로를 초월합니다.

파트 3

1. 성 저메인이여, 나는 어느 사회에서나 스스로를 권력을 가진 엘리트로 내세우려 하는 타락한 존재들에 대한 당신의 심판을 요청합니다.

오 성 저메인이여, 당신은 영감을 부어 주시며,
내 비전을 영원히 더 높이 들어올립니다.
나는 당신과 함께 무한 8자 형상의 흐름을 만들며,
당신의 황금시대를 공동창조합니다.

오 성 저메인이여, 당신이 가져오는 사랑은,
진실로 모든 물질을 노래하게 하고,
당신의 보라색 불꽃은 모든 것을 회복시키며,

당신과 함께 우리는 스스로를 초월합니다.

2. 성 저메인이여, 나는 스스로를 독재자로 내세우는 타락한 존재들과 민주주의 사회에서 더 많은 권력을 얻기 위해 민주주의를 훼손하는 자들에 대한 당신의 심판을 요청합니다.

오 성 저메인이여, 당신의 이름을 부를 때,
자유의 불꽃이 방출됩니다.
당신이 가속을 더해 주시니,
이로써 우리 행성은 더 높이 올라갑니다.

오 성 저메인이여, 당신이 가져오는 사랑은,
진실로 모든 물질을 노래하게 하고,
당신의 보라색 불꽃은 모든 것을 회복시키며,
당신과 함께 우리는 스스로를 초월합니다.

3. 성 저메인이여, 나는 독점권을 얻기 위해 스스로를 독점 자본주의자로 내세우며 대기업의 오너(owner)가 되려고 하는 경제계의 타락한 존재들에 대한 당신의 심판을 요청합니다.

오 성 저메인이여, 우리는 사랑 안에서,
당신의 보라색 불꽃을 가져올 권리를 선언합니다.
모든 것을 변형시키는 당신의 불꽃이,
하늘에서 지상의 우리에게 흘러옵니다.

오 성 저메인이여, 당신이 가져오는 사랑은,
진실로 모든 물질을 노래하게 하고,
당신의 보라색 불꽃은 모든 것을 회복시키며,
당신과 함께 우리는 스스로를 초월합니다.

4. 성 저메인이여, 나는 기업의 최고 경영자가 되어, 마치 그 기업의 독재자인 것처럼 모든 권력을 행사하는 타락한 존재들에 대한 당신의 심판을 요청합니다.

오 성 저메인이여, 당신을 너무나 사랑합니다.
내 오라가 보라색 광휘로 채워지고,
내 차크라들이 보라색 불꽃으로 타오르니,
나는 당신의 우주적 증폭기입니다.

오 성 저메인이여, 당신이 가져오는 사랑은,
진실로 모든 물질을 노래하게 하고,
당신의 보라색 불꽃은 모든 것을 회복시키며,
당신과 함께 우리는 스스로를 초월합니다.

5. 성 저메인이여, 나는 철학자들, 교육기관에 있는 자들과 같은 지적인 엘리트들, 특히 누구도 그들에게 이의를 제기할 수 없고, 누구도 그들에게 항의할 수 없는 위치에 스스로를 자리매김한 대학에 있는 타락한 존재들에 대해 당신의 심판을 요청합니다.

오 성 저메인이여, 나는 이제 자유로워졌습니다.
당신의 보라색 불꽃은 치유법이며,
내 마음속의 모든 장애를 변형시켜 주니,
나는 진정한 내면의 평화를 발견합니다.

오 성 저메인이여, 당신이 가져오는 사랑은,
진실로 모든 물질을 노래하게 하고,
당신의 보라색 불꽃은 모든 것을 회복시키며,
당신과 함께 우리는 스스로를 초월합니다.

6. 성 저메인이여, 나는 무엇이 진실이고 무엇이 진실이 아닌지를 규

정하며, 특히 현대 민주사회 국가에서, 물질주의라는 철권(鐵拳)으로 교육기관이 유지하고 있는 물질주의 의제(agenda)를 장려하는 타락한 존재들에 대한 당신의 심판을 요청합니다.

오 성 저메인이여, 내 몸은 순수해지고,
당신의 보라색 불꽃은 모두를 치유합니다.
모든 질병의 원인을 태워 버리니,
나는 완전한 평온함을 느낍니다.

오 성 저메인이여, 당신이 가져오는 사랑은,
진실로 모든 물질을 노래하게 하고,
당신의 보라색 불꽃은 모든 것을 회복시키며,
당신과 함께 우리는 스스로를 초월합니다.

7. 성 저메인이여, 나는 물질주의자의 패러다임이나 물질주의자의 복음에 의문을 제기하는 연구나 이론은 어떤 것이든 허용하지 않는 타락한 존재들에 대한 당신의 심판을 요청합니다.

오 성 저메인이여, 나는 카르마에서 해방되어,
과거의 짐에서 벗어납니다.
나는 그리스도 의식의 하나됨 안에서,
완전히 새로운 기회를 얻습니다.

오 성 저메인이여, 당신이 가져오는 사랑은,
진실로 모든 물질을 노래하게 하고,
당신의 보라색 불꽃은 모든 것을 회복시키며,
당신과 함께 우리는 스스로를 초월합니다.

8. 성 저메인이여, 나는 모든 권력을 가진 가톨릭교회의 교황이나 엄청난 권력을 가진 이슬람 소수 성직자 그룹처럼, 아주 오래된 종교의

지도자로 자신을 내세우는 타락한 존재들에 대한 당신의 심판을 요청합니다.

오 성 저메인이여, 우리는 이제 하나이고,
나는 당신을 위한 보랏빛 태양입니다.
우리가 이 지구 행성을 변형시키니,
당신의 황금시대가 탄생합니다.

오 성 저메인이여, 당신이 가져오는 사랑은,
진실로 모든 물질을 노래하게 하고,
당신의 보라색 불꽃은 모든 것을 회복시키며,
당신과 함께 우리는 스스로를 초월합니다.

9. 성 저메인이여, 나는 남성 지배 사회나 가부장 사회 배후의 집단적인 야수를 규정하는 타락한 존재들에 대한 당신의 심판을 요청합니다.

오 성 저메인이여, 지구는 이원성의 부담을 벗어나,
자유를 얻고,
우리는 하나됨 안에서 최상의 것을 이루니,
당신의 황금시대가 실현됩니다.

오 성 저메인이여, 당신이 가져오는 사랑은,
진실로 모든 물질을 노래하게 하고,
당신의 보라색 불꽃은 모든 것을 회복시키며,
당신과 함께 우리는 스스로를 초월합니다.

파트 4

1. 성 저메인이여, 나는 자신들을 특권을 가진 파워 엘리트로 자리매김하는 역학을 창조한 타락한 존재들에 대한 당신의 심판을 요청합니

248

다. 그들은 사회 대다수 남자에게 자신들의 특권과 권력을 지원하는 특정한 역할을 강요하고 있습니다.

오 성 저메인이여, 당신은 영감을 부어 주시며,
내 비전을 영원히 더 높이 들어올립니다.
나는 당신과 함께 무한 8자 형상의 흐름을 만들며,
당신의 황금시대를 공동창조합니다.

**오 성 저메인이여, 당신이 가져오는 사랑은,
진실로 모든 물질을 노래하게 하고,
당신의 보라색 불꽃은 모든 것을 회복시키며,
당신과 함께 우리는 스스로를 초월합니다.**

2. 성 저메인이여, 나는 남자들에게 군인이 되도록 강요하거나, 중세 사회 농노나 산업사회 노동자처럼 특정한 생활방식을 강요하는 타락한 존재들에 대한 당신의 심판을 요청합니다. 그런 방식에서는 사람들이 돈을 벌게 하는 모든 노동을 하지만, 모든 이익은 자본가들이 수확해 갑니다.

오 성 저메인이여, 당신의 이름을 부를 때,
자유의 불꽃이 방출됩니다.
당신이 가속을 더해 주시니,
이로써 우리 행성은 더 높이 올라갑니다.

**오 성 저메인이여, 당신이 가져오는 사랑은,
진실로 모든 물질을 노래하게 하고,
당신의 보라색 불꽃은 모든 것을 회복시키며,
당신과 함께 우리는 스스로를 초월합니다.**

3. 성 저메인이여, 나는 남자들 대부분을 무력하게 만드는 상황 속으

로 밀어 넣어, 남자들이 자기 운명의 주인임을 느끼지 못하게 하는 타락한 존재들에 대한 당신의 심판을 요청합니다.

오 성 저메인이여, 우리는 사랑 안에서,
당신의 보라색 불꽃을 가져올 권리를 선언합니다.
모든 것을 변형시키는 당신의 불꽃이,
하늘에서 지상의 우리에게 흘러옵니다.

오 성 저메인이여, 당신이 가져오는 사랑은,
진실로 모든 물질을 노래하게 하고,
당신의 보라색 불꽃은 모든 것을 회복시키며,
당신과 함께 우리는 스스로를 초월합니다.

4. 성 저메인이여, 나는 남자들이 삶에서 제한된 선택만을 할 수 있다고 느끼게 강요하는 타락한 존재들에 대한 당신의 심판을 요청합니다. 어렸을 때 그들은 꿈이 있었지만, 그것을 이룰 수가 없었습니다. 그들은 살아가는 데 필요한 돈을 벌기 위해 더 적은 것에 만족해야 했고, 이 때문에 좌절감을 느낍니다.

오 성 저메인이여, 당신을 너무나 사랑합니다.
내 오라가 보라색 광휘로 채워지고,
내 차크라들이 보라색 불꽃으로 타오르니,
나는 당신의 우주적 증폭기입니다.

오 성 저메인이여, 당신이 가져오는 사랑은,
진실로 모든 물질을 노래하게 하고,
당신의 보라색 불꽃은 모든 것을 회복시키며,
당신과 함께 우리는 스스로를 초월합니다.

5. 성 저메인이여, 나는 남성들이 성적으로 왕성해야 하고 섹스를 할

수 있는 여성을 찾아야 한다는 압박감을 느끼게 하는 집단 야수와 남성 성생활에 대한 압력을 창조한 타락한 존재들에 대한 당신의 심판을 요청합니다.

오 성 저메인이여, 나는 이제 자유로워졌습니다.
당신의 보라색 불꽃은 치유법이며,
내 마음속의 모든 장애를 변형시켜 주니,
나는 진정한 내면의 평화를 발견합니다.

오 성 저메인이여, 당신이 가져오는 사랑은,
진실로 모든 물질을 노래하게 하고,
당신의 보라색 불꽃은 모든 것을 회복시키며,
당신과 함께 우리는 스스로를 초월합니다.

6. 성 저메인이여, 나는 남성들이 여성과 결혼하도록 압박하여, 많은 남성이 어린 나이에 결혼하게 만든 종교적인 파워 엘리트 배후에 있는 타락한 존재들에 대한 당신의 심판을 요청합니다.

오 성 저메인이여, 내 몸은 순수해지고,
당신의 보라색 불꽃은 모두를 치유합니다.
모든 질병의 원인을 태워 버리니,
나는 완전한 평온함을 느낍니다.

오 성 저메인이여, 당신이 가져오는 사랑은,
진실로 모든 물질을 노래하게 하고,
당신의 보라색 불꽃은 모든 것을 회복시키며,
당신과 함께 우리는 스스로를 초월합니다.

7. 성 저메인이여, 나는 가톨릭교회에서와 같은 피임(避姙) 부인 (denial of contraception)의 배후에 있는 타락한 존재들에 대한 당신의

심판을 요청합니다.

오 성 저메인이여, 나는 카르마에서 해방되어,
과거의 짐에서 벗어납니다.
나는 그리스도 의식의 하나됨 안에서,
완전히 새로운 기회를 얻습니다.

오 성 저메인이여, 당신이 가져오는 사랑은,
진실로 모든 물질을 노래하게 하고,
당신의 보라색 불꽃은 모든 것을 회복시키며,
당신과 함께 우리는 스스로를 초월합니다.

8. 성 저메인이여, 나는 남성들이 아주 어린 나이에 아내를 임신하게 만들어, 살아가며 이루고 싶은 꿈을 가졌던 이 남성이 갑자기 여성과 아이들에게 묶이게 만드는 타락한 존재들에 대한 당신의 심판을 요청합니다.

오 성 저메인이여, 우리는 이제 하나이고,
나는 당신을 위한 보랏빛 태양입니다.
우리가 이 지구 행성을 변형시키니,
당신의 황금시대가 탄생합니다.

오 성 저메인이여, 당신이 가져오는 사랑은,
진실로 모든 물질을 노래하게 하고,
당신의 보라색 불꽃은 모든 것을 회복시키며,
당신과 함께 우리는 스스로를 초월합니다.

9. 성 저메인이여, 나는 구할 수 있는 어떤 일이든 직업으로 가지도록 남자들을 압박하여, 남자들이 무력감을 느끼게 하는 타락한 존재들에 대한 당신의 심판을 요청합니다.

오 성 저메인이여, 지구는 이원성의 부담을 벗어나,
자유를 얻고,
우리는 하나됨 안에서 최상의 것을 이루니,
당신의 황금시대가 실현됩니다.

오 성 저메인이여, 당신이 가져오는 사랑은,
진실로 모든 물질을 노래하게 하고,
당신의 보라색 불꽃은 모든 것을 회복시키며,
당신과 함께 우리는 스스로를 초월합니다.

봉인
I AM THAT I AM의 이름으로, 나는 대천사 미카엘과 아스트레아와 쉬바께서 나와 모든 건설적인 사람 주위에 뚫을 수 없는 보호막을 형성하여, 우리를 네 옥타브 안에 있는 모든 두려움 기반의 에너지로부터 봉인해 주심을 받아들입니다. 나는 신의 빛(Light of God)이 지구 여성들을 자유롭게 하는 데 저항하는, 어둠의 힘을 구성하는 두려움 기반의 모든 에너지를 변형하고 소멸하고 있음을 받아들입니다!

.

12
세상 모든 곳에 있는
여성의 자유를 기원하기-2 (기원)

I AM THAT I AM, 예수 그리스도의 이름으로, 나는 지구에 육화한 존재로서 내가 가진 권한을 사용하여 성 저메인께 이 기원을 증폭해 달라고 요청합니다. 내 차크라를 통해 이 기원문의 내용을 집단의식으로 방출하시어, 타락한 존재들에 대한 영적이고 물리적인 노예 상태로부터 남성과 여성 모두를 자유롭게 해주기를 기원합니다. 우리는 영적인 존재들이며 상승 마스터들과 함께 일함으로써 새로운 미래를 공동창조할 수 있다는 진실(reality)을 일깨워 주소서. 나는 특히 이것을 요청합니다...
(여기에 개인적인 요청을 추가하세요)

파트 1
1. 성 저메인이여, 나는 남성들이 자신이 결혼했기 때문에 썩 좋지 못한 직업에 만족해야 하고 자신의 꿈을 이루지 못했다고 생각하면서, 자신의 아내를 비난하게 만드는 타락한 존재들에 대한 당신의 심판을 요청합니다.

오 성 저메인이여, 당신은 영감을 부어 주시며,
내 비전을 영원히 더 높이 들어올립니다.
나는 당신과 함께 무한 8자 형상의 흐름을 만들며,
당신의 황금시대를 공동창조합니다.

오 성 저메인이여, 당신이 가져오는 사랑은,
진실로 모든 물질을 노래하게 하고,
당신의 보라색 불꽃은 모든 것을 회복시키며,
당신과 함께 우리는 스스로를 초월합니다.

2. 성 저메인이여, 나는 남성의 확장하는 힘의 왜곡인 집단의식으로부터 이런 압력을 만들어낸 타락한 존재들에 대한 당신의 심판을 요청합니다. 그들은 만일 남성들이 가장(家長)이라면, 만일 그들이 아내와 아이들보다 더 강하다면, 무력하다는 그들의 감각에 대해 얼마간 보상받을 수 있다고 말합니다.

오 성 저메인이여, 당신의 이름을 부를 때,
자유의 불꽃이 방출됩니다.
당신이 가속을 더해 주시니,
이로써 우리 행성은 더 높이 올라갑니다.

오 성 저메인이여, 당신이 가져오는 사랑은,
진실로 모든 물질을 노래하게 하고,
당신의 보라색 불꽃은 모든 것을 회복시키며,
당신과 함께 우리는 스스로를 초월합니다.

3. 성 저메인이여, 나는 남자들이 가부장제를 수용하게 만들어, 그들의 부인이나 아이들을 육체적으로나 감정적으로, 혹은 다른 방법으로 학대하게 만드는 타락한 존재들에 대한 당신의 심판을 요청합니다.

오 성 저메인이여, 우리는 사랑 안에서,
당신의 보라색 불꽃을 가져올 권리를 선언합니다.
모든 것을 변형시키는 당신의 불꽃이,
하늘에서 지상의 우리에게 흘러옵니다.

오 성 저메인이여, 당신이 가져오는 사랑은,
진실로 모든 물질을 노래하게 하고,
당신의 보라색 불꽃은 모든 것을 회복시키며,
당신과 함께 우리는 스스로를 초월합니다.

4. 성 저메인이여, 나는 남성들이 이런 역할에 갇혀서 무력감을 느끼게 되는 역학을 만든 타락한 존재들에 대한 당신의 심판을 요청합니다. 그것은 모두 파워 엘리트가 특권적 위치에 머물 수 있게 하고, 권력을 가지며, 필요 이상의 많은 부와 안락한 생활방식을 유지하게 하려면 남성들이 노동을 해야 하기 때문입니다.

오 성 저메인이여, 당신을 너무나 사랑합니다.
내 오라가 보라색 광휘로 채워지고,
내 차크라들이 보라색 불꽃으로 타오르니,
나는 당신의 우주적 증폭기입니다.

오 성 저메인이여, 당신이 가져오는 사랑은,
진실로 모든 물질을 노래하게 하고,
당신의 보라색 불꽃은 모든 것을 회복시키며,
당신과 함께 우리는 스스로를 초월합니다.

5. 성 저메인이여, 나는 남성들이 갇힌 느낌을 받게 하여 그들의 아내에게 폭력을 행사하게 하고, 만일 그들의 아내가 이것에 굴복한다면, 그녀 역시 갇히게 만드는 타락한 존재들에 대한 당신의 심판을 요청합니다.

오 성 저메인이여, 나는 이제 자유로워졌습니다.
당신의 보라색 불꽃은 치유법이며,
내 마음속의 모든 장애를 변형시켜 주니,
나는 진정한 내면의 평화를 발견합니다.

오 성 저메인이여, 당신이 가져오는 사랑은,
진실로 모든 물질을 노래하게 하고,
당신의 보라색 불꽃은 모든 것을 회복시키며,
당신과 함께 우리는 스스로를 초월합니다.

6. 성 저메인이여, 이 야수들을 심판하고 결박하여 불태워 달라고 요
청합니다. 나는 이런 사고방식의 소멸과 그 배후에 있는 타락한 존재
들의 결박을 요청합니다.

오 성 저메인이여, 내 몸은 순수해지고,
당신의 보라색 불꽃은 모두를 치유합니다.
모든 질병의 원인을 태워 버리니,
나는 완전한 평온함을 느낍니다.

오 성 저메인이여, 당신이 가져오는 사랑은,
진실로 모든 물질을 노래하게 하고,
당신의 보라색 불꽃은 모든 것을 회복시키며,
당신과 함께 우리는 스스로를 초월합니다.

7. 성 저메인이여, 나는 사람들을 수동적으로 만들고, 고분고분하게 만
들며, 결정을 내리거나 주도권을 잡지 못하게 함으로써 수축하는 힘
을 왜곡시킨 타락한 존재들에 대한 당신의 심판을 요청합니다. 사람
들은 편안한 일상생활에만 집중하고 있습니다.

오 성 저메인이여, 나는 카르마에서 해방되어,
과거의 짐에서 벗어납니다.
나는 그리스도 의식의 하나됨 안에서,
완전히 새로운 기회를 얻습니다.

오 성 저메인이여, 당신이 가져오는 사랑은,

진실로 모든 물질을 노래하게 하고,
당신의 보라색 불꽃은 모든 것을 회복시키며,
당신과 함께 우리는 스스로를 초월합니다.

8. 성 저메인이여, 나는 사람들이 모든 야망과 꿈을 접고 개인적이고 일상적인 상황에 집중하면서, 얼마간의 안락함을 추구하게 만든 타락한 존재들에 대한 당신의 심판을 요청합니다.

오 성 저메인이여, 우리는 이제 하나이고,
나는 당신을 위한 보랏빛 태양입니다.
우리가 이 지구 행성을 변형시키니,
당신의 황금시대가 탄생합니다.

오 성 저메인이여, 당신이 가져오는 사랑은,
진실로 모든 물질을 노래하게 하고,
당신의 보라색 불꽃은 모든 것을 회복시키며,
당신과 함께 우리는 스스로를 초월합니다.

9. 성 저메인이여, 나는 여성의 역할을 규정하는 남성들이 지배하는 사회를 만든 타락한 존재들에 대한 당신의 심판을 요청합니다. 이런 사회에서 여성들은 아내와 어머니의 역할에 집중해야 하며, 집 안에 머물면서 아이들을 양육하고 가정이 잘 돌아가게 만들며, 경제적으로 남성에게 의존해야 합니다.

오 성 저메인이여, 지구는 이원성의 부담을 벗어나,
자유를 얻고,
우리는 하나됨 안에서 최상의 것을 이루니,
당신의 황금시대가 실현됩니다.

오 성 저메인이여, 당신이 가져오는 사랑은,

진실로 모든 물질을 노래하게 하고,
당신의 보라색 불꽃은 모든 것을 회복시키며,
당신과 함께 우리는 스스로를 초월합니다.

파트 2

1. 성 저메인이여, 나는 많은 여성이 이것이 그들의 운명이고, 그들이 할 수 있는 모든 것이라고 받아들이도록 유도하는 타락한 존재들에 대한 당신의 심판을 요청합니다.

오 성 저메인이여, 당신은 영감을 부어 주시며,
내 비전을 영원히 더 높이 들어올립니다.
나는 당신과 함께 무한 8자 형상의 흐름을 만들며,
당신의 황금시대를 공동창조합니다.

오 성 저메인이여, 당신이 가져오는 사랑은,
진실로 모든 물질을 노래하게 하고,
당신의 보라색 불꽃은 모든 것을 회복시키며,
당신과 함께 우리는 스스로를 초월합니다.

2. 성 저메인이여, 나는 여성들이 현재 상황에 만족하고, 안전감을 느끼게 하기 위해 수축하는 힘을 왜곡시킨 타락한 존재들에 대한 당신의 심판을 요청합니다. 현재의 조건들이 너무 나쁘지만 않다면, 여성들은 심지어 편안함을 느끼기도 합니다.

오 성 저메인이여, 당신의 이름을 부를 때,
자유의 불꽃이 방출됩니다.
당신이 가속을 더해 주시니,
이로써 우리 행성은 더 높이 올라갑니다.

오 성 저메인이여, 당신이 가져오는 사랑은,
진실로 모든 물질을 노래하게 하고,
당신의 보라색 불꽃은 모든 것을 회복시키며,
당신과 함께 우리는 스스로를 초월합니다.

3. 성 저메인이여, 나는 여성들이 오랫동안 그런 조건에 머물러 있게 만든 타락한 존재들에 대한 당신의 심판을 요청합니다. 여성들은 양의 우리를 벗어나는 불확실성을 무릅쓰고 싶어하지 않습니다.

오 성 저메인이여, 우리는 사랑 안에서,
당신의 보라색 불꽃을 가져올 권리를 선언합니다.
모든 것을 변형시키는 당신의 불꽃이,
하늘에서 지상의 우리에게 흘러옵니다.

오 성 저메인이여, 당신이 가져오는 사랑은,
진실로 모든 물질을 노래하게 하고,
당신의 보라색 불꽃은 모든 것을 회복시키며,
당신과 함께 우리는 스스로를 초월합니다.

4. 성 저메인이여, 나는 여성들이 어떠한 성장도 어떠한 초월도 없는 결혼에 머물도록 조종하는 타락한 존재들에 대한 당신의 심판을 요청합니다. 어쨌든 그들은 남편이 충분한 돈을 벌어오고 학대하지 않는다면 어느 정도의 안락함과 안전감을 느낍니다.

오 성 저메인이여, 당신을 너무나 사랑합니다.
내 오라가 보라색 광휘로 채워지고,
내 차크라들이 보라색 불꽃으로 타오르니,
나는 당신의 우주적 증폭기입니다.

오 성 저메인이여, 당신이 가져오는 사랑은,

진실로 모든 물질을 노래하게 하고,
당신의 보라색 불꽃은 모든 것을 회복시키며,
당신과 함께 우리는 스스로를 초월합니다.

5. 성 저메인이여, 나는 여성들을 조종하여 학대가 너무 심해 더 이상 견딜 수가 없을 때만 폭력적인 관계에서 벗어나려 하게 만드는 타락한 존재들에 대한 당신의 심판을 요청합니다.

오 성 저메인이여, 나는 이제 자유로워졌습니다.
당신의 보라색 불꽃은 치유법이며,
내 마음속의 모든 장애를 변형시켜 주니,
나는 진정한 내면의 평화를 발견합니다.

오 성 저메인이여, 당신이 가져오는 사랑은,
진실로 모든 물질을 노래하게 하고,
당신의 보라색 불꽃은 모든 것을 회복시키며,
당신과 함께 우리는 스스로를 초월합니다.

6. 성 저메인이여, 나는 사회적 수준에서의 변화를 방해하는 타락한 존재들에 대한 당신의 심판을 요청합니다. 여성들이 이것을 수축하는 힘의 왜곡으로 보기 시작하면, 그들은 안전의 욕구로부터 스스로를 자유롭게 하고, 성장하려는 욕구에 다시 연결됩니다.

오 성 저메인이여, 내 몸은 순수해지고,
당신의 보라색 불꽃은 모두를 치유합니다.
모든 질병의 원인을 태워 버리니,
나는 완전한 평온함을 느낍니다.

오 성 저메인이여, 당신이 가져오는 사랑은,
진실로 모든 물질을 노래하게 하고,

당신의 보라색 불꽃은 모든 것을 회복시키며,
당신과 함께 우리는 스스로를 초월합니다.

7. 성 저메인이여, 나는 더 많은 것을 원하는 확장하는 힘의 성향을 이용해 이를 이원적인 극성으로 바꾸어 놓고, 사람들이 뭔가를 소유하길 원하게 만든 타락한 존재들에 대한 당신의 심판을 요청합니다.

오 성 저메인이여, 나는 카르마에서 해방되어,
과거의 짐에서 벗어납니다.
나는 그리스도 의식의 하나됨 안에서,
완전히 새로운 기회를 얻습니다.

오 성 저메인이여, 당신이 가져오는 사랑은,
진실로 모든 물질을 노래하게 하고,
당신의 보라색 불꽃은 모든 것을 회복시키며,
당신과 함께 우리는 스스로를 초월합니다.

8. 성 저메인이여, 나는 사람들이 소유하기를 원하고 그것을 유지하려 하면서, 결코 만족할 수 없다고 생각하게 하는 이런 사고방식을 만든 타락한 존재들에 대한 당신의 심판을 요청합니다.

오 성 저메인이여, 우리는 이제 하나이고,
나는 당신을 위한 보랏빛 태양입니다.
우리가 이 지구 행성을 변형시키니,
당신의 황금시대가 탄생합니다.

오 성 저메인이여, 당신이 가져오는 사랑은,
진실로 모든 물질을 노래하게 하고,
당신의 보라색 불꽃은 모든 것을 회복시키며,
당신과 함께 우리는 스스로를 초월합니다.

9. 성 저메인이여, 나는 남성들이 결코 충분한 돈을 가질 수 없지만, 더욱 많은 돈을 원하게 하는 사고방식 이면에 있는 타락한 존재들에 대한 당신의 심판을 요청합니다. 그것은 돈을 버는 경험이 아니라, 돈을 소유하는 경험입니다.

오 성 저메인이여, 지구는 이원성의 부담을 벗어나,
자유를 얻고,
우리는 하나됨 안에서 최상의 것을 이루니,
당신의 황금시대가 실현됩니다.

오 성 저메인이여, 당신이 가져오는 사랑은,
진실로 모든 물질을 노래하게 하고,
당신의 보라색 불꽃은 모든 것을 회복시키며,
당신과 함께 우리는 스스로를 초월합니다.

파트 3

1. 성 저메인이여, 나는 더 많은 돈, 더 많은 소유물, 혹은 더 많은 권력을 원하는 타락한 존재들에 대한 당신의 심판을 요청합니다.

오 성 저메인이여, 당신은 영감을 부어 주시며,
내 비전을 영원히 더 높이 들어올립니다.
나는 당신과 함께 무한 8자 형상의 흐름을 만들며,
당신의 황금시대를 공동창조합니다.

오 성 저메인이여, 당신이 가져오는 사랑은,
진실로 모든 물질을 노래하게 하고,
당신의 보라색 불꽃은 모든 것을 회복시키며,
당신과 함께 우리는 스스로를 초월합니다.

2. 성 저메인이여, 나는 여러분은 결코 충분히 가질 수 없다고 말하면서 확장하는 힘을 왜곡하고, 여러분에겐 더 많이 갖는 것이 허용되지 않는다고 말하면서 수축하는 힘을 왜곡하는 타락한 존재들에 대한 당신의 심판을 요청합니다. 그들은 여러분은 더 많이 가질 가치가 없고, 여러분 삶에는 특정한 신분이 있으며, 그것이 여러분의 운명이라고 말합니다.

오 성 저메인이여, 당신의 이름을 부를 때,
자유의 불꽃이 방출됩니다.
당신이 가속을 더해 주시니,
이로써 우리 행성은 더 높이 올라갑니다.

오 성 저메인이여, 당신이 가져오는 사랑은,
진실로 모든 물질을 노래하게 하고,
당신의 보라색 불꽃은 모든 것을 회복시키며,
당신과 함께 우리는 스스로를 초월합니다.

3. 성 저메인이여, 나는 많은 여성을 어린 시절부터 삶에서 매우 제한된 선택권을 가지는 것을 받아들이도록 프로그래밍하고, 이런 사고방식에 갇히도록 조종하는 타락한 존재들에 대한 당신의 심판을 요청합니다.

오 성 저메인이여, 우리는 사랑 안에서,
당신의 보라색 불꽃을 가져올 권리를 선언합니다.
모든 것을 변형시키는 당신의 불꽃이,
하늘에서 지상의 우리에게 흘러옵니다.

오 성 저메인이여, 당신이 가져오는 사랑은,
진실로 모든 물질을 노래하게 하고,
당신의 보라색 불꽃은 모든 것을 회복시키며,

당신과 함께 우리는 스스로를 초월합니다.

4. 성 저메인이여, 나는 소녀들이 인간으로서 가치가 없고, 가족에게 조차 쓸모가 없다고 생각하도록 양육되는 인도의 사고방식 배후에 있는 타락한 존재들에 대한 당신의 심판을 요청합니다.

오 성 저메인이여, 당신을 너무나 사랑합니다.
내 오라가 보라색 광휘로 채워지고,
내 차크라들이 보라색 불꽃으로 타오르니,
나는 당신의 우주적 증폭기입니다.

오 성 저메인이여, 당신이 가져오는 사랑은,
진실로 모든 물질을 노래하게 하고,
당신의 보라색 불꽃은 모든 것을 회복시키며,
당신과 함께 우리는 스스로를 초월합니다.

5. 성 저메인이여, 나는 부모나 형제들도 소녀들이 쓸모없는 존재라고 생각하게 하는 사고방식 배후에 있는 타락한 존재들에 대한 당신의 심판을 요청합니다. 사회도 그들이 어떤 가치를 가졌다고 생각하지 않습니다. 신들조차 그들은 어떤 가치도 없다고 생각합니다.

오 성 저메인이여, 나는 이제 자유로워졌습니다.
당신의 보라색 불꽃은 치유법이며,
내 마음속의 모든 장애를 변형시켜 주니,
나는 진정한 내면의 평화를 발견합니다.

오 성 저메인이여, 당신이 가져오는 사랑은,
진실로 모든 물질을 노래하게 하고,
당신의 보라색 불꽃은 모든 것을 회복시키며,
당신과 함께 우리는 스스로를 초월합니다.

6. 성 저메인이여, 나는 여성들이 이렇게 생각하도록 조종하는 타락한 존재들에 대한 당신의 심판을 요청합니다. "이것은 나를 위한 것이 아니야. 나는 그것을 가질 자격이 없어. 나는 그것을 가질 수 없어. 그것을 갖는 것은 내게 허용되지 않아. 나는 훌륭한 존재가 아니야. 나는 똑똑하지 않아. 나는 그것을 가질 능력이 안돼."

오 성 저메인이여, 내 몸은 순수해지고,
당신의 보라색 불꽃은 모두를 치유합니다.
모든 질병의 원인을 태워 버리니,
나는 완전한 평온함을 느낍니다.

오 성 저메인이여, 당신이 가져오는 사랑은,
진실로 모든 물질을 노래하게 하고,
당신의 보라색 불꽃은 모든 것을 회복시키며,
당신과 함께 우리는 스스로를 초월합니다.

7. 성 저메인이여, 나는 더 발전된 나라의 여성들이 이런 사고방식에서 벗어나지 못하게 방해하는 타락한 존재들에 대한 당신의 심판을 요청합니다.

오 성 저메인이여, 나는 카르마에서 해방되어,
과거의 짐에서 벗어납니다.
나는 그리스도 의식의 하나됨 안에서,
완전히 새로운 기회를 얻습니다.

오 성 저메인이여, 당신이 가져오는 사랑은,
진실로 모든 물질을 노래하게 하고,
당신의 보라색 불꽃은 모든 것을 회복시키며,
당신과 함께 우리는 스스로를 초월합니다.

8. 성 저메인이여, 나는 여성들이 자신은 교육받을 수 없고 좋은 직업이나 경력을 쌓을 수 없다고 느끼면서, 사회와 문화가 규정하는 전통적인 성 역할에 머물도록 조종하는 타락한 존재들에 대한 당신의 심판을 요청합니다.

오 성 저메인이여, 우리는 이제 하나이고,
나는 당신을 위한 보랏빛 태양입니다.
우리가 이 지구 행성을 변형시키니,
당신의 황금시대가 탄생합니다.

오 성 저메인이여, 당신이 가져오는 사랑은,
진실로 모든 물질을 노래하게 하고,
당신의 보라색 불꽃은 모든 것을 회복시키며,
당신과 함께 우리는 스스로를 초월합니다.

9. 성 저메인이여, 나는 여성들이 자신은 좋은 집, 좋은 차를 가질 수 없고 풍요를 누릴 수 없다고 느끼면서, 사회와 문화가 규정하는 전통적인 성 역할에 머물도록 조종하는 타락한 존재들에 대한 당신의 심판을 요청합니다

오 성 저메인이여, 지구는 이원성의 부담을 벗어나,
자유를 얻고,
우리는 하나됨 안에서 최상의 것을 이루니,
당신의 황금시대가 실현됩니다.

오 성 저메인이여, 당신이 가져오는 사랑은,
진실로 모든 물질을 노래하게 하고,
당신의 보라색 불꽃은 모든 것을 회복시키며,
당신과 함께 우리는 스스로를 초월합니다.

파트 4

1. 성 저메인이여, 나는 여성들이 경제적으로 자급자족할 수 없다고 느끼면서, 사회와 문화가 규정하는 전통적인 성 역할에 머물도록 조종하는 타락한 존재들에 대한 당신의 심판을 요청합니다. 그들은 설령 학대를 받더라도 남편을 떠날 수 없고, 남편에게 의지해야 한다고 생각합니다.

오 성 저메인이여, 당신은 영감을 부어 주시며,
내 비전을 영원히 더 높이 들어올립니다.
나는 당신과 함께 무한 8자 형상의 흐름을 만들며,
당신의 황금시대를 공동창조합니다.

오 성 저메인이여, 당신이 가져오는 사랑은,
진실로 모든 물질을 노래하게 하고,
당신의 보라색 불꽃은 모든 것을 회복시키며,
당신과 함께 우리는 스스로를 초월합니다.

2. 성 저메인이여, 나는 제한에서 벗어난 여성들이 더 많은 것을 원한다고 느끼면서, 확장하는 힘의 또 다른 덫에 갇히게 하는 타락한 존재들에 대한 당신의 심판을 요청합니다.

오 성 저메인이여, 당신의 이름을 부를 때,
자유의 불꽃이 방출됩니다.
당신이 가속을 더해 주시니,
이로써 우리 행성은 더 높이 올라갑니다.

오 성 저메인이여, 당신이 가져오는 사랑은,
진실로 모든 물질을 노래하게 하고,
당신의 보라색 불꽃은 모든 것을 회복시키며,

당신과 함께 우리는 스스로를 초월합니다.

3. 성 저메인이여, 나는 제한으로부터 스스로 자유롭게 된 여성들이 결코 만족하지 못하고 더 많은 것을 원하게 하여, 남성적 힘의 왜곡에 갇히게 하려는 타락한 존재들에 대한 당신의 심판을 요청합니다.

오 성 저메인이여, 우리는 사랑 안에서,
당신의 보라색 불꽃을 가져올 권리를 선언합니다.
모든 것을 변형시키는 당신의 불꽃이,
하늘에서 지상의 우리에게 흘러옵니다.

오 성 저메인이여, 당신이 가져오는 사랑은,
진실로 모든 물질을 노래하게 하고,
당신의 보라색 불꽃은 모든 것을 회복시키며,
당신과 함께 우리는 스스로를 초월합니다.

4. 성 저메인이여, 나는 여성들이 수축하는 힘의 균형을 찾아, 안락하게 해주는 것 이상을 원하지 않게 되는 것을 방해하는 타락한 존재들에 대한 당신의 심판을 요청합니다.

오 성 저메인이여, 당신을 너무나 사랑합니다.
내 오라가 보라색 광휘로 채워지고,
내 차크라들이 보라색 불꽃으로 타오르니,
나는 당신의 우주적 증폭기입니다.

오 성 저메인이여, 당신이 가져오는 사랑은,
진실로 모든 물질을 노래하게 하고,
당신의 보라색 불꽃은 모든 것을 회복시키며,
당신과 함께 우리는 스스로를 초월합니다.

5. 성 저메인이여, 나는 여성들이 그들의 문화, 특히 서구 소비문화에서 규정하는 것보다 더 높은 삶의 목적을 발견하지 못하게 방해하는 타락한 존재들에 대한 당신의 심판을 요청합니다.

오 성 저메인이여, 나는 이제 자유로워졌습니다.
당신의 보라색 불꽃은 치유법이며,
내 마음속의 모든 장애를 변형시켜 주니,
나는 진정한 내면의 평화를 발견합니다.

오 성 저메인이여, 당신이 가져오는 사랑은,
진실로 모든 물질을 노래하게 하고,
당신의 보라색 불꽃은 모든 것을 회복시키며,
당신과 함께 우리는 스스로를 초월합니다.

6. 성 저메인이여, 나는 여성들이 심리 치유, 자아 개발, 자아 개선, 욕구의 피라미드 꼭대기에 있는 자아실현 욕구를 발견하지 못하게 방해하는 타락한 존재들에 대한 당신의 심판을 요청합니다.

오 성 저메인이여, 내 몸은 순수해지고,
당신의 보라색 불꽃은 모두를 치유합니다.
모든 질병의 원인을 태워 버리니,
나는 완전한 평온함을 느낍니다.

오 성 저메인이여, 당신이 가져오는 사랑은,
진실로 모든 물질을 노래하게 하고,
당신의 보라색 불꽃은 모든 것을 회복시키며,
당신과 함께 우리는 스스로를 초월합니다.

7. 성 저메인이여, 나는 여성들이 자신을 개발하고 실현하는 다양한 방법을 발견하지 못하게 방해하는 타락한 존재들에 대한 당신의 심판

을 요청합니다. 그것은 마음 챙김, 요가, 여러 형태의 치유나 토론 모임일 수 있습니다.

오 성 저메인이여, 나는 카르마에서 해방되어,
과거의 짐에서 벗어납니다.
나는 그리스도 의식의 하나됨 안에서,
완전히 새로운 기회를 얻습니다.

오 성 저메인이여, 당신이 가져오는 사랑은,
진실로 모든 물질을 노래하게 하고,
당신의 보라색 불꽃은 모든 것을 회복시키며,
당신과 함께 우리는 스스로를 초월합니다.

8. 성 저메인이여, 나는 여성들이 보편적 형태의 영적인 가르침을 발견하지 못하게 방해하는 타락한 존재들에 대한 당신의 심판을 요청합니다. 그들은 삶에는 지금보다 자신을 더 발전시키는 것 말고도, 실제로 어떤 목적이 있음을 깨달아가고 있습니다.

오 성 저메인이여, 우리는 이제 하나이고,
나는 당신을 위한 보랏빛 태양입니다.
우리가 이 지구 행성을 변형시키니,
당신의 황금시대가 탄생합니다.

오 성 저메인이여, 당신이 가져오는 사랑은,
진실로 모든 물질을 노래하게 하고,
당신의 보라색 불꽃은 모든 것을 회복시키며,
당신과 함께 우리는 스스로를 초월합니다.

9. 성 저메인이여, 나는 여성들이 주변에서 보는 것보다 더 높은 의식 상태가 있음을 발견하지 못하게 방해하는 타락한 존재들에 대한 당신

의 심판을 요청합니다. 현 사회는 영적인 길을 꺼내든 그리스도교와 영적인 길을 가져본 적이 없는 물질주의가 지배해 왔습니다.

오 성 저메인이여, 지구는 이원성의 부담을 벗어나,
자유를 얻고,
우리는 하나됨 안에서 최상의 것을 이루니,
당신의 황금시대가 실현됩니다.

오 성 저메인이여, 당신이 가져오는 사랑은,
진실로 모든 물질을 노래하게 하고,
당신의 보라색 불꽃은 모든 것을 회복시키며,
당신과 함께 우리는 스스로를 초월합니다.

봉인
I AM THAT I AM의 이름으로, 나는 대천사 미카엘과 아스트레아와 쉬바께서 나와 모든 건설적인 사람 주위에 뚫을 수 없는 보호막을 형성하여, 우리를 네 옥타브 안에 있는 모든 두려움 기반의 에너지로부터 봉인해 주심을 받아들입니다. 나는 신의 빛(Light of God)이 지구 여성들을 자유롭게 하는 데 저항하는, 어둠의 힘을 구성하는 두려움 기반의 모든 에너지를 변형하고 소멸하고 있음을 받아들입니다!
.

13
세상 모든 곳에 있는
여성의 자유를 기원하기-3 (기원)

I AM THAT I AM, 예수 그리스도의 이름으로, 나는 지구에 육화한 존재로서 내가 가진 권한을 사용하여 성 저메인께 이 기원을 증폭해 달라고 요청합니다. 내 차크라를 통해 이 기원문의 내용을 집단의식으로 방출하시어, 타락한 존재들에 대한 영적이고 물리적인 노예 상태로부터 남성과 여성 모두를 자유롭게 해주기를 기원합니다. 우리는 영적인 존재들이며 상승 마스터들과 함께 일함으로써 새로운 미래를 공동창조할 수 있다는 진실(reality)을 일깨워 주소서. 나는 특히 이것을 요청합니다...
(여기에 개인적인 요청을 추가하세요)

파트 1

1. 성 저메인이여, 나는 여성들이 남성들을 균형 잡게 해 이런 사고방식에서 남성들을 끌어내거나, 남성들 스스로 빠져나오게 돕지 못하도록 방해하는 타락한 존재들에 대한 당신의 심판을 요청합니다. "결코 충분하지 않다. 나는 더 많은 것을 원한다."

오 성 저메인이여, 당신은 영감을 부어 주시며,
내 비전을 영원히 더 높이 들어올립니다.
나는 당신과 함께 무한 8자 형상의 흐름을 만들며,
당신의 황금시대를 공동창조합니다.

오 성 저메인이여, 당신이 가져오는 사랑은,
진실로 모든 물질을 노래하게 하고,
당신의 보라색 불꽃은 모든 것을 회복시키며,
당신과 함께 우리는 스스로를 초월합니다.

2. 성 저메인이여, 나는 여성들이 남성들에게 이렇게 영감을 주어 깨달음에 이르게 하는 것을 방해하는 타락한 존재들에 대한 당신의 심판을 요청합니다. "우린 정말로 얼마나 많은 돈이 필요한가요? 이제는 다른 일들을 살펴보면서, 삶에서 우리에게 정말로 중요한 것이 무엇인지, 우리가 삶을 어떻게 경험하고 있는지, 우리 스스로를 어떻게 경험하는지 살펴봐야 할 시간 아닐까요?"

오 성 저메인이여, 당신의 이름을 부를 때,
자유의 불꽃이 방출됩니다.
당신이 가속을 더해 주시니,
이로써 우리 행성은 더 높이 올라갑니다.

오 성 저메인이여, 당신이 가져오는 사랑은,
진실로 모든 물질을 노래하게 하고,
당신의 보라색 불꽃은 모든 것을 회복시키며,
당신과 함께 우리는 스스로를 초월합니다.

3. 성 저메인이여, 나는 여성들이 남성들에게 영감을 주어 남성들이 자아-개선, 마음 챙김에 마음이 열리게 되는 것을 방해하는 타락한 존재들에 대한 당신의 심판을 요청합니다. 남자들은 현저하게 더 높은 수준으로까지 의식을 끌어올리고 자신을 개선하는 데에도 열린 마음을 가질 수 있습니다.

오 성 저메인이여, 우리는 사랑 안에서,
당신의 보라색 불꽃을 가져올 권리를 선언합니다.

모든 것을 변형시키는 당신의 불꽃이,
하늘에서 지상의 우리에게 흘러옵니다.

오 성 저메인이여, 당신이 가져오는 사랑은,
진실로 모든 물질을 노래하게 하고,
당신의 보라색 불꽃은 모든 것을 회복시키며,
당신과 함께 우리는 스스로를 초월합니다.

4. 성 저메인이여, 나는 여성들이 이런 전환을 만들고, 우리가 의식을
높일 수 있으며, 그럼으로써 국가의 상황을 개선하는 데 더 큰 영향
력을 가질 수 있음을 깨닫지 못하게 방해하는 타락한 존재들에 대한
당신의 심판을 요청합니다.

오 성 저메인이여, 당신을 너무나 사랑합니다.
내 오라가 보라색 광휘로 채워지고,
내 차크라들이 보라색 불꽃으로 타오르니,
나는 당신의 우주적 증폭기입니다.

오 성 저메인이여, 당신이 가져오는 사랑은,
진실로 모든 물질을 노래하게 하고,
당신의 보라색 불꽃은 모든 것을 회복시키며,
당신과 함께 우리는 스스로를 초월합니다.

5. 성 저메인이여, 사람들을 자유롭게 하여, 삶이란 단순히 살아가는
문제가 아니라, 삶에는 어떤 더 높은 목적, 어떤 영적인 목적이 있음
을 발견하게 해주소서. 삶이란 물질적 소유물을 축적하거나, 아이들을
양육하고, 경력을 쌓거나, 돈을 버는 이런 외적인 목표를 달성하는 문
제가 아닙니다.

오 성 저메인이여, 나는 이제 자유로워졌습니다.

당신의 보라색 불꽃은 치유법이며,
내 마음속의 모든 장애를 변형시켜 주니,
나는 진정한 내면의 평화를 발견합니다.

오 성 저메인이여, 당신이 가져오는 사랑은,
진실로 모든 물질을 노래하게 하고,
당신의 보라색 불꽃은 모든 것을 회복시키며,
당신과 함께 우리는 스스로를 초월합니다.

6. 성 저메인이여, 나는 여성들이 깨어나 공허한 여흥이나 결코 충족
될 수 없는 더 많은 것에 관한 끝없는 탐구보다, 삶에서 다른 것들을
추구하기 위해 자유시간을 사용하게 되는 것을 방해하는 타락한 존재
들에 대한 당신의 심판을 요청합니다.

오 성 저메인이여, 내 몸은 순수해지고,
당신의 보라색 불꽃은 모두를 치유합니다.
모든 질병의 원인을 태워 버리니,
나는 완전한 평온함을 느낍니다.

오 성 저메인이여, 당신이 가져오는 사랑은,
진실로 모든 물질을 노래하게 하고,
당신의 보라색 불꽃은 모든 것을 회복시키며,
당신과 함께 우리는 스스로를 초월합니다.

7. 성 저메인이여, 나는 여성들이 2020년대 앞으로의 십년 동안 이런
전환을 이루고, 남성들도 끌어올리려는 것을 방해하는 타락한 존재들
에 대한 당신의 심판을 요청합니다.

오 성 저메인이여, 나는 카르마에서 해방되어,
과거의 짐에서 벗어납니다.

나는 그리스도 의식의 하나됨 안에서,
완전히 새로운 기회를 얻습니다.

오 성 저메인이여, 당신이 가져오는 사랑은,
진실로 모든 물질을 노래하게 하고,
당신의 보라색 불꽃은 모든 것을 회복시키며,
당신과 함께 우리는 스스로를 초월합니다.

8. 성 저메인이여, 나는 여성들이 이렇게 깨닫는 것을 방해하는 타락한 존재들에 대한 당신의 심판을 요청합니다. "만일 우리가 어떤 수준의 물질적 안락함을 성취한다면, 우리는 더 이상의 물질적인 재화는 필요치 않습니다. 우리는 무언가 다른 것이 필요합니다."

오 성 저메인이여, 우리는 이제 하나이고,
나는 당신을 위한 보랏빛 태양입니다.
우리가 이 지구 행성을 변형시키니,
당신의 황금시대가 탄생합니다.

오 성 저메인이여, 당신이 가져오는 사랑은,
진실로 모든 물질을 노래하게 하고,
당신의 보라색 불꽃은 모든 것을 회복시키며,
당신과 함께 우리는 스스로를 초월합니다.

9. 성 저메인이여, 나는 여성들이 이렇게 깨닫는 것을 방해하는 타락한 존재들에 대한 당신의 심판을 요청합니다. "우리는 삶에서 어떤 만족감이 필요합니다. 우리는 더 높은 목적, 더 이상의 영적인 목적이 필요하며, 우리 자신을 초월해야 합니다. 우리 자신만을 발전시킬 것이 아니라, 다른 사람을 위해서도 일할 수 있다는 인식을 확장해야 합니다. 어떻게 하면 우리의 안락함, 물질적 풍요, 우리의 인식과 지식의 수준을 다른 사람을 돕는 데 활용할 수 있을까요?"

오 성 저메인이여, 지구는 이원성의 부담을 벗어나,
자유를 얻고,
우리는 하나됨 안에서 최상의 것을 이루니,
당신의 황금시대가 실현됩니다.

오 성 저메인이여, 당신이 가져오는 사랑은,
진실로 모든 물질을 노래하게 하고,
당신의 보라색 불꽃은 모든 것을 회복시키며,
당신과 함께 우리는 스스로를 초월합니다.

파트 2

1. 성 저메인이여, 나는 더 발전된 민주주의 국가의 여성들이, 자신들이 행성에 있는 대부분의 여성보다 더 나은 조건들을 가지고 있으며, 다른 여성들을 돕는 데 이것을 사용할 수 있음을 깨닫지 못하도록 방해하는 타락한 존재들에 대한 당신의 심판을 요청합니다.

오 성 저메인이여, 당신은 영감을 부어 주시며,
내 비전을 영원히 더 높이 들어올립니다.
나는 당신과 함께 무한 8자 형상의 흐름을 만들며,
당신의 황금시대를 공동창조합니다.

오 성 저메인이여, 당신이 가져오는 사랑은,
진실로 모든 물질을 노래하게 하고,
당신의 보라색 불꽃은 모든 것을 회복시키며,
당신과 함께 우리는 스스로를 초월합니다.

2. 성 저메인이여, 나는 여성들이 모성애의 본질은 자기 자신을 넘어서서 다른 사람들을 위하여 뭔가를 하는 사고방식임을 깨닫지 못하도록 방해하는 타락한 존재들에 대한 당신의 심판을 요청합니다.

오 성 저메인이여, 당신의 이름을 부를 때,
자유의 불꽃이 방출됩니다.
당신이 가속을 더해 주시니,
이로써 우리 행성은 더 높이 올라갑니다.

오 성 저메인이여, 당신이 가져오는 사랑은,
진실로 모든 물질을 노래하게 하고,
당신의 보라색 불꽃은 모든 것을 회복시키며,
당신과 함께 우리는 스스로를 초월합니다.

3. 성 저메인이여, 나는 여성들이 다른 사람들을 양육하는 데 있어 추진력을 갖고, 추진력의 방향을 자신의 사회나 세계 덜 발달된 지역의 자신보다 운이 좋지 못한 사람들에게 돌리지 못하게 방해하는 타락한 존재들에 대한 당신의 심판을 요청합니다.

오 성 저메인이여, 우리는 사랑 안에서,
당신의 보라색 불꽃을 가져올 권리를 선언합니다.
모든 것을 변형시키는 당신의 불꽃이,
하늘에서 지상의 우리에게 흘러옵니다.

오 성 저메인이여, 당신이 가져오는 사랑은,
진실로 모든 물질을 노래하게 하고,
당신의 보라색 불꽃은 모든 것을 회복시키며,
당신과 함께 우리는 스스로를 초월합니다.

4. 성 저메인이여, 나는 여성들의 연대를 증진하는 새로운 종류의 여성 운동이 창조되는 것을 방해하는 타락한 존재들에 대한 당신의 심판을 요청합니다. 그것은 더 발전된 나라의 여성들, 즉 덜 발달된 나라의 여성보다 더 많은 특권을 가진 여성들이 자매들에게 다가가서 그들을 도우려는 아이디어를 촉진시킵니다.

오 성 저메인이여, 당신을 너무나 사랑합니다.
내 오라가 보라색 광휘로 채워지고,
내 차크라들이 보라색 불꽃으로 타오르니,
나는 당신의 우주적 증폭기입니다.

오 성 저메인이여, 당신이 가져오는 사랑은,
진실로 모든 물질을 노래하게 하고,
당신의 보라색 불꽃은 모든 것을 회복시키며,
당신과 함께 우리는 스스로를 초월합니다.

5. 성 저메인이여, 나는 여성들이 다른 여성들을 돕는 방법을 어떻게 찾을 수 있는지에 대한 아이디어를 당신에게 받는 것을 방해하는 타락한 존재들에 대한 당신의 심판을 요청합니다.

오 성 저메인이여, 나는 이제 자유로워졌습니다.
당신의 보라색 불꽃은 치유법이며,
내 마음속의 모든 장애를 변형시켜 주니,
나는 진정한 내면의 평화를 발견합니다.

오 성 저메인이여, 당신이 가져오는 사랑은,
진실로 모든 물질을 노래하게 하고,
당신의 보라색 불꽃은 모든 것을 회복시키며,
당신과 함께 우리는 스스로를 초월합니다.

6. 성 저메인이여, 나는 여성들이 더 발전된 민주주의 국가의 정부를 이용해 덜 발전된 국가의 정부에게 다가가는 방법을 알게 되고, 이로 써 그들에게 자국민을 도울 수 있는 방법을 지원하겠다고 제안하지 못하게 방해하는 타락한 존재들에 대한 당신의 심판을 요청합니다.

오 성 저메인이여, 내 몸은 순수해지고,

당신의 보라색 불꽃은 모두를 치유합니다.
모든 질병의 원인을 태워 버리니,
나는 완전한 평온함을 느낍니다.

오 성 저메인이여, 당신이 가져오는 사랑은,
진실로 모든 물질을 노래하게 하고,
당신의 보라색 불꽃은 모든 것을 회복시키며,
당신과 함께 우리는 스스로를 초월합니다.

7. 성 저메인이여, 여성들이 더 발전된 민주사회의 정부가 덜 발전된 나라의 정부에게 여성들의 상황을 개선하도록 압력을 행사할 방법을 알지 못하게 방해하는 타락한 존재들에 대한 당신의 심판을 요청합니다.

오 성 저메인이여, 나는 카르마에서 해방되어,
과거의 짐에서 벗어납니다.
나는 그리스도 의식의 하나됨 안에서,
완전히 새로운 기회를 얻습니다.

오 성 저메인이여, 당신이 가져오는 사랑은,
진실로 모든 물질을 노래하게 하고,
당신의 보라색 불꽃은 모든 것을 회복시키며,
당신과 함께 우리는 스스로를 초월합니다.

8. 성 저메인이여, 나는 여성들이 어머니의 양육 추진력을 가지고 자신의 아이들을 넘어서서, 덜 발전된 나라의 여성들과 아이들을 살펴보는 데까지 그 추진력을 확장하려는 것을 방해하는 타락한 존재들에 대한 당신의 심판을 요청합니다.

오 성 저메인이여, 우리는 이제 하나이고,

나는 당신을 위한 보랏빛 태양입니다.
우리가 이 지구 행성을 변형시키니,
당신의 황금시대가 탄생합니다.

오 성 저메인이여, 당신이 가져오는 사랑은,
진실로 모든 물질을 노래하게 하고,
당신의 보라색 불꽃은 모든 것을 회복시키며,
당신과 함께 우리는 스스로를 초월합니다.

9. 성 저메인이여, 나는 수백만 명의 소녀들이 어린 나이에 여성 성기 훼손인 여성 할례에 노출되는 것을 수용할 수 없다고 여성들이 깨닫지 못하게 방해하는 타락한 존재들에 대한 당신의 심판을 요청합니다.

오 성 저메인이여, 지구는 이원성의 부담을 벗어나,
자유를 얻고,
우리는 하나됨 안에서 최상의 것을 이루니,
당신의 황금시대가 실현됩니다.

오 성 저메인이여, 당신이 가져오는 사랑은,
진실로 모든 물질을 노래하게 하고,
당신의 보라색 불꽃은 모든 것을 회복시키며,
당신과 함께 우리는 스스로를 초월합니다.

파트 3

1. 성 저메인이여, 나는 인도의 소녀들이 가치가 없다고 간주되며, 가족에 의해 노예로 팔리거나 강제로 결혼하게 되는 것을 받아들일 수 없음을 여성들이 깨닫는 것을 방해하는 타락한 존재들에 대한 당신의 심판을 요청합니다.

오 성 저메인이여, 당신은 영감을 부어 주시며,
내 비전을 영원히 더 높이 들어올립니다.
나는 당신과 함께 무한 8자 형상의 흐름을 만들며,
당신의 황금시대를 공동창조합니다.

**오 성 저메인이여, 당신이 가져오는 사랑은,
진실로 모든 물질을 노래하게 하고,
당신의 보라색 불꽃은 모든 것을 회복시키며,
당신과 함께 우리는 스스로를 초월합니다.**

2. 성 저메인이여, 나는 그처럼 많은 이슬람 여성들이 자기 몸을 감춰야 하고, 밖으로 나갈 수 없으며, 운전면허증도 가질 수 없는 고립된 생활을 강요당함을 받아들일 수 없다고 여성들이 깨닫지 못하게 방해하는 타락한 존재들에 대한 당신의 심판을 요청합니다.

오 성 저메인이여, 당신의 이름을 부를 때,
자유의 불꽃이 방출됩니다.
당신이 가속을 더해 주시니,
이로써 우리 행성은 더 높이 올라갑니다.

**오 성 저메인이여, 당신이 가져오는 사랑은,
진실로 모든 물질을 노래하게 하고,
당신의 보라색 불꽃은 모든 것을 회복시키며,
당신과 함께 우리는 스스로를 초월합니다.**

3. 성 저메인이여, 나는 자신이 성장하면서 당연하게 여기는 기본적인 자유를 다른 나라의 수많은 여성이 가지지 못한다는 사실을 받아들일 수 없음을 여성들이 깨닫지 못하게 방해하는 타락한 존재들에 대한 당신의 심판을 요청합니다.

오 성 저메인이여, 우리는 사랑 안에서,
당신의 보라색 불꽃을 가져올 권리를 선언합니다.
모든 것을 변형시키는 당신의 불꽃이,
하늘에서 지상의 우리에게 흘러옵니다.

오 성 저메인이여, 당신이 가져오는 사랑은,
진실로 모든 물질을 노래하게 하고,
당신의 보라색 불꽃은 모든 것을 회복시키며,
당신과 함께 우리는 스스로를 초월합니다.

4. 성 저메인이여, 현대 민주주의 국가의 여성들을 일깨워, 세계 다른 지역의 수많은 여성과 비교해 보면, 자신들이 믿을 수 없을 만큼 많은 자유를 누리며 성장했음을 깨닫게 하소서.

오 성 저메인이여, 당신을 너무나 사랑합니다.
내 오라가 보라색 광휘로 채워지고,
내 차크라들이 보라색 불꽃으로 타오르니,
나는 당신의 우주적 증폭기입니다.

오 성 저메인이여, 당신이 가져오는 사랑은,
진실로 모든 물질을 노래하게 하고,
당신의 보라색 불꽃은 모든 것을 회복시키며,
당신과 함께 우리는 스스로를 초월합니다.

5. 성 저메인이여, 이런 자유를 당연하게 받아들이는 경향으로부터 여성들을 일깨워, 행성의 얼마나 많은 여성이 기본적인 자유를 누리지 못하고 있는지를 살펴볼 수 있게 도와주소서.

오 성 저메인이여, 나는 이제 자유로워졌습니다.
당신의 보라색 불꽃은 치유법이며,

내 마음속의 모든 장애를 변형시켜 주니,
나는 진정한 내면의 평화를 발견합니다.

**오 성 저메인이여, 당신이 가져오는 사랑은,
진실로 모든 물질을 노래하게 하고,
당신의 보라색 불꽃은 모든 것을 회복시키며,
당신과 함께 우리는 스스로를 초월합니다.**

6. 성 저메인이여, 여성들을 일깨워 그들이 마음을 전환하여 이렇게 말하게 하소서. "이 행성의 대다수 여성이 내가 성장하면서 누렸던 자유를 가지지 못한다는 것을 나는 받아들일 수 없습니다. 그렇게 많은 다른 여성들이 자유롭지 않다는 사실을 알면서, 나 자신만의 삶에 집중하여 이런 자유를 누리는 것은 결코 충분하지 않습니다."

오 성 저메인이여, 내 몸은 순수해지고,
당신의 보라색 불꽃은 모두를 치유합니다.
모든 질병의 원인을 태워 버리니,
나는 완전한 평온함을 느낍니다.

**오 성 저메인이여, 당신이 가져오는 사랑은,
진실로 모든 물질을 노래하게 하고,
당신의 보라색 불꽃은 모든 것을 회복시키며,
당신과 함께 우리는 스스로를 초월합니다.**

7. 성 저메인이여, 여성들을 일깨워 그들이 마음을 전환하여 이렇게 말하게 하소서. "나는 해야만 하고, 할 것이며, 이렇게 하기를 원합니다. 왜냐하면, 내 자유를 이용하여 다른 여성들에게 자유를 주고, 다른 사회에서도 여성의 동등한 가치, 여성의 동등한 권리, 여성의 동등한 자유와 기회를 확실하게 만드는 것이 내 신성한 계획에 있기 때문입니다."

오 성 저메인이여, 나는 카르마에서 해방되어,
과거의 짐에서 벗어납니다.
나는 그리스도 의식의 하나됨 안에서,
완전히 새로운 기회를 얻습니다.

오 성 저메인이여, 당신이 가져오는 사랑은,
진실로 모든 물질을 노래하게 하고,
당신의 보라색 불꽃은 모든 것을 회복시키며,
당신과 함께 우리는 스스로를 초월합니다.

8. 성 저메인이여, 여성들을 일깨워 다른 이들을 돕는 것이 특혜를 받은 현대 국가에서 성장한 여성들이 자유를 최고의 가능성으로 사용하는 방법임을 깨닫게 하소서.

오 성 저메인이여, 우리는 이제 하나이고,
나는 당신을 위한 보랏빛 태양입니다.
우리가 이 지구 행성을 변형시키니,
당신의 황금시대가 탄생합니다.

오 성 저메인이여, 당신이 가져오는 사랑은,
진실로 모든 물질을 노래하게 하고,
당신의 보라색 불꽃은 모든 것을 회복시키며,
당신과 함께 우리는 스스로를 초월합니다.

9. 성 저메인이여, 여성들을 일깨워 이렇게 말하게 하소서. "우리는 특혜를 받은 국가의 남성들이 아직 충분하지 않다고 생각하면서 자신들에게만 집중하는 것을 더 이상 허용치 않겠습니다. 그들은 항상 이것 저것을 더 많이 얻으려고 하지만, 결코 충분하지 않기 때문에, 만족하지 못하는 사고방식에 계속 갇혀 있습니다."

오 성 저메인이여, 지구는 이원성의 부담을 벗어나,
자유를 얻고,
우리는 하나됨 안에서 최상의 것을 이루니,
당신의 황금시대가 실현됩니다.

오 성 저메인이여, 당신이 가져오는 사랑은,
진실로 모든 물질을 노래하게 하고,
당신의 보라색 불꽃은 모든 것을 회복시키며,
당신과 함께 우리는 스스로를 초월합니다.

파트 4

1. 성 저메인이여, 여성들을 일깨워 이렇게 말하게 하소서. "그러나 우리는 이미 다른 사람들을 도울 수 있을 만큼 충분합니다. 우리가 가진 뭔가를 소유하는 목적은 어느 곳으로도 향하지 못하는 회전목마를 타기 위한 것이 아닙니다. 그 목적은 다른 이들이 자유롭게 되도록 돕는 것이며, 아직도 제한받고, 아직도 억압받으며, 아직도 자유롭지 못한 사람들에게 더 큰 자유를 주기 위해 우리의 자유를 이용하는 것입니다."

오 성 저메인이여, 당신은 영감을 부어 주시며,
내 비전을 영원히 더 높이 들어올립니다.
나는 당신과 함께 무한 8자 형상의 흐름을 만들며,
당신의 황금시대를 공동창조합니다.

오 성 저메인이여, 당신이 가져오는 사랑은,
진실로 모든 물질을 노래하게 하고,
당신의 보라색 불꽃은 모든 것을 회복시키며,
당신과 함께 우리는 스스로를 초월합니다.

2. 성 저메인이여, 여성들이 가슴 속에서 당신의 자유의 화염을 느끼고, 이를 이해하여 가슴에 고정시키도록 일깨워 주소서. 세상의 수많은 사람이 자유롭지 못한 상태를 그들이 더 이상 받아들이지 않게 하소서.

오 성 저메인이여, 당신의 이름을 부를 때,
자유의 불꽃이 방출됩니다.
당신이 가속을 더해 주시니,
이로써 우리 행성은 더 높이 올라갑니다.

오 성 저메인이여, 당신이 가져오는 사랑은,
진실로 모든 물질을 노래하게 하고,
당신의 보라색 불꽃은 모든 것을 회복시키며,
당신과 함께 우리는 스스로를 초월합니다.

3. 성 저메인이여, 여성들을 일깨워 다른 이들의 자유를 확장하는 데 자신의 자유를 이용하게 하소서.

오 성 저메인이여, 우리는 사랑 안에서,
당신의 보라색 불꽃을 가져올 권리를 선언합니다.
모든 것을 변형시키는 당신의 불꽃이,
하늘에서 지상의 우리에게 흘러옵니다.

오 성 저메인이여, 당신이 가져오는 사랑은,
진실로 모든 물질을 노래하게 하고,
당신의 보라색 불꽃은 모든 것을 회복시키며,
당신과 함께 우리는 스스로를 초월합니다.

4. 성 저메인이여, 나는 당신과의 하나됨 안에서 집단의식을 향해 말합니다. "깨어나서 자유의 화염을 경험하세요! 그 화염은 이미 여러분

의 가슴 속에 있습니다. 자유의 화염을 느낄 수 있도록 그 불꽃이 여러분의 정체성, 멘탈, 감정체 그리고 몸의 세포들 안의 저항을 뚫고 불타도록 허용하세요. 다른 이에게 자유를 주고, 다른 이를 위한 자유를 확보하기 위해, 이제 자유의 화염을 표현하세요."

오 성 저메인이여, 당신을 너무나 사랑합니다.
내 오라가 보라색 광휘로 채워지고,
내 차크라들이 보라색 불꽃으로 타오르니,
나는 당신의 우주적 증폭기입니다.

오 성 저메인이여, 당신이 가져오는 사랑은,
진실로 모든 물질을 노래하게 하고,
당신의 보라색 불꽃은 모든 것을 회복시키며,
당신과 함께 우리는 스스로를 초월합니다.

5. 성 저메인이여, 여성들을 일깨워서 여성 자유 운동의 필요성을 깨닫게 하소서. 이미 자유롭게 되어 높은 수준의 자유를 누리는 여성들이 거기서 멈추지 않고, 그 운동을 통해 다른 나라들, 아직 자유롭지 못한 세계 다른 지역의 자매들을 위해 똑같은 자유를 확보하려는 진정한 노력을 할 수 있습니다.

오 성 저메인이여, 나는 이제 자유로워졌습니다.
당신의 보라색 불꽃은 치유법이며,
내 마음속의 모든 장애를 변형시켜 주니,
나는 진정한 내면의 평화를 발견합니다.

오 성 저메인이여, 당신이 가져오는 사랑은,
진실로 모든 물질을 노래하게 하고,
당신의 보라색 불꽃은 모든 것을 회복시키며,
당신과 함께 우리는 스스로를 초월합니다.

6. 성 저메인이여, 여성들을 일깨워 이 여성들이 아직 자유롭지 못함을 알게 하소서. 그들의 자유가 우리에게 중요하고, 그들을 위한 일에 우리의 자유를 사용하는 것이 충분히 중요하다고 우리가 결정할 때만 그들도 자유로워질 수 있습니다.

오 성 저메인이여, 내 몸은 순수해지고,
당신의 보라색 불꽃은 모두를 치유합니다.
모든 질병의 원인을 태워 버리니,
나는 완전한 평온함을 느낍니다.

오 성 저메인이여, 당신이 가져오는 사랑은,
진실로 모든 물질을 노래하게 하고,
당신의 보라색 불꽃은 모든 것을 회복시키며,
당신과 함께 우리는 스스로를 초월합니다.

7. 성 저메인이여, 지구의 다른 여성들을 위해 물리적인 일을 하는 것이 신성한 계획에 들어 있는 여성들을 일깨우소서. 여성으로서 자유를 누리는 특혜 받은 사회에 그들이 육화해 있는 이유를 그들이 알도록 도와주소서.

오 성 저메인이여, 나는 카르마에서 해방되어,
과거의 짐에서 벗어납니다.
나는 그리스도 의식의 하나됨 안에서,
완전히 새로운 기회를 얻습니다.

오 성 저메인이여, 당신이 가져오는 사랑은,
진실로 모든 물질을 노래하게 하고,
당신의 보라색 불꽃은 모든 것을 회복시키며,
당신과 함께 우리는 스스로를 초월합니다.

8. 성 저메인이여, 여성들을 일깨워 그들이 외적인 것들을 충분히 가진 지점에 와 있음을 알게 하소서. 그들은 관심의 자유와 다른 사람들을 위해 뭔가를 할 수 있는 물리적인 경제적 자유까지 가지고 있습니다.

오 성 저메인이여, 우리는 이제 하나이고,
나는 당신을 위한 보랏빛 태양입니다.
우리가 이 지구 행성을 변형시키니,
당신의 황금시대가 탄생합니다.

오 성 저메인이여, 당신이 가져오는 사랑은,
진실로 모든 물질을 노래하게 하고,
당신의 보라색 불꽃은 모든 것을 회복시키며,
당신과 함께 우리는 스스로를 초월합니다.

9. 성 저메인이여, 여성들을 일깨워 지금이 이런 여성 운동을 시작하거나 다시 점화할 시점임을 알게 하소서. 이 운동을 통해 세계 여성들과 "모든 여성이 자유롭게 될 때까지는, 어떤 여성도 자유롭지 못하다."라는 모토를 가질 여성들의 연대를 증진시킬 수 있습니다.

오 성 저메인이여, 지구는 이원성의 부담을 벗어나,
자유를 얻고,
우리는 하나됨 안에서 최상의 것을 이루니,
당신의 황금시대가 실현됩니다.

오 성 저메인이여, 당신이 가져오는 사랑은,
진실로 모든 물질을 노래하게 하고,
당신의 보라색 불꽃은 모든 것을 회복시키며,
당신과 함께 우리는 스스로를 초월합니다.

봉인

I AM THAT I AM의 이름으로, 나는 대천사 미카엘과 아스트레아와 쉬바께서 나와 모든 건설적인 사람 주위에 뚫을 수 없는 보호막을 형성하여, 우리를 네 옥타브 안에 있는 모든 두려움 기반의 에너지로부터 봉인해 주심을 받아들입니다. 나는 신의 빛(Light of God)이 지구 여성들을 자유롭게 하는 데 저항하는, 어둠의 힘을 구성하는 두려움 기반의 모든 에너지를 변형하고 소멸하고 있음을 받아들입니다!

.

14
인류의 타락은 여성 탓이 아닙니다

상승 마스터 대천사 미카엘

나는 미카엘 대천사입니다. 나는 자유로워지기를 원하고, 자유롭게 되기 위해 흔쾌히 무언가를 하려고 하는 이 행성의 모든 여성에게 도움을 주고자 합니다. 그러한 여성들은 타락한 존재들, 남성, 집단의식, 사회, 제도, 종교, 정당 등 여러분이 가진 무엇이든지, 그것들이 여성에게 걸어온 마법을 기꺼이 깨려고 합니다.

여러분은 나를 남성 마스터로 생각할지도 모르지만, 지구에서 여러분이 가지고 있는 남성과 여성의 일반적인 개념은 대천사 수준에 적용되지 않습니다. 나는 이 모든 것을 완전히 초월합니다. 나는 우주적인 존재입니다. 만일 그것이 내가 특정한 자질을 가지고 있다고 생각하는 데 도움이 될 수 있다면, 그렇게 생각해도 좋습니다. 내가 남성적인 특징을 가지고 있다고 생각하는 것이 많은 사람에게는 실제로 도움이 되지 않습니다. 나를 보편적인 존재로 보는 것이 더 건설적일 것입니다. 나는 지구의 모든 것을 초월했습니다. 그렇기 때문에 내가 사람들을 상대적인 이원론적 반응으로 끌어들이는 데 통달한 지구상의 타락한 존재들을 결박할 수 있는 것입니다. 나는 모든 상대성, 모든 이원성을 초월합니다. 타락한 존재들이 그 어떤 종류의 반응에도 나를 끌어들이지 못하는 이유가 바로 이것입니다. 그리고 정확하게는 이것이 지구에서 그들에 대한 요청이 있을 때마다, 그들을 결박하는 역할을 내가 할 수 있는 이유입니다.

당연히, 나는 육화하지 않습니다. 그렇기 때문에, 나는 지구로 곧장 들어가서, 지구 행성에서 내가 하고 싶은 것을 할 수 없습니다. 비록 내가 아주 아주 빠르게, 눈 깜짝할 사이에, 지구에 있는 추락한 모든 존재를 제거할 수 있을지라도 말입니다. 이것이 1광선의 대천사로서, 내가 가진 힘입니다. 지구상의 힘은 모두 이원적이고 내가 가진 힘은 이원적이지 않기 때문에, 정확하게는 내 힘에 대항할 수 있는 힘이 지구에는 없습니다. 따라서, 나의 힘은 우주 전체의 힘입니다. 왜냐하면, 나는 더 큰 전체(the greater whole)와 하나이고, 우주의 하나됨(oneness)과 하나이며, 창조주와도 하나이기 때문입니다. 물론, 하나됨(oneness)은 분리된 어떤 힘으로도 움직일 수 없습니다. 그 어떤 것도 하나됨으로 나아가는 것을 분리할 수 없습니다.

분리는 비상승 구체 내 하나됨(oneness)의 범위 안에서 진행될 수 있는데, 그곳에서는 자유의지가 펼쳐지는 것이 허용되기 때문입니다. 분리는 하나됨(oneness) 안에서 이루어질 수 있지만, 하나됨(oneness)을 바뀌게 할 수는 없습니다. 하나의 구체가 자유의지를 펼치는 것이 허용되는 비상승 구체로 분리될 때, 존재들은 하나됨(oneness) 안에서 움직여갈 수 있습니다. 존재들이 자신이 전체 중 일부라는 것을 무시하고, 분리된 존재로서 시작할 수 있다는 의미에서 그렇습니다. 이것이 정확히 타락한 존재들이 해온 일입니다. 이것이, 지구에서 가장 기본적인 환상, 즉 남자와 여자가 서로 분리된 존재라는 환영을 여러분이 만들어내도록, 타락한 존재들이 지구에서 자행해온 일입니다.

남성과 여성은 분리된 존재가 아닙니다.

여러분은 남성과 여성이 다르다는 매우, 매우 근본적인 분열을 가지고 있습니다. 이 근본적인 분열로부터 여성에 대한 모든 박해와 억압이 생겨났습니다. 여러분이 지구와 같은 행성에 육화할 때, 물리적인 몸들이 서로 다르다는 사실 너머를 보는 것이 어렵다는 것을 나는 아주 잘 알고 있습니다. 그 너머를 보는 것은 어렵지, 하지만 여러분은 타락한 존재들이 물리적인 몸의 차이들을 취하여, 그것을 영혼들로, 영적인 존재들로, 여러분에게 투사했다는 사실을 인식할 필요가 있습니다. 그들은 남성과 여성 간에 차이가 있다고 투사해 왔습니다. 물론, 우리가 설명했듯이, 그들은 이것을 투사하기 위해 종교를 이용해 왔습니다. 그들은 인간이 신에 의해 다르게 창조되었다는 생각, 또는 창세기에서 볼 수 있듯이, 신이 처음에 아담을 창조했고, 나중에 생각이 나서 이브를 창조했다는 개념까지 투사했습니다. 아, 그래요. 아담은 외로움을 느낍니다. 그와 함께 있을 수 있는 누군가를 그에게 주어야 합니다. 그런데 그 사람은 그의 종이 되어 그의 욕구를 충족시켜야 합니다. 그래서, 우리는 여성도 창조합니다.

우리가 설명한 것이 무엇인가요? 모든 창조는 "확장과 수축"이라는 두 가지 힘에 기초합니다. 둘 중에 하나라도 없으면 아무것도 만들 수 없습니다. 여러분이 이원성 안에 있지 않다면, 그 두 힘은 분리되지 않습니다. 먼저 오는 것과 나중에 오는 것은 없습니다. 확장하는

힘은 수축하는 힘 이전에 나온 것이 아니라, 그 둘은 동시에 만들어
졌습니다. 그것들은 양극성 안에서 창조됩니다. 그것은 이원적인 극성
이 아닙니다. 그것은 창조적인 양극성이지만, 그럼에도 불구하고, 그
두 힘은 동시에 만들어집니다.

물리적으로 남자를 먼저 창조하고, 그다음에 여자를 창조할 수 없
습니다. 그렇게 될 수가 없습니다. 그것은 창세기가 중동 사람들에게
주어졌을 때, 당시 사람들이 가지고 있던 낮은 의식 상태의 산물일
뿐입니다. 물론 이것은 다시 의문을 불러일으킵니다. "누가 유대인에게,
아니면 오늘날 여러분이 유대인의 조상이라고 생각하는 사람들에게
창세기를 주었을까?" 음, 그 존재는 천지를 창조한 전능한 신이 아닙
니다. 그것은 창조주 그 자체가 아니었습니다. 창세기를 준 것은 타락
한 존재들이었고, 그들은 애당초부터 남자와 여자를 근본적으로 분리
하기 위해, 창세기에서 정확하게 특정한 진술을 했습니다. 그들은 여
성을 부차적인 창조물, 종의 역할로 정하고, 남성을 주된 창조물로 끌
어올렸습니다.

그리고, 물론 그것은 창세기, 그리고 이브가 금지된 과일을 먹고 싶
은 유혹을 느꼈던 에덴 정원의 이야기에도 들어가 있습니다. 음, 사랑
하는 이들이여, 다시 말하지만, 이것은, 남성과 여성 사이에 근본적이
고 타협할 수 없는 분열을 만들기 위한, 타락한 존재들의 계획적이고
악의적이며 공격적인 거짓말입니다. 정말로, 거기에는 어떤 진실도 없
습니다. 이전에 우리가 어떤 상징적인 가치가 있을 수 있다고 말한
적이 있습니다. 예를 들어, 우리는 이전의 시혜에서 다양한 양극성, 즉
아이앰 현존은 여러분 존재의 남성적인 면이고, 영혼은 여성적인 면
이라고 말할 수 있는 양극성을 설정할 수 있다고 말했습니다. 그리고

금지된 과일인 이원성으로 들어가게 되었던 유혹을 받은 것은 영혼이었습니다. 물론 그것이 자유의지의 한 측면이기 때문에 금지된 것은 아니지만, 하지만 타락한 존재들은 그것이 자신들의 전반적인 의도(아젠다)와 일치하기 때문에, 그것을 그렇게 묘사하기로 결정한 것입니다. 그 이야기가 엄청난 혼란을 일으키고 있습니다.

남성 중심적 종교의 저항.

얼마나 많은 크리스천, 유대인들, 이슬람교도들이 창세기를 읽고 혼란스러워했나요? 신은 그들이 과일을 먹는 것을 원하지 않았다는데, 왜 과일을 정원에 두었을까요? 무슨 이유로 과일을 거기에 놓고는 그것이 금지되었다고 말했을까요? 그는 왜 과일을 먹으면 반드시 죽는다고 했을까요? 하지만 뱀은 "너희는 반드시 죽지 않을 것이다."라고 말했고, 그들은 과일을 먹었지만, 죽지 않았습니다. 그럼 누가 옳았나요? 신이 틀렸고 뱀이 맞았나요? 음, 물론 바로 그 점이 바로 타락한 존재들 자신이 신보다 더 잘 알고 있다고 여러분이 믿기를 원하는 것입니다. 그것이 많은 사람이 그들을 믿게 만든 것입니다. 그들은 많은 사람이 의식적으로는 그것을 믿지 않더라도, 이것에 따라 행동하도록 만들었습니다. 그들은 타락한 존재들이 세상에 내놓은 개념이 상승 마스터들로부터, 영적 영역에서 나온 개념들보다 더 진실하다고 생각합니다. 여러분은 지금의 지구 행성을 볼 때, 이 컨퍼런스에서 우리가 주고 있는 아이디어들과 또한 우리가 여러 해 동안 여러분에게 전해 준 다른 많은 가르침에 대해, 믿을 수 없을 만큼의 많은 저항이 있는 것을 알게 될 것입니다. 여기에 대해 믿을 수 없을 만큼의 저항이 있습니다.

여러분은 토라(Torah)나 혹은 구약성서(Old Testament)에 바탕을 둔 세 가지 일신교를 취하고 있는데, 이들은 어떤 형태로든 창세기의 이야기를 창조 이야기로 인식하거나 인정합니다. 여러분은 그들이 여성들을 차별하고, 여성들을 깔아뭉개고 있는 것을 볼 것입니다. 비록 (인류의) 의식이 창세기가 나왔을 때와는 거리가 아주 먼 지점으로 와 있지만, 그들은 정확하게는 창조에 대한 아주 오래된 설명을 아직도 인정하고 있기 때문에, 아직도 그렇게 하고 있습니다. 물론 세상의 다른 모든 것들과 마찬가지로, 창세기가 언제 나왔는지에 대해 다양한 추정이 있고, 나는 그것이 실제로는 기록된 역사보다 훨씬 더 뒤로 거슬러 올라간다는 것을 말할 수 있습니다. 정상적인 시간의 프레임으로 본다면, 몇 천 년 전에 중동에서 이 가르침을 받은 종족이 있었다고 해도, 그 수 천 년 동안 사회가 얼마나 많이 발전했는지를 여러분은 압니다. 사람들의 지식, 기술, 사회 발전, 민주주의의 출현 등이 모든 것들에서 일어난 놀라운 변화를 보세요. 이 고대의 설명을 고수하고, 이것이 우월한 신이 내놓은 것이 분명하며, 따라서 그것은 영원히 지지되어야 할 오류 없는 계시임이 틀림없다고 생각하는 수십억의 사람들이 지구에 있다는 것이 무슨 의미일까요? 그것은 전혀 이치에 맞지 않습니다. 물론 많은 사람, 남성과 여성들 모두가 이것을 깨닫기 시작했습니다. 그들이 이들 일신교 종교를 떠난 이유가 바로 이것입니다. 그들은 자신들이 현대 사회, 현대 세계에서 직면하고 있는 상황에 대해 사실상 말할 가치가 있는 것이 없다는 것을 깨달았습니다.

　사랑하는 여러분, 주기(cycle)는 변합니다. 지구의 모든 것은 주기적으로 진화합니다. 이것은 여러분이 관찰할 수 있는 것입니다. 세차 운동까지 볼 필요는 없지만, 여러분은 지구를 그냥 관찰할 수 있습니다. 계절이 있고, 한 해의 계절을 넘어서고, 주기가 있습니다. 사회에는 주기가 있고, 집단의식에는 사람들이 특정한 환영에 빠진 주기가 있습니다. 그리고 시간이 지나면, 그들은 환영에서 벗어나기 시작하고, 갑자기 진보가 시작됩니다. 새로운 발명품, 새로운 아이디어가 나옵니다.

주기에 저항하거나 함께 흐르기

만약 우리가 진정으로 우리 사회 안에서 사람들에게 가장 좋은 것을 원한다면, 주기와 함께 흘러가야 한다는 것을 사람들이 인식하는 것이 불가능할까요? 만일 우리가 이전 주기에서 발표됐던 아이디어들을 고수한다면, 어떻게 주기들과 함께 흘러갈까요? 만약 우리가 수천 년이 지난 남녀에 대한 관념을 아직도 고수하고 있다면, 시간의 주기들, 필연적인 시간의 순환과 함께 우리가 어떻게 흘러갈 수 있을까요? 그것은 집단의식이 더 낮고, 행성이 매우 다르고, 행성의 에너지가 매우 다르고, 사회가 정말 달랐던 이전의 주기에 발표되었습니다. 그렇지 않나요? 타락한 존재들을 포함하여, 이 행성의 어떠한 힘으로도 저항할 수 없는 방식으로 이 행성이 움직여가는, 피할 수 없고, 바꿀 수 없고, 정복할 수 없으며, 막을 수 없는 이 주기들과 함께, 우리는 어떻게 흘러갈 수 있을까요? 여러분은 세차 운동에 근거한 여러 시대의 주기가 있다는 것을 잘 알고 있습니다. 음, 분점들(equinoxes)은 지구에서 아주 멀리, 멀리, 떨어져 있는 별자리입니다. 이것을 논리적으로 생각해 보면, 지구가 이 멀리 떨어져 있는 별자리에 영향을 줄 수 없다는 것을 깨닫게 됩니다. 지구에는 이들 멀리 떨어져 있는 별들에 영향을 미칠 수 있는 중력이나 다른 어떤 힘도 없고, 어떤 방법도 없습니다. 따라서 지구에는 이런 주기들을 견디거나 멈출 수 있는 힘이 없습니다. 주기들이 일어나고 있습니다. 물론, 사람들이 자유의지를 가지고 있다는 것을 고려한다면, 여러분은 주기에 저항하려고 시도할 수 있습니다. 여러분은 제한적인 성공을 할 수 있습니다. 특정 종교들이 수천 년은 아니더라도 수백 년 동안, 사회의 변화를 억제할 수 있었다는 것을 분명히 알 수 있습니다.

비록 종교가 인간의 활동과 사회의 어떤 영역에서 변화를 억제할 수 있을지라도, 변화를 완전히 억제할 수는 없다는 것을 여러분은 압니다. 예를 들면 그리스도교, 이슬람 종교가 남성과 여성의 관계처럼 특정한 변화들을 어떻게든 억제해 왔음을 알 수 있는데, 하지만 그들은 (과학) 기술적인 변화를 억제할 수는 없었습니다. (과학) 기술은 사람들이 이러한 종교들과 그들의 교리와 고대 경전을 보고 믿는 방식을 계속해서 바꾸게 하고 있습니다. 예를 들면, 여러분은 이슬람 사회가 그들 사회의 특정한 변화를 억제하려고 시도하고 있지만, 실제로 기술을 억제할 수 없다는 것을 알게 될 것입니다.

소비에트 연방의 지도자들이 이 딜레마에 직면했던 지난 몇 년 동안 볼 수 있었던 것이 이것들 가운데 하나입니다. 과학자들에 대한 통제권을 유지하기 위해 과학자들이 컴퓨터 기술을 갖는 것을 거부해야 할까요? 그들이 과학자들이 컴퓨터에 접근하는 것을 거부하고, 소련 밖의 다른 과학자들과 의사소통하는 것을 거부한다면, 그들은 필연적으로 세계 다른 나라의 기술 발전에 뒤처지게 될 것입니다. 이것은 이슬람 국가들이 직면하고 있는 것과 정확하게 같습니다. 만약 시민이 인터넷 같은 통신기술에 접근하는 것을 거부한다면, 그들은 기술적으로나 경제적으로 뒤처지게 될 것입니다. 결국, 사람들이 들고일어나 이렇게 말하게 될 것입니다. "우리가 왜 가난하게 살고 있다는 것을 받아들여야 하나요? 그 이유가 우리가 사회의 진보를 가로막는 이런 제한적인 종교 교리와 법을 가지고 있기 때문인가요?" 여러분이 알다시피, 그들이 어디까지, 얼마나 많은 변화를 억누를 수 있는지에는 한계가 있습니다.

대천사 미카엘은 신앙이 아니라 성장을 보호합니다.

음, 내 역할은 전통적으로 신앙의 수호자로 여겨져 왔습니다. 대체로 이것은 오해입니다. 나는 진실로 여러분의 믿음을 보호하려고 여기에 있는 것이 아닙니다. 왜냐하면, 대부분의 종교적인 사람들, 특히 이슬람교도와 크리스천들은 종교를 고정적인 것으로 여기기 때문입니다. 여러분은 경전에 대한 믿음, 경전의 무오류성에 대한 믿음을 가지고 있습니다. 의식을 높이지 않더라도, 여러분은 이번 생애 후에 구원받을 것이라는 그리스도교의 약속을 믿고 있습니다. 내 역할은 멈춰 있는 (정적인) 뭔가를 지키는 것이 아닙니다. 내 역할은 실제로 여러분의 성장을 지키는 것이며, 성장하려는 사람들, 기꺼이 자신을 초월하려는 사람들을 보호하는 것입니다.

그러므로 내가 여성 해방이라는 이 주제에 대해 제안하는 것은, 여성과 남성 모두에게 줄 수 있는 기원문의 개발을 후원하는 것입니다. 나는 주로 세력들, 어둠의 에너지, 데몬들, 영체들(entities), 아주 오래된 생각들에 기초해서 여성에 대한 억압을 유지하게 하고, 여성의 자유를 저지하는 집단적인 엔터티들을 결박할 것입니다. 나는 이러한 힘들을 산산이 부수고, 남성과 여성 모두의 심리, 사회 전체의 심리, 집단의식, 이 최면의 상태, 그리고 사람들 위에 드리운 이 구름이 가진 영향력을 분쇄할 수 있는 상당한 가속도를 제공합니다.

자, 만약 여러분이 중세시대로 간다면, (만일 여러분이 실제로 당시 사람들의 마음속으로 들어간다면), 그들이 가톨릭 교리와 가톨릭이 오류가 없다는 주장에 최면 걸려 있었음을 알게 될 것입니다. 그들은 말 그대로 최면에 걸려 있었습니다. 그들의 마음은 사람들이 그것을 보지 못하게 하는 집단적인 영체들(엔터티들)에 의해 흐려져 있었습니다. 최초의 과학자들이 교황 교리의 무오류성에 이의를 제기하기 시작한 후, 매우 매우 점진적으로 일부 사람들이 해방되기 시작했습니다. 여기 한 명, 저기 한 명, 저기 몇 명이 있었습니다. 그래서 무슨 일이 일어났나요? 바울이 다마스쿠스(역주: 시리아의 수도)로 가는 길에 묘사한 것과 같이, 그들의 눈에서 갑자기 비늘이 떨어지고, 그들은 이전의 관점이 얼마나 제한적이었는지를 보게 됩니다. 물론, 현대 민주주의 국가의 많은 사람이 이런 경험을 했습니다. 반드시 이번 생에서 그런 것은 아니지만 전생에서는 분명히, 개신교이든 가톨릭이든 중세 그리스도교의 최면상태에서 깨어나는 경험을 했습니다. 지금, 여러분은 이슬람 세계를 보고 있습니다. 그리고 아주 많은 사람의 마음이, 그들의 마음이 근본주의 이슬람이 만든 최면 상태에 의해, 그 이면에 있는 야수에 의해, 그 이면에 있는 거짓 신에 의해, 그들이 창조한 거짓 알라신에 의해서 완전히 흐려져 있는 것을 볼 수 있습니다. 이것은 인간이 만든 신입니다. 여호와처럼 인간이 만든 신입니다. 이것은 원래는 타락한 존재들이 만들었지만, 이 신을 숭배해온 수백만의 사람에 의해 강화된 인간이 만든 신입니다.

여러분은 이 최면 상태를 산산이 부수어 달라는 요청을 할 수 있음을 압니다. 그리고 나는 복잡한 방정식인 법칙에 따라 내가 할 수 있는 것을 할 것입니다. 여러분이 요청을 하더라도, 항상 자유의지가 펼쳐지기 때문에, 나는 내 모든 힘을 다해 이 세력들을 분쇄할 수는 없습니다. 이 지점에서 여러분은 방정식을 이해해야 합니다. 여러분이 특정한 힘을 결박하거나 산산조각이 나게 해달라고 요청할 때, 일부 사람들이 그들 자신을 자유롭게 하고, 최면상태에서 스스로 깨어날 수 있는 기회를 줄 수 있는 정도까지는 내가 할 수 있습니다. 그러나 항상 자유의지의 요소가 있습니다. 그 기회를 이용하기 위해 그들은 선택해야만 합니다. 나는 그들이 받고 있는 이 무게, 그들 위에 드리운 이 구름으로부터 그들이 자유로워질 수 있는 기회를 줄 수 있습니다. 하지만 그들은 그것을 받아들이고, 태도를 바꾸고, 그들의 관점을 바꾸겠다고 선택해야 합니다. 그렇게 하지 않으면, 그들은 사실상 구름 속으로 다시 돌아갑니다. 그들이 잠시 동안 구름에서 벗어날 수 있습니다. 때때로 사람들은 이 자유를 두려워합니다. 그리고 익숙한 곳으로 다시 돌아가기로 선택하는데, 그런 경우에 나는 이들을 위해 더 이상 할 수가 없습니다. 그들은 변화하거나, 육화에서 벗어나거나, 어떤 경우이든지, 경험할 필요가 있는 것은 무엇이든 경험할 수 있는 고난의 학교(School of Hard Knocks)에서 끝까지 살아가야 할 것입니다.

여기에서 보는 것처럼, 여러분의 요청은 영향을 미칠 수 있지만, 항상 그것은 사람들의 자유의지에 따르게 됩니다. 따라서, 여러분이 이런 요청을 하면 곳곳에서 사람들과 여성들이 갑자기 깨어나게 되고, 이런 힘들이 완전히 제거되어서, 눈 깜짝할 사이에 지구가 변할 것이라고 기대할 수는 없습니다. 자유의지는 매우 복잡한 방정식이지만, 여러분이 요청한다면 사람들이 선택하는 것이 훨씬 수월해질 것이라고 장담합니다. 사람들이 자신의 성장을 진보적인 과정으로 볼 수 있도록, 최면에 걸리지 않은 사람이라면 누구나 볼 수 있는, 완전히 구식이고 현대 상황과는 무관한 생각들을 고수해야 한다고 생각하게 하는 정적인 무언가로 보는 것이 아니라 진보적인 상황으로 볼 수 있도록, 내가 그들의 성장을 보호할 것입니다.

이것은 나의 제안이며, 분명히 나는 이 책에 대한 이 기원문을 개발하기 위해 메신저와 함께 일할 것입니다. 그러므로, 여러분은 그것을 여러분이 적당하다고 보는 대로 다른 기원문의 일부로 사용할 수 있습니다. 이것은 여성을 자유롭게 해주는 매우 강력한 도구를 제공할 것입니다. 여성들만 해방되는 것이 아니라, 남성들도 평생 이행해야 할 남성의 특정한 역할이 있다는 멘탈 감옥에서 해방될 것입니다. 이것은 실제로, 그들이 자기 자신에게 정직할 때, (최면에 걸려 있는 한 할 수 없지만), 하지만 그들이 정직할 때, 그들 역시 그것이 자신들을 얼마나 제한하는지를 알게 할 것입니다. 따라서 이것으로, 나는 여러분을 이 행성을 위해 구현한 1광선의 힘으로 봉인합니다.

.

15
거짓 신으로부터의 자유를 기원하기 (기원)

I AM THAT I AM, 예수 그리스도의 이름으로, 나는 지구에 육화한 존재로서 가진 내 권한을 사용하여 대천사 미카엘께 이 기원을 증폭해 달라고 요청합니다. 내 차크라들을 통해 이 기원문의 내용을 집단의 식으로 방출하시어, 여성과 남성 모두가 타락한 존재들의 심리적, 영적 속박에서 자유로워지도록 의식을 일깨워 주소서. 우리는 영적인 존재들이며 상승 마스터들과 함께 일함으로써 새로운 미래를 공동창조할 수 있다는 진실(reality)을 일깨워 주소서. 나는 특히 이것을 요청합니다...
(여기에 개인적인 요청을 추가하세요)

파트 1

1. 대천사 미카엘이여, 남성, 집단의식, 사회, 기관, 종교와 정치단체들을 이용하여 여성들에게 주문을 걸어온 타락한 존재들을 결박하소서.

대천사 미카엘이여, 찬란한 푸른빛이시여,
내 가슴은 오직 당신을 위해 열려 있습니다.

내 마음은 이제 둘이 아닌 하나가 되었고,
나에 대한 당신의 사랑은 언제나 진실합니다.

대천사 미카엘이여, 당신은 여기 함께하시며,
당신의 빛은 모든 의심과 두려움을 소멸합니다.
당신의 현존은 영원히 내 가까이 있으며,
당신은 나에게 너무나 소중합니다.

2. 대천사 미카엘이여, 사람들을 상대적인 이원론적 반응으로 끌어들이는 마스터들인 타락한 존재들을 결박하소서.

대천사 미카엘이여, 나는 당신의 현존과,
온전히 하나 되겠습니다.
내게 보이는 어떤 두려움도 나를 막지 못하며,
이 세상은 나를 지배할 힘이 없습니다

대천사 미카엘이여, 당신은 여기 함께하시며,
당신의 빛은 모든 의심과 두려움을 소멸합니다.
당신의 현존은 영원히 내 가까이 있으며,
당신은 나에게 너무나 소중합니다.

3. 대천사 미카엘이여, 자신의 자유의지를 사용하여 자신들이 전체의 한 부분임을 완전히 무시하고, 분리된 존재로서 행동하기 시작한 타락한 존재들을 결박하소서. 그들은 남성과 여성이 분리된 존재라는, 지구에서 가장 기본적인 환영을 만들었습니다.

대천사 미카엘이여, 나를 굳게 잡아주시고,
이제 가장 어두운 밤을 산산조각 내소서.
당신의 빛으로 내 차크라들을 정화하고,

나의 내면의 시야를 복원해 주소서.

대천사 미카엘이여, 당신은 여기 함께하시며,
당신의 빛은 모든 의심과 두려움을 소멸합니다.
당신의 현존은 영원히 내 가까이 있으며,
당신은 나에게 너무나 소중합니다.

4. 대천사 미카엘이여, 여성에 대한 박해와 억압의 이 모든 것을 일으키는, 남녀가 다르다는 근본적인 분리 이면에 있는 타락한 존재들을 결박하소서.

대천사 미카엘이여, 나는 이제 일어나서,
당신의 빛과 함께 명령합니다.
내가 가장 높은 진리를 이해할 때까지,
영원히 내 가슴을 확장해 나가겠습니다.

대천사 미카엘이여, 당신은 여기 함께하시며,
당신의 빛은 모든 의심과 두려움을 소멸합니다.
당신의 현존은 영원히 내 가까이 있으며,
당신은 나에게 너무나 소중합니다.

5. 대천사 미카엘이여, 물리적인 몸의 차이를 취하여 그 차이를 영혼으로서의, 그리고 영적인 존재로서의 우리에게 투사하는 타락한 존재들을 결박하소서. 그들은 남성과 여성 간에 차이가 있다고 투사해 왔습니다.

대천사 미카엘이여, 내 가슴 안에 계신 존재시여,
당신은 결코 나를 떠나지 않습니다.
나는 우주적 위계의 일원이 되어,
신선한 새 출발을 받아들입니다.

대천사 미카엘이여, 당신은 여기 함께하시며,
당신의 빛은 모든 의심과 두려움을 소멸합니다.
당신의 현존은 영원히 내 가까이 있으며,
당신은 나에게 너무나 소중합니다.

6. 대천사 미카엘이여, 종교를 이용해서 인간이 신과 다르게 창조된다
는 생각, 심지어는 신이 아담을 먼저 창조했고 나중에 생각이 나서
이브를 창조했다는 생각을 투사하는 타락한 존재들을 결박하소서.

대천사 미카엘이여, 당신의 푸른빛 검은,
모든 어둠을 갈라버립니다.
나는 이제 나의 그리스도 신성을 추구하며,
무엇이 진실인지를 분별합니다.

대천사 미카엘이여, 당신은 여기 함께하시며,
당신의 빛은 모든 의심과 두려움을 소멸합니다.
당신의 현존은 영원히 내 가까이 있으며,
당신은 나에게 너무나 소중합니다.

7. 대천사 미카엘이여, 여성에게 부차적인 하인의 역할을 주고 남성을
주요 창조물로 끌어올려, 남성과 여성을 근본적인 방법으로 분리하는
특정한 내용을 창세기에 상세하게 묘사하고, 이를 유대인에게 전해
준 타락한 존재들을 결박하소서.

대천사 미카엘이여, 당신의 날개 안에서,
지금 더 이하의 것들을 놓아버립니다.
집으로 돌아오라는 신의 부름이 울리면,
내 가슴은 당신과 함께 영원히 노래합니다.

대천사 미카엘이여, 당신은 여기 함께하시며,

당신의 빛은 모든 의심과 두려움을 소멸합니다.
당신의 현존은 영원히 내 가까이 있으며,
당신은 나에게 너무나 소중합니다.

8. 대천사 미카엘이여, 금지된 과일을 먹고자 유혹당한 사람이 이브라는 에덴 정원의 이야기를 창세기에 집어넣은 타락한 존재들을 결박하소서

대천사 미카엘이여, 나를 집으로 데려가소서.
나는 상위 구체에서 거닐고 싶습니다.
나는 우주의 거품에서 재탄생하고,
내 삶은 이제 신성한 시(詩)가 됩니다.

대천사 미카엘이여, 당신은 여기 함께하시며,
당신의 빛은 모든 의심과 두려움을 소멸합니다.
당신의 현존은 영원히 내 가까이 있으며,
당신은 나에게 너무나 소중합니다.

9. 대천사 미카엘이여, 남녀 사이의 이 근본적이고 해결할 수 없는 분열을 조장하기 위해, 고의적이고 악의적이며 공격적인 거짓말을 창조한 타락한 존재들을 결박하소서.

대천사 미카엘이여, 당신은 가장 푸른 별처럼,
찬란하게 빛나고 있습니다.
당신은 우주의 아바타이며,
나는 당신과 함께 아주 멀리 갈 것입니다.

대천사 미카엘이여, 당신은 여기 함께하시며,
당신의 빛은 모든 의심과 두려움을 소멸합니다.

당신의 현존은 영원히 내 가까이 있으며,
당신은 나에게 너무나 소중합니다.

파트 2

1. 대천사 미카엘이여, 자신들의 전반적인 의도(아젠다)에 적합한 금지된 과일에 관한 거짓말을 창조해낸 타락한 존재들을 결박하소서. 그것은 엄청난 혼란을 일으키고 있습니다.

대천사 미카엘이여, 찬란한 푸른빛이시여,
내 가슴은 오직 당신을 위해 열려 있습니다.
내 마음은 이제 둘이 아닌 하나가 되었고,
나에 대한 당신의 사랑은 언제나 진실합니다.

**대천사 미카엘이여, 당신은 여기 함께하시며,
당신의 빛은 모든 의심과 두려움을 소멸합니다.
당신의 현존은 영원히 내 가까이 있으며,
당신은 나에게 너무나 소중합니다.**

2. 대천사 미카엘이여, 아담과 이브가 과일을 먹었지만 죽지 않았기 때문에 신이 거짓말을 했고 뱀이 옳은 것처럼 보이는 이야기 이면에 있는 타락한 존재들을 결박하소서.

대천사 미카엘이여, 나는 당신의 현존과,
온전히 하나 되겠습니다.
내게 보이는 어떤 두려움도 나를 막지 못하며,
이 세상은 나를 지배할 힘이 없습니다.

**대천사 미카엘이여, 당신은 여기 함께하시며,
당신의 빛은 모든 의심과 두려움을 소멸합니다.**

당신의 현존은 영원히 내 가까이 있으며,
당신은 나에게 너무나 소중합니다.

3. 대천사 미카엘이여, 자신들이 내놓은 생각들이, 상승 영역이나 상승 마스터들에게서 오는 생각보다 더 진실하다고 사람들이 믿기를 바라는 타락한 존재들을 결박하소서.

대천사 미카엘이여, 나를 굳게 잡아주시고,
이제 가장 어두운 밤을 산산조각 내소서.
당신의 빛으로 내 차크라들을 정화하고,
나의 내면의 시야를 복원해 주소서.

대천사 미카엘이여, 당신은 여기 함께하시며,
당신의 빛은 모든 의심과 두려움을 소멸합니다.
당신의 현존은 영원히 내 가까이 있으며,
당신은 나에게 너무나 소중합니다.

4. 대천사 미카엘이여, 상승 마스터들의 생각과 가르침에 대한 저항의 이면에 있는 타락한 존재들을 결박하소서.

대천사 미카엘이여, 나는 이제 일어나서,
당신의 빛과 함께 명령합니다.
내가 가장 높은 진리를 이해할 때까지,
영원히 내 가슴을 확장해 나가겠습니다.

대천사 미카엘이여, 당신은 여기 함께하시며,
당신의 빛은 모든 의심과 두려움을 소멸합니다.
당신의 현존은 영원히 내 가까이 있으며,
당신은 나에게 너무나 소중합니다.

5. 대천사 미카엘이여, 모든 것을 구약성서에 근거하고, 모든 여성을 차별하며 무시하는 이 세 가지 일신교 종교 뒤에 있는 타락한 존재들을 결박하소서.

대천사 미카엘이여, 내 가슴 안에 계신 존재시여,
당신은 결코 나를 떠나지 않습니다.
나는 우주적 위계의 일원이 되어,
신선한 새 출발을 받아들입니다.

**대천사 미카엘이여, 당신은 여기 함께하시며,
당신의 빛은 모든 의심과 두려움을 소멸합니다.
당신의 현존은 영원히 내 가까이 있으며,
당신은 나에게 너무나 소중합니다.**

6. 대천사 미카엘이여, 사람들의 의식이 창세기가 나왔을 때와는 완전히 달라졌지만, 너무도 오래된 이 창조 이야기를 사람들이 옹호하도록 만드는 타락한 존재들을 결박하소서.

대천사 미카엘이여, 당신의 푸른빛 검은,
모든 어둠을 갈라버립니다.
나는 이제 나의 그리스도 신성을 추구하며,
무엇이 진실인지를 분별합니다.

**대천사 미카엘이여, 당신은 여기 함께하시며,
당신의 빛은 모든 의심과 두려움을 소멸합니다.
당신의 현존은 영원히 내 가까이 있으며,
당신은 나에게 너무나 소중합니다.**

7. 대천사 미카엘이여, 수십억 명의 사람들을 조종하여 이 오래된 고대 이야기를 고수하게 하고, 이것은 상위 신(superior God)이 내려준

것이 틀림없으므로 영원히 지지해야 할 오류 없는 계시라고 생각하게 만드는 타락한 존재들을 결박하소서.

대천사 미카엘이여, 당신의 날개 안에서,
지금 더 이하의 것들을 놓아버립니다.
집으로 돌아오라는 신의 부름이 울리면,
내 가슴은 당신과 함께 영원히 노래합니다.

대천사 미카엘이여, 당신은 여기 함께하시며,
당신의 빛은 모든 의심과 두려움을 소멸합니다.
당신의 현존은 영원히 내 가까이 있으며,
당신은 나에게 너무나 소중합니다.

8. 대천사 미카엘이여, 사회에서 진정으로 사람들에게 가장 좋은 것을 원한다면, 지구에서 관찰할 수 있는 주기들(cycles)과 함께 흘러야 함을 사람들이 깨닫지 못하게 방해하는 타락한 존재들을 결박하소서.

대천사 미카엘이여, 나를 집으로 데려가소서.
나는 상위 구체에서 거닐고 싶습니다.
나는 우주의 거품에서 재탄생하고,
내 삶은 이제 신성한 시(詩)가 됩니다.

대천사 미카엘이여, 당신은 여기 함께하시며,
당신의 빛은 모든 의심과 두려움을 소멸합니다.
당신의 현존은 영원히 내 가까이 있으며,
당신은 나에게 너무나 소중합니다.

9. 대천사 미카엘이여, 사람들을 조종하여 무지 속에 있게 하려는 타락한 존재들을 결박하소서. 피할 수 없는 시간의 주기들과 함께 흐르기 위해서는, 집단의식이 더 낮았고 행성이 매우 달랐던 때 나온 수

천 년 된 남녀에 대한 생각을 버려야 함을 사람들은 보지 못합니다.

대천사 미카엘이여, 당신은 가장 푸른 별처럼,
찬란하게 빛나고 있습니다.
당신은 우주의 아바타이며,
나는 당신과 함께 아주 멀리 갈 것입니다.

**대천사 미카엘이여, 당신은 여기 함께하시며,
당신의 빛은 모든 의심과 두려움을 소멸합니다.
당신의 현존은 영원히 내 가까이 있으며,
당신은 나에게 너무나 소중합니다.**

파트 3

1. 대천사 미카엘이여, 사람들을 속여서 수천 년 혹은 수백 년 동안 사회변화를 저지할 수 있었던 종교를 통해, 사람들이 우주적 주기들에 저항하게 만든 타락한 존재들을 결박하소서.

대천사 미카엘이여, 찬란한 푸른빛이시여,
내 가슴은 오직 당신을 위해 열려 있습니다.
내 마음은 이제 둘이 아닌 하나가 되었고,
나에 대한 당신의 사랑은 언제나 진실합니다.

**대천사 미카엘이여, 당신은 여기 함께하시며,
당신의 빛은 모든 의심과 두려움을 소멸합니다.
당신의 현존은 영원히 내 가까이 있으며,
당신은 나에게 너무나 소중합니다.**

2. 대천사 미카엘이여, 남녀 관계의 변화를 저지하기 위해 그리스도교

와 이슬람 종교를 이용해온 타락한 존재들을 결박하소서.

대천사 미카엘이여, 나는 당신의 현존과,
온전히 하나 되겠습니다.
내게 보이는 어떤 두려움도 나를 막지 못하며,
이 세상은 나를 지배할 힘이 없습니다.

대천사 미카엘이여, 당신은 여기 함께하시며,
당신의 빛은 모든 의심과 두려움을 소멸합니다.
당신의 현존은 영원히 내 가까이 있으며,
당신은 나에게 너무나 소중합니다.

3. 대천사 미카엘이여, 사람들을 조종하여 이슬람과 그리스도교를 고정적인 신앙으로 보게 만든 타락한 존재들을 결박하소서.

대천사 미카엘이여, 나를 굳게 잡아주시고,
이제 가장 어두운 밤을 산산조각 내소서.
당신의 빛으로 내 차크라들을 정화하고,
나의 내면의 시야를 복원해 주소서.

대천사 미카엘이여, 당신은 여기 함께하시며,
당신의 빛은 모든 의심과 두려움을 소멸합니다.
당신의 현존은 영원히 내 가까이 있으며,
당신은 나에게 너무나 소중합니다.

4. 대천사 미카엘이여, 사람들을 속여서 경전과 경전의 오류 없음을 믿게 만들고, 의식을 높이지 않아도 이번 생 이후 구원받게 될 것이라는 그리스도교의 약속을 믿게 만드는 타락한 존재들을 결박하소서.

대천사 미카엘이여, 나는 이제 일어나서,

당신의 빛과 함께 명령합니다.
내가 가장 높은 진리를 이해할 때까지,
영원히 내 가슴을 확장해 나가겠습니다.

대천사 미카엘이여, 당신은 여기 함께하시며,
당신의 빛은 모든 의심과 두려움을 소멸합니다.
당신의 현존은 영원히 내 가까이 있으며,
당신은 나에게 너무나 소중합니다.

5. 대천사 미카엘이여, 여성의 해방을 저지하고 아주 오래된 생각에
기초해서 사람들이 여성에 대한 억압을 유지하게 만드는 어둠의 세력
들, 데몬들, 집단 엔터티(영체)들을 결박하소서.

대천사 미카엘이여, 내 가슴 안에 계신 존재시여,
당신은 결코 나를 떠나지 않습니다.
나는 우주적 위계의 일원이 되어,
신선한 새 출발을 받아들입니다.

대천사 미카엘이여, 당신은 여기 함께하시며,
당신의 빛은 모든 의심과 두려움을 소멸합니다.
당신의 현존은 영원히 내 가까이 있으며,
당신은 나에게 너무나 소중합니다.

6. 대천사 미카엘이여, 이러한 힘들을 산산이 부숴버리고, 남성과 여
성 모두의 심리, 사회 전반적인 심리, 집단의식을 산산이 조각내소서.
이 최면 상태를 깨트리고, 사람들 위에 드리운 구름을 흩어버리소서.

대천사 미카엘이여, 당신의 푸른빛 검은,
모든 어둠을 갈라버립니다.
나는 이제 나의 그리스도 신성을 추구하며,

무엇이 진실인지를 분별합니다.

대천사 미카엘이여, 당신은 여기 함께하시며,
당신의 빛은 모든 의심과 두려움을 소멸합니다.
당신의 현존은 영원히 내 가까이 있으며,
당신은 나에게 너무나 소중합니다.

7. 대천사 미카엘이여, 가톨릭 교리와 가톨릭에 오류가 없다는 주장으로 사람들을 최면에 걸리게 한 타락한 존재들을 결박하소서.

대천사 미카엘이여, 당신의 날개 안에서,
지금 더 이하의 것들을 놓아버립니다.
집으로 돌아오라는 신의 부름이 울리면,
내 가슴은 당신과 함께 영원히 노래합니다.

대천사 미카엘이여, 당신은 여기 함께하시며,
당신의 빛은 모든 의심과 두려움을 소멸합니다.
당신의 현존은 영원히 내 가까이 있으며,
당신은 나에게 너무나 소중합니다.

8. 대천사 미카엘이여, 사람들의 마음에 최면을 거는 집단 영체들을 결박하소서. 그들은 사람들의 머리 위에 구름을 드리워, 사람들이 이러한 교리들이 오류 없지 않음을 보지 못하게 합니다.

대천사 미카엘이여, 나를 집으로 데려가소서.
나는 상위 구체에서 거닐고 싶습니다.
나는 우주의 거품에서 재탄생하고,
내 삶은 이제 신성한 시(詩)가 됩니다.

대천사 미카엘이여, 당신은 여기 함께하시며,

당신의 빛은 모든 의심과 두려움을 소멸합니다.
당신의 현존은 영원히 내 가까이 있으며,
당신은 나에게 너무나 소중합니다.

9. 대천사 미카엘이여, 사람들의 눈에서 비늘이 떨어져 나가 이런 무오류의 주문(spell)에서 벗어나게 하소서. 사람들은 갑자기 이전의 관점이 얼마나 제한적이었는지를 알게 됩니다.

대천사 미카엘이여, 당신은 가장 푸른 별처럼,
찬란하게 빛나고 있습니다.
당신은 우주의 아바타이며,
나는 당신과 함께 아주 멀리 갈 것입니다.

대천사 미카엘이여, 당신은 여기 함께하시며,
당신의 빛은 모든 의심과 두려움을 소멸합니다.
당신의 현존은 영원히 내 가까이 있으며,
당신은 나에게 너무나 소중합니다.

파트 4

1. 대천사 미카엘이여, 개신교이든 가톨릭이든, 그리스도교의 최면상태에서 사람들을 자유롭게 하소서.

대천사 미카엘이여, 찬란한 푸른빛이시여,
내 가슴은 오직 당신을 위해 열려 있습니다.
내 마음은 이제 둘이 아닌 하나가 되었고,
나에 대한 당신의 사랑은 언제나 진실합니다.

대천사 미카엘이여, 당신은 여기 함께하시며,

당신의 빛은 모든 의심과 두려움을 소멸합니다.
당신의 현존은 영원히 내 가까이 있으며,
당신은 나에게 너무나 소중합니다.

2. 대천사 미카엘이여, 이슬람 세계로부터 사람들을 자유롭게 하고,
근본주의 이슬람이 만든 최면상태 때문에 정신이 흐려진 사람들 자유
롭게 해주소서.

대천사 미카엘이여, 나는 당신의 현존과,
온전히 하나 되겠습니다.
내게 보이는 어떤 두려움도 나를 막지 못하며,
이 세상은 나를 지배할 힘이 없습니다.

대천사 미카엘이여, 당신은 여기 함께하시며,
당신의 빛은 모든 의심과 두려움을 소멸합니다.
당신의 현존은 영원히 내 가까이 있으며,
당신은 나에게 너무나 소중합니다.

3. 대천사 미카엘이여, 근본주의 이슬람 이면에 있는 야수들과 그 이
면에 있는 거짓 신, 그들이 창조한 이 거짓 신 알라를 결박하소서.

대천사 미카엘이여, 나를 굳게 잡아주시고,
이제 가장 어두운 밤을 산산조각 내소서.
당신의 빛으로 내 차크라들을 정화하고,
나의 내면의 시야를 복원해 주소서.

대천사 미카엘이여, 당신은 여기 함께하시며,
당신의 빛은 모든 의심과 두려움을 소멸합니다.
당신의 현존은 영원히 내 가까이 있으며,
당신은 나에게 너무나 소중합니다.

4. 대천사 미카엘이여, 원래의 알라신을 창조한 타락한 존재들을 결박하소서. 인간이 만든 이 신을 수백만 명의 사람들이 숭배하면서 이 신은 점점 강력해져 왔습니다.

대천사 미카엘이여, 나는 이제 일어나서,
당신의 빛과 함께 명령합니다.
내가 가장 높은 진리를 이해할 때까지,
영원히 내 가슴을 확장해 나가겠습니다.

대천사 미카엘이여, 당신은 여기 함께하시며,
당신의 빛은 모든 의심과 두려움을 소멸합니다.
당신의 현존은 영원히 내 가까이 있으며,
당신은 나에게 너무나 소중합니다.

5. 대천사 미카엘이여, 여호와 신을 원래 창조한 타락한 존재들을 결박하소서. 인간이 만든 이 신을 수백만 명의 사람들이 숭배하면서 이 신은 점점 강력해졌습니다.

대천사 미카엘이여, 내 가슴 안에 계신 존재시여,
당신은 결코 나를 떠나지 않습니다.
나는 우주적 위계의 일원이 되어,
신선한 새 출발을 받아들입니다.

대천사 미카엘이여, 당신은 여기 함께하시며,
당신의 빛은 모든 의심과 두려움을 소멸합니다.
당신의 현존은 영원히 내 가까이 있으며,
당신은 나에게 너무나 소중합니다.

6. 대천사 미카엘이여, 거짓 신 여호와를 결박하시고 이 최면상태를 산산조각 내어 사람들을 자유롭게 하소서. 사람들이 최면상태에서 스

스로 깨어날 기회를 주시옵소서.

대천사 미카엘이여, 당신의 푸른빛 검은,
모든 어둠을 갈라버립니다.
나는 이제 나의 그리스도 신성을 추구하며,
무엇이 진실인지를 분별합니다.

대천사 미카엘이여, 당신은 여기 함께하시며,
당신의 빛은 모든 의심과 두려움을 소멸합니다.
당신의 현존은 영원히 내 가까이 있으며,
당신은 나에게 너무나 소중합니다.

7. 대천사 미카엘이여, 이 무게, 자신 위로 드리운 이 구름으로부터 사람들이 풀려나, 태도와 관점을 바꿀 기회를 가질 수 있도록 사람들을 자유롭게 하소서.

대천사 미카엘이여, 당신의 날개 안에서,
지금 더 이하의 것들을 놓아버립니다.
집으로 돌아오라는 신의 부름이 울리면,
내 가슴은 당신과 함께 영원히 노래합니다.

대천사 미카엘이여, 당신은 여기 함께하시며,
당신의 빛은 모든 의심과 두려움을 소멸합니다.
당신의 현존은 영원히 내 가까이 있으며,
당신은 나에게 너무나 소중합니다.

8. 대천사 미카엘이여, 사람들이 그들의 성장을 진보적인 과정으로 보호할 수 있도록 자유롭게 나아가게 하소서. 최면에 걸리지 않았다면 누구라도 알 수 있는 현대인의 상황과 관련이 없는 이 완전히 구식인 생각들을, 그들은 계속 유지해야 하는 고정적인 것으로 생각합니다.

대천사 미카엘이여, 나를 집으로 데려가소서.
나는 상위 구체에서 거닐고 싶습니다.
나는 우주의 거품에서 재탄생하고,
내 삶은 이세 신성한 시(詩)가 됩니다.

대천사 미카엘이여, 당신은 여기 함께하시며,
당신의 빛은 모든 의심과 두려움을 소멸합니다.
당신의 현존은 영원히 내 가까이 있으며,
당신은 나에게 너무나 소중합니다.

9. 대천사 미카엘이여, 여성과 남성 모두를 멘탈 감옥에서 풀려나게 해주소서. 사람들은 자신의 삶 전체에서 수행해야 할 어떤 역할이 있고, 거기에는 대안이 없다고 생각합니다.

대천사 미카엘이여, 당신은 가장 푸른 별처럼,
찬란하게 빛나고 있습니다.
당신은 우주의 아바타이며,
나는 당신과 함께 아주 멀리 갈 것입니다.

대천사 미카엘이여, 당신은 여기 함께하시며,
당신의 빛은 모든 의심과 두려움을 소멸합니다.
당신의 현존은 영원히 내 가까이 있으며,
당신은 나에게 너무나 소중합니다.

파트 5

1. 대천사 미카엘이여, 아프리카, 중동, 인도에 있는 대다수 남성과 여성의 마음을 압도하여 자신의 역할에 복종하게 만드는, 집단적인 영체들과 집단의식 안의 야수를 결박하고 소멸하소서.

대천사 미카엘이여, 찬란한 푸른빛이시여,
내 가슴은 오직 당신을 위해 열려 있습니다.
내 마음은 이제 둘이 아닌 하나가 되었고,
나에 대한 당신의 사랑은 언제나 진실합니다.

대천사 미카엘이여, 당신은 여기 함께하시며,
당신의 빛은 모든 의심과 두려움을 소멸합니다.
당신의 현존은 영원히 내 가까이 있으며,
당신은 나에게 너무나 소중합니다.

2. 대천사 미카엘이여, 여성 억압의 이면에 있는 모든 야수, 일부 국가에서 여성 대다수의 마음을 압도하는 야수들을 모두 결박하고 소멸하소서.

대천사 미카엘이여, 나는 당신의 현존과,
온전히 하나 되겠습니다.
내게 보이는 어떤 두려움도 나를 막지 못하며,
이 세상은 나를 지배할 힘이 없습니다.

대천사 미카엘이여, 당신은 여기 함께하시며,
당신의 빛은 모든 의심과 두려움을 소멸합니다.
당신의 현존은 영원히 내 가까이 있으며,
당신은 나에게 너무나 소중합니다.

3. 대천사 미카엘이여, 여성 성매매, 인신매매, 그리고 이러한 활동들로부터 돈세탁을 허용하는 기관들 이면에 있는 집단 영체들과 타락한 존재들을 결박하고 소멸하소서.

대천사 미카엘이여, 나를 굳게 잡아주시고,
이제 가장 어두운 밤을 산산조각 내소서.

당신의 빛으로 내 차크라들을 정화하고,
나의 내면의 시야를 복원해 주소서.

대천사 미카엘이여, 당신은 여기 함께하시며,
당신의 빛은 모든 의심과 두려움을 소멸합니다.
당신의 현존은 영원히 내 가까이 있으며,
당신은 나에게 너무나 소중합니다.

4. 대천사 미카엘이여, 남성들을 술, 폭력, 매춘 강요, 강간 및 다른 파괴적인 활동들의 오용에 갇히게 하는 집단 영체들을 결박하고 소멸하소서.

대천사 미카엘이여, 나는 이제 일어나서,
당신의 빛과 함께 명령합니다.
내가 가장 높은 진리를 이해할 때까지,
영원히 내 가슴을 확장해 나가겠습니다.

대천사 미카엘이여, 당신은 여기 함께하시며,
당신의 빛은 모든 의심과 두려움을 소멸합니다.
당신의 현존은 영원히 내 가까이 있으며,
당신은 나에게 너무나 소중합니다.

5. 대천사 미카엘이여, 이러한 어두운 존재들이 존재한다는 사실과 그들이 어떻게 사람들의 마음을 압도하는지를 사회가 알지 못하게 하는 타락한 존재들과 집단 영체들을 결박하고 소멸하소서.

대천사 미카엘이여, 내 가슴 안에 계신 존재시여,
당신은 결코 나를 떠나지 않습니다.
나는 우주적 위계의 일원이 되어,
신선한 새 출발을 받아들입니다.

대천사 미카엘이여, 당신은 여기 함께하시며,
당신의 빛은 모든 의심과 두려움을 소멸합니다.
당신의 현존은 영원히 내 가까이 있으며,
당신은 나에게 너무나 소중합니다.

6. 대천사 미카엘이여, 과학적으로, 그리고 심리를 통해 집단 영체들을 이해할 필요가 있음을 사회가 깨닫는 것을 방해하는 타락한 존재들과 집단 영체들을 결박하고 소멸하소서.

대천사 미카엘이여, 당신의 푸른빛 검은,
모든 어둠을 갈라버립니다.
나는 이제 나의 그리스도 신성을 추구하며,
무엇이 진실인지를 분별합니다.

대천사 미카엘이여, 당신은 여기 함께하시며,
당신의 빛은 모든 의심과 두려움을 소멸합니다.
당신의 현존은 영원히 내 가까이 있으며,
당신은 나에게 너무나 소중합니다.

7. 대천사 미카엘이여, 지구에서 남성을 우월한 성으로, 여성을 열등한 성으로 만들겠다고 결정한, 어둠의 마스터들을 포함한 타락한 존재들을 결박하고 제거하기를 당신께 요청합니다.

대천사 미카엘이여, 당신의 날개 안에서,
지금 더 이하의 것들을 놓아버립니다.
집으로 돌아오라는 신의 부름이 울리면,
내 가슴은 당신과 함께 영원히 노래합니다.

대천사 미카엘이여, 당신은 여기 함께하시며,
당신의 빛은 모든 의심과 두려움을 소멸합니다.

당신의 현존은 영원히 내 가까이 있으며,
당신은 나에게 너무나 소중합니다.

8. 대천사 미카엘이여, 타락한 존재들이 자신의 존재를 숨기고, 자신의 의도와 인간에 대한 완전한 무감각성을 감추기 위해 만든 무지의 베일을 산산조각내소서.

대천사 미카엘이여, 나를 집으로 데려가소서.
나는 상위 구체에서 거닐고 싶습니다.
나는 우주의 거품에서 재탄생하고,
내 삶은 이제 신성한 시(詩)가 됩니다.

**대천사 미카엘이여, 당신은 여기 함께하시며,
당신의 빛은 모든 의심과 두려움을 소멸합니다.
당신의 현존은 영원히 내 가까이 있으며,
당신은 나에게 너무나 소중합니다.**

9. 대천사 미카엘이여, 부지불식간에 타락한 존재들의 의도를 지지하는 기관들이 모두 드러나도록 무지의 베일을 산산조각내소서. 타락한 존재들의 속임수로부터 사회를 자유롭게 할 잠재력을 가진 모든 사람을 자유롭게 하소서.

대천사 미카엘이여, 당신은 가장 푸른 별처럼,
찬란하게 빛나고 있습니다.
당신은 우주의 아바타이며,
나는 당신과 함께 아주 멀리 갈 것입니다.

**대천사 미카엘이여, 당신은 여기 함께하시며,
당신의 빛은 모든 의심과 두려움을 소멸합니다.
당신의 현존은 영원히 내 가까이 있으며,**

당신은 나에게 너무나 소중합니다.

봉인
I AM THAT I AM의 이름으로, 나는 대천사 미카엘과 아스트레아와 쉬바께서 나와 모든 건설적인 사람 주위에 뚫을 수 없는 보호막을 형성하여, 우리를 네 옥타브 안에 있는 모든 두려움 기반의 에너지로부터 봉인해 주심을 받아들입니다. 나는 신의 빛(Light of God)이 지구 여성들을 자유롭게 하는 데 저항하는, 어둠의 힘을 구성하는 두려움 기반의 모든 에너지를 변형하고 소멸하고 있음을 받아들입니다.
.

16
그리스도교는 여성을
억압하기 위한 것이 아니었습니다

상승 마스터 예수 그리스도

나는 상승 마스터 예수 그리스도입니다. 나는 이번 발표에 대해 몇 가지 안건(agenda)을 가지고 있습니다. 무엇보다 먼저, 지구에서 나를 대변한다고 주장해온 종교가, 최근 역사에서 여성을 억압해온 가장 강력한 세력 가운데 하나라는 이 혐오스러운 사실을 바꾸는 데 직접적이고 강력한 도움을 주고 싶습니다. 여성을 억압하는 종교나 영성 운동을 만드는 것이 결코, 결단코 내 의도가 아니었음을 나는 정말, 정말 분명하게 밝힙니다.

2000년 전 내가 지구를 걸어서 돌아다녔을 때, 지구와 같이 어두운 행성에서 전할 수 있는 영적인 가르침은 모두 맥락을 고려해 주어져야 함을 잘 알고 있었습니다. 물론 그 맥락은 집단의식입니다. 나는 내가 의도적으로 중동으로 육화해 내려갈 것을 선택했다는 것도 알고 있었습니다. 자, 이전에도 얘기했듯이, 중동이 영적으로 높은 지역이어서 내가 그곳에 육화했던 것이 아닙니다. 중동에 특별히 영적인 것이나 영적인 에너지가 있었던 것이 아닙니다. 많은 크리스천이 말하듯이, 그곳은 성스러운 땅이 아닙니다. 내가 중동에 내려갔던 이유는, 불행하게도, 그곳이 지구에서 가장 어두운 지역 가운데 하나였기 때문입니다. 그곳은 에너지 수준이 가장 낮은 곳 가운데 하나이고, 집단의식이 가장 낮은 상태인 곳 중 하나입니다. 그 당시에도 그랬고 지금도 마찬가지입니다.

예수의 가르침은 맥락을 고려해 주어졌습니다

나는 여러 가지 이유로 그곳에 왔는데, 부분적으로는 타락한 존재들을 심판하기 위해서였습니다. 왜냐하면, 그들이 그 심판을 받기 위해서는 내 육체를 죽여야만 했기 때문입니다. 그래서, 그들이 육화해 있는 곳에 내가 육화할 필요가 있었습니다. 또한, 나는 중동과 중동인들의 의식을 심판하고 그들에게 더 높이 올라갈 수 있는 기회를 주려고 왔습니다. 또 다른 이유는, 만일 내가 지구에서 가장 밀도가 높은 사람들을 어느 정도 변화시킬 수 있다면, 다른 사람들도 변화시킬 가능성이 있었기 때문입니다.

그리스도교에서 깨트려야 할 첫 번째 환영은 중동이 성스러운 땅이라서 내가 그곳으로 왔다는 것입니다. 그 당시 중동은 집단의식의 상태가 대단히 낮았습니다. 이것을 인지하면서 이해해야 할 점은, 이런 이유로 그 당시 전할 수 있는 가르침에 대해 내가 몇 가지 한계를 설정했다는 사실입니다. 나는 가르침을 맥락(당시 상황)을 고려해서 전해야 했고, 그 때문에 그 당시 직접적이고 공개적으로 남성 지배적인 사회에 도전하는 가르침을 줄 수 없었습니다. 왜냐하면, 집단의식이 이것을 받아들일 준비가 되어 있지 않았기 때문입니다.

내가 할 수 있었던 일은 그리고 내가 했던 일은, 내 주변에 생겨난 공동체를 통해, 그리고 내 행동을 통해 여자와 남자를 공평하게 대하는 것을 보여주는 것이었습니다. 나는 남성과 여성을 영적으로 성장할 동등한 잠재력을 가진 존재로 대했습니다. 이런 내용을 경전에서 확인하기 어렵다는 것을 압니다. 심지어 신약에서조차, 경전에 의거해 내게는 남자 제자들만 있었다고 기록된 예를 볼 수 있습니다. 이것은 경전에 따른 예이지, 실제에 따른 예가 아닙니다. 무엇보다도, 내 제자들은 12명보다 많았는데 그들 중 다수가 여성이었습니다. 나와 직접 소통했다는 의미에서 직제자라고 부를 수 있었던 사람 가운데 남성과 여성의 비율은 거의 같았습니다.

음, 아주 많은 오해가 경전이 나의 사명과 행동을 왜곡하는 관점에서 기록되었다는 이 불행한 사실 때문에 생겨났습니다. 가장 교묘하게 서서히 퍼져나간 왜곡 (insidious distortions) 가운데 하나가, 그리스도는 남자 제자들만 두었으므로 남녀 간에 반드시 차별이 있어야 한다는 것입니다. 예, 분명히 항상 곁에 있던 여성들이 있었고, 예수가 부활해서 무덤을 떠난 것을 처음 알아챈 것도 여성들일 수 있지만, 하지만 그들은 여전히 중요하지 않습니다. 중요한 것은 남자 제자들이었고, 당연히 그들 중에서도 초대 교황으로 알려진 베드로였습니다 (나는 교황이라는 용어를 사용한 기억도, 베드로를 교황으로 임명한 기억도 없는데 말입니다). 그리고 여러 가지 사도 서간(epistles)을 쓴 바울이 있습니다. 알다시피 이 왜곡은 바로 그리스도교 경전에서 시작됩니다. 그들은 나의 실제 행동과 여성들과의 관계, 내가 여성들을 대했던 방법을 정확하게 묘사하지 않았고, 실제로 내게 여자 제자들이 있었던 것을 묘사하지도 않았습니다.

여기서 여러분이 알 수 있는 것은 처음부터, 즉 경전들이 기록되고 나중에 특정한 경전들이 공식적인 정전(正典; canon)으로 채택되었을 때부터 왜곡이 이루어졌다는 것입니다. 이것은 내가 육화에서 떠나자마자 이루어졌고, 내가 조성하려고 했던 남녀의 평등한 관계는 아주 빨리 버려지거나 사라졌습니다. 내가 떠나고 나서도 한동안 이런 관계를 유지했던 특정 그룹들이 있었지만, 그들 중 일부는 아예 처음부터 그런 관계를 유지하지도 않았습니다. 예를 들면, 이런 움직임은 베드로가 이끌었던 어떤 운동에나 적용됩니다. (솔직히) 그는 남성 우월주의 사고방식을 극복하지 못했는데, 다른 특정 그룹들도 마찬가지였습니다. 중동에는 오랫동안 그런 가부장적이고 남성 지배적인 사고방식이 강하게 존재해 있었고, 초기에 그리스도를 따랐던 많은 추종자는 그것을 극복하지 못했습니다. 그들은 곧바로 여성들을 부차적인 역할로 격하시키는 다양한 그룹과 종파들을 만들기 시작했습니다.

여러분은 선천적으로 남성 혹은 여성이 아닙니다

물론 이것은 대천사 미카엘이 설명했듯이, 남성을 타락시킨 책임을 여성이 지게 하는, 남성과 여성 사이의 근본적인 분리를 구약이 만들었기 때문입니다. 물론 여러분은, 대천사 미카엘의 말대로, 남성과 여성 사이에 여러 가지 극성을 만들 수 있음을 깨닫습니다. 아이엠 현존은 여러분 존재의 남성적인 측면이고 영혼 혹은 의식하는 자아는 여성 극성이므로, 여러분이 그것을 뭐라고 부르든 타락했던 것은, 금지된 과일을 먹고 이원성에 빠진 것은, 의식하는 자아 혹은 영혼이었다고 말할 수 있습니다. 이것은 여러분이 남성이었거나 여성이었을 때 벌어졌습니다. 이것을 약간 다른 관점에서도 살펴볼 수 있습니다. 우리가 설명했듯이, 실제로 여러분이 다양한 트라우마 상황에 노출되었을 때(예컨대 타락한 존재들과 마주친 첫 번째 육화에서) 여러분은 특정한 자아들을 창조했고, 그 자아들은 그 당시 여러분이 남성의 몸으로 있었는가 여성의 몸으로 있었는가에 따라, 여성 지향적일 수도 있고 남성 지향적일 수도 있다는 것입니다. 이것이 맥락에 기반을 두고 있음을 알아채면 좋겠습니다. 여러분은 되돌아가서 이렇게 말해야 합니다. "아마도 아주 아주 오래전에, 내가 처음 육화해서 우주적 출생 트라우마를 겪었을 때, 그때 내가 여성의 몸으로 있었기 때문에, 나는 여성적으로 채색되고 여성적으로 덧씌워진 특정한 분리된 자아를 창조했습니다." 어쩌면 이럴 수도 있었겠지만, 이런 자아들은 여러분이 처음 육화했던 문화와 그 당시 정의된 여성의 역할에 기반을 두어서 창조된다는 것을 알아야 합니다. 장담하는데, 여러분이 나의 책 '예수와 함께했던 나의 생애들'에서 주어진 시간대(time-frame)를 받아들인다면, 일부 아바타들은 2백만 년 전에 지구에 왔고, 타락한 존재들은 그때 이미 여성에 대한 관점을 왜곡시켜서 남성과 여성의 이원적인 역할을 만들어 놓았었습니다.

여기서 내 말의 요점은 이렇습니다. 여성의 역할은 보편적으로 볼 수 있는 것이 아니라는 것입니다. 신은 남성과 여성을 근본적으로 다르게 창조하지 않았다고 전에도 우리는 말했습니다. 진화는 당연히 물리적인 몸과 호르몬의 수준, 출산 측면에서의 신체적 기능을 제외하고, 남성과 여성의 어떤 근본적인 차이를 가져오지 않았습니다. 영적인 수준에서 남녀 간에는 어떤 근본적인 차이도 없습니다. 이 지점에서 여러분은 깨달아야 합니다. 만일 오래전에 창조된 특정한 자아들이 여러분에게 있다면, 그 자아들은 여성은 이런 식이라는 어떤 영적이고 보편적인 규정에 바탕을 두고 있지 않았다는 것입니다. 그 자아들은 문화적 맥락에 바탕을 둡니다. 그 자아들은 지구에 근본적인 분리와 근본적인 갈등을 일으키기 위해, 남자를 우월한 성으로 여자를 열등한 성으로 만든 타락한 존재들과 그들의 시도에 영향받았던 문화적 맥락에 바탕을 둡니다.

그리스도 마음은 남자와 여자의 차이를 보지 않습니다

여기서 여러분이 깨달아야 하는 것이 이것입니다. 그리스도가 무엇입니까? 2000년 전 예수로 육화했던 내가 지구에 와서 대변하려 했던 것은 무엇인가요? 나는 그리스도를 대리하고, 그리스도 의식을 가진 한 사람이 모든 것에 대해 다른 관점을 어떻게 가져올 수 있는지를 보여주러 왔습니다. 앞에서 말한 것처럼, 그렇기 때문에 나는 남녀를 평등하게 대했습니다. 이것은 당시 많은 유대인에게 충격적인 일이었습니다. 그들은 종교적인 맥락 뿐만 아니라 다른 모든 맥락에서도, 남녀를 대하는 방법에 근본적인 차별을 두고 있었기 때문입니다. 그리스도에게는, 그리스도의 마음에는 남녀가 동등한 가치를 가질 뿐만 아니라 영적인 잠재력 역시 동등하므로, 나는 남성과 여성을 동등하게 대했습니다. 사실, 그리스도 마음에는 남녀 간의 차이가 없다고 말할 수 있습니다. 그리스도 마음은 어떤 한 사람을 볼 때, 육체의 성 (sex)을 초월해서 그 사람의 존재를 봅니다.

그리스도 마음은 이 존재의 핵심이 중립적인, 즉 성 중립적인 (gender neutral) 의식하는 자아임을 압니다. 그리고 아이엠 현존이 있는데, 이 역시 성 중립적입니다. 물론, 의식하는 자아가 일정한 숫자의 자아들과 동일시되어 갇혀 있을 수 있습니다. 이 자아들은 성 중립적이지 않습니다. 하지만 이것은 진짜 그 사람이 아니므로 그리스도는 그 너머를 보고 있습니다. 그럼 의식하는 자아가 그 자신을 표현하고 아이엠 현존을 위한 열린 문으로 존재하지 못하게 제한하는 이 분리된 자아들로부터 그 사람이 자유로워질 수 있도록, 그리스도는 그 특정한 사람을 어떻게 도울 수 있을까요? 그리스도는 여러분을 제한하는 모든 것들로부터, 여러분을 어떻게 해방할 수 있을까요? 어쩌면 남성 지향적인 자아들이 일부 있고, 여성 지향적이거나 여성적으로 채색된 자아가 일부 있을 수 있지만, 그것은 정말이지 그리스도에게 문제가 되지 않습니다.

그리스도는 어떠한 종류의 가치 판단도 하지 않습니다. 어떤 의미에서, 그리스도는 여성을 남성과 다르게, 혹은 남성을 여성과 다르게 대하지 않는다고 말할 수 있습니다. 남성의 분리된 자아를 다루든, 여성의 분리된 자아를 다루든, 그것을 다르게 표현할 수 있지만, 그럼에도 불구하고 그 목표는 항상, 그것이 무엇이든 간에, 그 사람이 갇혀 있는 것으로부터 그 사람을 자유롭게 하는 것입니다.

이 말을 하면서, 여성을 차별하고 억압하는 종교를 만드는 것이 결코 내 의도가 아니었음을 분명히 하겠습니다 – 그런데 왜 이런 일이 일어났을까요? 음, 얘기했듯이 부분적으로는, 많은 사람이 내가 남성과 여성을 동등하게 대했다는 것을 가늠하지도 못했고, 내가 그곳에 없게 되자마자 아주 빠르게 그 사실을 잊어버렸기 때문입니다. 경전을 기록하거나 다양한 종파와 그룹을 만들기 시작한 사람들 대부분이 개인적으로 나를 접하지 않았습니다. 그들은 다시 추측했을 뿐이고, 내가 그들이 하고 있던 일을 했다고 나에게 투사했습니다. 그래서, 나는 그들이 여성을 보는 방식으로 여성들을 보고 있었고, 그들이 여성을 대우하는 방식으로 여성들을 대했던 것으로 되었습니다.

여성에 대한 가톨릭교회와 고대 로마의 처우(treatment)

그런 다음, 크리스천 운동에 중요한 변화가 오는데, 바로 가톨릭교회의 설립입니다. 자, 여러분은 다시 한번 맥락을 살펴봐야 하고, 로마 사회에서의 여성의 지위를 살펴볼 필요가 있습니다. 여러분은 여성들이 열등한 위치에 있었음을 분명히 알 수 있습니다. 꼭 그 당시 일부 사회에서만큼 나빴던 것은 아니지만, 확실히 여성들은 더 열등한 위치에 있었습니다. 여자 로마 황제가 있었나요? 내 기억에는 없습니다. 일반적으로, 여성들은 사회에서 의사 결정 과정의 일부가 될 수 없었던 특정한 위치에 있었습니다. 여성들은 아주 많은 방법으로 제한당했습니다. 이런 현상이 그리스도교로 넘어가게 되었는데, 이것을 맥락 안에서 다시 살펴보자면, 그것은, 로마 황제 콘스탄티누스가 로마 가톨릭교회를 자신의 제국을 통일하기 위한 정치적 도구로 만들었기 때문임을 아주 명확하게 알 수 있습니다. 가톨릭교회는 제국에 대한 통제력, 약화되어 가고 있던 그의 통제력을 유지하기 위한 필사적인 시도에서 만들어졌다고 말할 수 있습니다. 따라서, 남녀 관계와 같은, 로마 사회에 이미 구축된 제도들에 도전하는 것은 콘스탄티누스의 의도가 아니었습니다. 그런 것에 도전하려는 의도가 그에게는 전혀 없었습니다. 그의 의도는, 로마인들이 받아들이기에 별 무리가 없을 정도로 크게 다르지 않으면서도, 그의 통제 하에서 제국을 어느 정도 통합할 수 있는 새로운 종교를 만드는 것이었습니다. 종교를 통제할 수 있다면, 제국을 통치하는 데도 도움이 될 수 있다고 그는 생각했습니다. 물론, 역사적으로 알 수 있듯이 콘스탄티누스는 초기 가톨릭교회를 강력하게 장악했습니다. 여기에는 나를 인간의 지위 너머로, 그래서 따라야 할 본보기 너머로 승격시킨 니케아 신조(doctrines of Nicaea)가 포함됩니다.

이것은 또한 내가 남녀를 동등하게 대했다는 인식의 잔재를 치워버릴 수 있었다는 의미입니다. 로마 가톨릭교회는 내가 했던 것을 하는 것이 아니라, 내가 했다고 그들이 말하는 것을 하게 되어 있었습니다. 가톨릭교회는 애초부터 그리스도의 진정한 가르침에 기반을 두지 않았습니다. 가톨릭교회는 보편적인 그리스도 마음이나 상승 마스터 예수 그리스도와의 조율에 전혀 기반을 두지 않았습니다. 다른 마스터들이 설명한 바와 같이, 그것은 인공의 이미지를 만들어 그것을 그리스도에게 투사했던, 전적으로 인간이 만든 기구였습니다. 그들은 예수 그리스도를 닮은 인공의 이미지를 만들고, 그의 메시지가 어떤 것인지를 만들어서, 그것을 내가 아닌 나에 대한 사람들의 시각에 투사했습니다. 그들은 그 이미지를 만들어 천년도 더 넘게 강화해 왔고, 지금도 여전히 그것을 강화하려고 합니다. 당연히 여러분은 이 이미지가 어떻게 수 세기에 걸쳐 다양한 갈등, 십자군 전쟁, 종교재판으로 이어졌는지 압니다. 여성에 관해 이야기하자면, 천년이 넘는 기간 동안, 가톨릭교회는 여성 억압을 유지하기 위한 도구였고, 여성들이 사회에서 명백하게 부차적인 위치를 차지하고 있는 현재 상황을 유지하기 위한 도구였습니다.

마녀사냥은 사회에 대한 여성들의 영향력을 제거했습니다

그런 다음 마녀사냥의 시기가 오는데, 그 원인이 무엇이었을까요?

자, 그것은 아주 많은 여성이 그리스도 종교만이 아니라 전체 사회 현상에 대해, 현재 상황에 대해 문제를 제기하기 시작했기 때문입니다. 많은 여성이 자신들의 역할과 자신들이 사회에서 부차적인 위치에 있어야 하는 이유에 대해 의문을 갖기 시작했습니다. 이것은 가톨릭교회뿐만 아니라 세속적인 지도자들, 왕과 중세시대의 황제들에게도 위험해 보였던 움직임이었습니다. 이것이 마녀사냥의 과정으로 이어졌습니다. 이로 인해 규범, 즉 통용되는 규범을 벗어난 모든 종류의 지식을 가진 여자들에게는 전부 마녀라는 꼬리표가 붙었고, 그들은 박해를 받았으며 화형대에서 불태워졌습니다.

우리는 마녀사냥 과정이 유럽의 첫 번째 여성 운동을 근절하려는 의도적이고 공격적인 의도였다고 말할 수 있습니다. 또한 반드시 그 배후에 교회만 있었다고 말할 수는 없어도, 그 과정에서 그리스도교가 핵심 역할을 했다고 말할 수 있습니다. 물론 세속적인 지도자들도 있었습니다. 그리고 그 당시 믿었던 마법과 어둠의 힘이라는 측면에서 대중적인 미신을 이용한 측면도 있습니다. 이것이 마녀사냥이 벌어지도록 허용했고, 사람들은 여기에 저항하지 않았습니다.

심지어 마녀사냥을 넘어 현대에 이르기까지, 크리스천 운동들, 심지어 루터교, 개신교 운동까지도 여성에게 투표권을 주는 것에 반대하고 있습니다. 개신교 교회에서 여성들이 어떤 지위를 얻도록 허용하는 것에 얼마나 큰 저항이 있었는지를, 심지어 지금도 저항이 있음을 볼 수 있습니다. 개신교, 루터교에는 여성이 목사나 주교로 임명되는 것을 반대하는 남성 성직자들이 있습니다. 그들은 그 여성들과 악수도 하지 않고 교류도 하지 않을 것입니다. 심지어 지금도, 현대에도, 그리스도교는 여성 억압을 위한 도구입니다.

이것을 인식하는 것이 왜 중요할까요? 자, 몇 가지 이유가 있습니다. 우선, 여러분은 이것에 대해 요청할 수 있습니다. 여러분은 여성 억압의 배후인 어둠의 세력들, 타락한 존재들 그리고 집단 영체들의 결박을 요청할 수 있습니다. 그리스도교가 만들어온 아주 강력한 집단 영체가 있습니다. 가톨릭교회와 개신교 모두 남자들이 더 우월하고, 우월해야 되고, 여자들은 열등해야 된다고 느끼게 만듭니다. 심지어 여성들이 이런 지위를 받아들이게 만드는 영체들도 있어서, 자신을 크리스천으로 보는 많은 여성이, 심지어는 자신을 크리스천이라고 여기는 현대 민주주의 국가의 많은 여성까지, 여자는 부차적인 지위를 차지해야 한다는 것을 받아들입니다. 대천사 미카엘이 얘기했듯이, 여러분은 그 사람들이 이런 사고방식을 내려놓겠다는 선택을 할 수 있는 기회를 주기 위해, 이 영체들의 결박을 요청할 수 있습니다. 그들이 그렇게 하고 안 하고는 그들에게 달려있지만, 적어도 그들은 이런 사고방식 때문에 최면에 걸려서 지금 현재는 가지고 있지 못한 기회를 가지게 됩니다. .

그리스도교는 현대 세계에서 살아남을 수 있을까요?

이 밖에도, 제기하고 싶은 질문이 있는데, 나는 주로 여성들에게 이야기하고 있습니다. 왜냐하면, 실제로 보면 많은 선진국에서, 여성들이 그리스도 교회에서 더 활동적인 것을 보기 때문입니다. 그들은 사제나 주교가 아닐 수도 있지만, 대체로 교회의 기능을 유지하고, 계속 봉사를 하면서 이런 모든 일들을 한다는 측면에서 실용적인 일을 많이 하고 있습니다. 교회가 계속 유지되도록 해주는 주요한 추진력이 여성이라는 점을 고려하면, 여성들은 스스로 간단한 질문을 할 필요가 있으며, 그 질문은 이것입니다. "그리스도교가 현대의 선진국에서 살아남을 수 있을까? 그리스도교는 아직도 우리가 사는 이 현대 민주주의 국가에서 확고하게 자리를 잡고 있는가? 그리스도교가 지금의 복잡한 현대 사회와 어떤 연관성이 있을까?" 그러면, 적어도 일부 여성들은 그 질문에 대한 답이 그리스도교를 바라보는 관점에 달려있음을 자유롭게 볼 수 있습니다.

그리스도교는 17세기 전 혹은 20세기 전, 첫 번째 경전이 기록되었을 때 규정된 범위 내에서 작용해야 하는 고정된 종교일까요? 여러분도 알겠지만 네 개의 복음서는 남자가 기록했습니다. 이것은 현대 민주주의 국가에서 그리스도 교회에 다니고 있는 여성들이 자문해봐야 할 질문입니다. 그런 다음, 그들은 많은 여성이 인식하지 못할 수도 있는 아주 심오한 사실, 그리스도가 변화를 상징한다는 것을 인식할 필요가 있습니다.

여러분은 내가 지구를 걸어서 돌아다녔을 때와 가톨릭교회가 형성되었을 때, 그리고 지금 현재, 사회가 엄청나게 변했다는 사실을 분명히 인식할 수 있습니다. 그러므로 상식적이고 합리적인 관점에서 보면, 문화적인 맥락이 전혀 달랐던 그 당시에 형성된 교리와 의식, 남녀에 대한 견해를 고집하는 것은 아무런 의미가 없습니다. 많은 사람이, 남녀 모두가, 하지만 주로 여성들이 그리스도교가 특별한 문화적 맥락에서 출현했음을 깨닫고 이를 초월할 수 있습니다. 이제 문화적인 맥락이 극적으로 변한 지금, 그리스도 교회가 관련성을 유지하려면 어떤 변화가 일어나야만 합니다.

여러분은 어떤 종교가 사람들과 연관되려면, 사람들의 일상생활을 향상시킬 수 있는 뭔가를 해야 한다는 상식적인 관점을 취할 수 있습니다. 종교에는 항상 두 가지 측면이 있습니다. 물론 한 가지는 완전한 구원의 측면으로, 지금은 제쳐 놓겠습니다. 다른 하나는 종교가 사람들의 일상생활에 영향력을 미치는 방법에 대한 개념입니다. 명백히, 현대 세계에서 지금, 사람들이 일상생활에서 마주치는 도전은 이 세상이 가톨릭교회가 형성되었을 때, 혹은 수 세기 전 루터 교회가 형성되었을 때와는 다르다는 사실입니다. 그래서, 사람들이 현재 가진 문제와 관심사들을 해결하도록 돕기 위해서는, 간단하게 말해서 변화가 필요합니다. 사람들이 그리스도교에서 일상과 관련된 것을 찾지 못한다면, 그들이 어떻게 자신이 그리스도교와 관련이 있다고 느낄 수 있겠으며, 교회가 어떻게 살아남을 수 있겠습니까?

그리스도는 변화를 위한 기하학적 매트릭스를 정의합니다

이것은 상식적인 관점이지만, 상승 마스터 학생인 여러분은 이것을 넘어서서, 그리스도가 하나의 원리로서 변화뿐만 아니라 자기-초월도 나타낸다는 사실을 깨닫고 요청할 수 있습니다. 오메가께서, 처음에는 확장하는 힘과 수축하는 힘이 극성으로 창조되었지만, 형태가 유지되는 창조를 할 수 있게 해주는 것은 둘 사이의 균형이라고 자세히 설명하셨습니다. 그리스도, 보편적인 그리스도 마음이 그 균형을 유지하도록 도와주는 바로 그 요인입니다. 하지만 오메가의 설명처럼, 당연히 전체 우주의 목적은 성장하는 것이며, 형태의 세계에 거주하는 자의식을 가진 존재들의 성장을 촉진하는 것이므로, 균형은 정적인 것이 아닙니다. 오메가의 설명처럼, 그리스도는 주어진 구체에 변화가 어떻게 일어나야 하는지에 대한 특정한 비율과 특정한 간격, 특정한 기하학을 규정합니다.

여러분의 구체에는, 구체가 창조되었을 때 규정된 특정한 그리스도 요소가 있습니다. 그것은 실제로 숫자가 아니라 더 복잡한 기하학적 형태이지만, 그것이 물질의 밀도를 규정합니다. 지구에 있든, 자연 행성에 있든, 자의식을 가진 존재들이 가질 수 있는 의식의 수준도 그것이 규정합니다. 그것은 이러한 의식 수준들을 규정하고, 이에 따라서 전자나 양성자가 어떤 에너지 수준에서 다른 에너지 수준으로 도약할 때 통과할 수 있는 양자 도약을 정의합니다. 또한, 여러분이 의식의 한 단계에서 다음 단계로 도약할 때, 의식 안에서 여러분이 해낼 수 있는 양자도약을 정의합니다. 이것이, 이를테면, 이 비상승 구체가 출발점으로부터 상승 지점을 향해 어떻게 진화할 수 있는지에 대한 특정한 진보의 나선을 설정합니다.

그것은 분명 가능하며, 많은 존재가 이렇게 해왔습니다. 여러분은 새롭게 창조된 존재로 시작해서 이 그리스도의 나선에, 그리스도의 이 상향의 나선에 조율할 수 있습니다. 여러분은 한동안 여러분이 창조된 의식 수준을 경험하고, 시간이 지나면 직관적으로, 이제 다음 단계로 도약할 때임을 감지합니다. 여러분은 수월하게 처음 수준에서 가졌던 자아감을 보내 버립니다. 어떤 의미에서, 여러분은 그 자아를 죽게 하고 스스로를 다시 태어나도록 허용합니다. 왜냐하면, 다음 단계로 양자도약을 하고 나면, 새로운 정체성으로 다시 태어나기 때문입니다. 여러분은 그리스도 안에서 하나의 정체성으로 출발했으며, 그리스도 안에서 새로운 정체성으로 다시 태어납니다. 이것이 "자기 목숨을 구하는 자는 목숨을 잃겠지만, 나를 위해 자기 목숨을 잃는 자는 영생을 얻을 것이다."라고 내가 묘사했던 과정입니다.

여러분은 특정한 정체감을 가진 의식 수준에서 창조되었지만, 그 자아를 죽게 놔둡니다. 여러분은 기꺼이 그 자아를 죽게 두고, 다음에 무슨 일이 일어날지 알지 못한 채 이 간격, 이 양자 간격(quantum interval)으로 들어갑니다. 여러분은 자신이 더 높은 자아감으로 다시 태어날 것을 믿습니다. 그것이 기꺼이 옛사람을 죽게 놓아두는 것, 그리고 어떤 자아로부터 자유로워진 다음 다른 자아로 다시 태어나는 그 짧은 간격을 경험하는 진정한 여러분입니다. 이것이 그리스도입니다. 이것이 그리스도의 본질입니다. 그것이 "남자도 없고, 여자도 없고, 자아도 없는 땅"이라고 부를 수 있는 상태입니다. 옛사람이 죽게 내버려 둔 이 우주적 간격, 하지만 여러분은 아직 새로운 곳으로 들어가지 않았습니다. 그 사이에 있을 때 여러분은 그리스도를 경험할 수 있습니다.

이것은 반드시 하나의 의식 단계에서 다음 단계로 도약할 때만 그리스도를 경험할 수 있다는 것을 의미하지는 않습니다. 하지만 이 말은 여러분이 기꺼이 하나의 특정한 분리된 자아를 죽게 내버려 둘 때만 그리스도를 경험할 수 있다는 의미입니다. 어쩌면 나는 여기서 조금 뒤로 물러나야 할 것 같습니다. 왜냐하면, 내가 이전에 여러분에게 줬던 것은 이상적인 시나리오였고, 지금 내가 분리된 자아를 죽게 하는 것에 대해 말하는 것은, 여러분이 이원성으로 들어간 후 분리된 자아들을 창조한 것에 관한 이야기이기 때문입니다.

그리스도를 따르기 위해 분리된 자아를 죽게 내버려 두기

그 과정을 살펴봅시다. 나는 한 생명흐름이 자신이 창조된 특정 수준에서 시작해서, 그곳으로부터 점차 상향하는 그리스도 나선을 따르는 일이 가능하다고 말했습니다. 이 말은 그런 존재가 이원성에 들어

가지 않고도 비상승 구체에 규정된 상향나선을 따라갈 수 있다는 뜻입니다. 그 존재는 항상 자유의지를 사용합니다. 단지 그 존재는 이원성으로 들어가는 데 자유의지를 사용하겠다고 선택하지 않았을 뿐입니다. 물론, 생명흐름이 자유의지를 사용해 이원성으로 들어갈 수 있는 기회를 주는 것은 비상승 구체의 일부이지만, 이원성으로 들어갈 때, 여러분은 그리스도의 상향나선으로부터 자신을 벗어나게 하는 것입니다. 그 나선에 머물면서 이원성으로 들어갈 수는 없습니다. 여러분은 그 나선과 조율을 할 수 없습니다. 타락한 존재들은 그들이 할 수 없는 특정한 선택들이 있고, 그것이 사실이기 때문에, 그리스도 나선을 따르는 것이 자유의지에 대한 제한이라고 추론해 왔습니다. 만일 여러분이 그리스도 나선에 머물고 싶다면, 이원성으로 들어가는 선택을 할 수 없습니다.

문제는 그것이 정말로 자유의지의 한계인가 하는 것입니다. 여러분은 선택을 하는 자입니다. 만일 원한다면, 여러분은 이원성으로 들어갈 수 있습니다. 하지만 우리가 설명했듯이, 선택했는데 결과가 없다면, 어떻게 선택을 할까요? 반드시 차이가 있어야 합니다. 바꿔 말하면, 케이크를 가지고 있으면서 동시에 케이크를 먹을 수는 없습니다. 이원성에 들어가기로 선택하고서, 그리스도 나선에 머물러 있을 수는 없습니다. 자, 여러분은 언제든지 그리스도 나선으로 돌아올 수 있지만, 그리스도 나선 위에 있으면서 동시에 그리스도 나선을 벗어날 수는 없습니다. 그것은 자유의지의 제한이 아니라, 한 형태가 다른 형태와 구분되는 형상 세계의 기능입니다. 여러분은 원을 그리고 사각형을 그릴 수 있지만, 모양이 서로 다르기 때문에 원과 사각형을 동시에 그릴 수는 없습니다. 그것이 형태의 세계를 창조하는 방법입니다.

무슨 일이 일어났느냐 하면, 일부 존재들이 이것이 어떤 것인지를 경험하기 위해 이원성으로 들어가겠다고 선택을 한 것입니다. 우리가 정말 여러 번 얘기했듯이, 타락한 존재들이 덧씌운 죄책감과 수치심, 이 모든 것들에도 불구하고, 그러한 선택을 한 사람들에 대해 신은 조금도 비난을 하지 않습니다. 일부 생명흐름들이 이원성으로 들어가는 선택을 한 것은 구체의 진보에서 자연스러운 과정입니다. 문제는 간단히 말해 이것입니다. "여러분은 이원성을 충분히 겪었고, 이제 더 높은 상태로 돌아가길 원합니까?" 그러면, 그리스도가 여러분 곁에 있습니다.

자, 여러분도 알겠지만 많은 사람을 혼란스럽게 하는 성경에 나오는 진술이 하나 있습니다. "예수 그리스도는 어제도 똑같고, 오늘도 똑같고, 영원히 똑같습니다." 음, 먼저, 이 진술은 제한적인 이해에서 나온 말이고, 내가 여러분에게 설명한 내용을 이해하는 데 실패한 것입니다. 예수 그리스도가 매일 언제나 똑같은 것은 아니지만, 그리스도 원리가 언제나 이원성의 대안으로 존재한다는 의미에서의 동일함이라는 측면에서는, 그 말에 어느 정도 현실성이 있습니다. 얼마나 깊이 이원성에 들어갔는지와는 상관없이, 그리스도는 여러분이 원한다면 언제나 여러분을 이원성에서 벗어나게 해줍니다. 이원성에서 벗어나려면, 기꺼이 특정한 자아를 죽게 놔두어야 하는데, 여러분이 이원적인 자아들, 분리된 자아들을 전부 죽일 때까지 이 과정을 계속해야 합니다. 그러면, 여러분은 여러분의 구체를 위해 정의된 그리스도 나선에 다시 합류할 수 있습니다. 여기서 여러분이 보는 진실은, 여러분이 이원성에 발을 들여놓을 때, 이원성에 발을 들여놓기로 처음 결정할 때, 그때가 자신의 자유의지를 제한하는 때라는 것입니다. 이원성에 발을 들여놓는 선택은, 이원성에 빠져 있는 동안 여러분이 할 수 있는 마지막 자유로운 선택이라고 말할 수 있습니다.

이원성이 자유의지를 제한하는 방법

왜 그럴까요? 자, 이원성에는 언제나 두 개의 상반되는 극성이 있고, 그 둘 사이에는 항상 긴장과 갈등이 있습니다. 어떻게 하면 이원성으로 들어갈까요? 음, 여러분은 실제로 하나의 특정한 이원적 극성에 기반을 둔 자아를 창조하면서 이원성으로 들어갑니다. 그 특정한 이원적 극성은 상반되는 이원적 극성에 의해 대립될 것이고, 그것은 여러분이 떠밀리게 될 것이라는 의미이며, 두 가지 다른 극성으로부터 밀리고 당겨지는 상태에 있게 된다는 의미입니다. 그리고 그것은 이제 자유로운 선택을 하지 못한다는 뜻입니다. 여러분은 한 특정한 극성 안에 있으며, 그것은 다른 이원적인 극성에 의해 대립되며, 그리고 여러분은 반대되는 것에 반응하도록 강요됩니다.

지금 자신이 가진 자아감과 반대되는 것을 여러분은 어떻게 다루게 될까요? 만일 이원성에 빠져 있지 않다면, 여러분의 자아감에 반대되는 것이 없지만, 이원성에 들어가 있을 때는 언제나 여러분의 자아감에 반대되는 것이 있습니다. 이원적인 자아와 자신을 동일시하는 한, 여러분은 반대되는 것에 반응하는 것을 피할 수 없다고 생각하며, 그렇게 느끼고, 그렇게 경험할 것입니다. 여러분은 반응해야 됩니다. 여러분은 어떻게 반응합니까? 다른 자아를 만들어서 반응합니다. 하지만 그 새로운 자아도 이원적입니다. 그것에도 대립되는 것이 있습니다. 여러분은 또다시 그것에 반응해야 되는데, 어떻게 반응할까요? 세 번째 자아를 만들어서 반응합니다. 그 세번째 자아도 대립되는 것이 있고 여러분은 네번째 자아를 만듭니다. 이런 식으로 무한정 계속되며, 이렇게 결정하게 될 때까지 여러분은 자아 위에 자아를 계속 구축합니다. "더 이상은 이렇게 할 수 없어. 다른 방법이 있어야만 돼. 출구가 무엇일까? 신이시여, 제게 벗어날 방법을 보여주세요." 그러면, 그때가 어떤 형태로든 길을 제시하기 위해 그리스도가 나타나는 때입니다.

여러분도 알겠지만, 지구와 같은 행성에서 여러분이 들어갈 수 있는 기본적인 이원론적 극성은, 지구에 육화하기 위해서는, 어떤 육화에서든 반드시 남자나 여자의 몸에 들어가야 한다는 것입니다. 남자나 여자의 몸으로 들어가 육화하기 위해서는, 반드시 그 몸에 기반을 둔 자아를 만들어야 하며, 그 자아는 당연히 여러분이 육화한 곳의 문화적 맥락에 기반을 두게 됩니다. 그 자아에 대립되는 것이 있을 것이고, 여러분은 새로운 자아나 다른 것들을 끝도 없이 만들면서 그것에 반응해야 됩니다.

음, 이 말이 여러분을 매우 낙담시키는 것으로 들릴 것임을 압니다. 여러분이 만든 자아의 숫자가 무한할 수도 있으니까요? 음, 실제로는 시간이 무한하지 않기 때문에 무한한 숫자일 수는 없지만, 하여튼 대단히 많을 수 있습니다. 그럼에도 불구하고, 이 때문에 그리스도가 있습니다. 이것이 그리스도의 기능입니다. 여러분이 어떤 종류의 분리된 자아를 창조했든, 그리스도는 여러분이 이 특정 자아가 아니기 때문에 그 자아를 죽게 놔둘 수 있고, 그 자아가 죽어도 여러분은 죽지 않는다는 관점과 깨달음, 경험을 제공합니다. 그래서 내가 이렇게 말했습니다. "나를 따르기 위해 기꺼이 자기 목숨을 잃고, 그 자아의 목숨을 잃는 자는 그리스도 나선과 다시 합류할 수 있는 지점으로 향하는 상향나선의 영생을 찾을 것입니다.", 여러분의 구체가 상승하는 마지막 주기까지 그리스도 나선은 영원한 생명이자, 영원한 자기-초월입니다. 그러면, 당연히 그 너머 상승 영역에서의 삶이 있습니다. 이것이 그리스도의 본질입니다. 그것은 자기-초월입니다.

여성이 주도하는 새로운 형태의 그리스도교

물론 지금은 그리스도 종교에서 일어났던 일들 때문에, 그리스도는 보편적인 용어가 아닙니다. 다른 신비 전통들은 같은 원리에 다른 단어들을 사용했지만, 여기에서 진실은 그리스도가 자기-초월의 원리임을 여러분이 이해할 때, 우리가 여러분에게 줄 수 있는 가장 보편적인 단어는 "그리스도"라는 것입니다. 그것이 그리스도의 본질입니다. 여러분은 상승 마스터 학생으로서 이 말을 이해할 수 있습니다. 이전보다 더 의식적으로 그리스도를 구현할 수 있습니다.

여러분은 다른 사람들이 이것을 깨닫도록 요청할 수 있습니다. 내가 여러분에게 이렇게 말했기 때문입니다. "그리스도 종교가 현대 민주주의 국가에서 살아남으려면, 반드시 스스로를 초월해야 됩니다." 그렇게 하려면 가톨릭교회와 유대교, 구약성서의 역사적인 짐, 종교가 아직까지도 끌고 다니는 이러한 짐들을 초월해야 합니다. 여러분은 가톨릭교회와 같은 제도를 보고 이렇게 말할 수도 있습니다. "하지만 가톨릭교회는 17세기 동안 살아남았고 아직도 여전히 전 세계에 13억 명의 회원이 있습니다." 지금 현대 민주주의 국가에서는 그 회원이 점점 감소하고 있는데, 현대 민주주의 국가에서 일어나고 있는 현상은, 단지 세계적인 규모로 일어날 일의 예고일 뿐입니다.

가톨릭은 지금 형태로는 성 저메인의 황금시대에 살아남지 못합니다. 문제는 가톨릭 전통이 스스로 변모할 수 있느냐 하는 것입니다. 그것은 전에 얘기했듯이, 공개적인 질문입니다. 새로운 형태의 그리스도교가 등장할 수 있고, 혹은 다른 것들에 집중할 수 있는 몇 가지 새로운 형태의 그리스도교가 출현할 가능성도 있습니다. 이런 일이 일어나려면, 주로 여성들이 주도해야 합니다. 남자들도 포함되겠지만, 주로 의욕이 있는 여성들이 주도하게 될 것입니다. 그들 중 많은 사람이 여러분의 요청 때문에 상승 마스터 예수 그리스도의 마음에 자유롭게 조율할 수 있고 기꺼이 조율하게 되기 때문입니다.

어떤 의미에서 그들은 나를 상승 마스터로 인식하지 못할 수도 있지만, 어떤 아이디어에 조율해 아이디어들을 받아들일 수 있고, 갑자기 눈에서 비늘이 떨어져 나가 새로운 방향으로 들어갈 필요가 있음을 볼 수 있습니다. 사람들에게 더 집중하며, 사람들에게 봉사하고, 사람들이 현시대에 직면하는 도전에 대처하도록 돕는 새로운 그리스도 교회를 만들 필요가 있습니다. 여러분이 현시대에 만나는 도전들은 무엇인가요? 현대 민주주의 국가에는, 성장하는 것과 물리적인 생존, 물질적인 요구가 실제로 도전이었던 적이 없는 사람들이 있습니다. 그들은 그들의 주의력을 다 소모하지 않을 정도로 보살핌을 받아왔습니다.

그다음의 논리적인 단계는 무엇인가요? 그다음 단계는 매슬로우의 욕구 피라미드에 따르면 자아실현 욕구로 들어가는 것입니다. 음, 상승 마스터의 가르침을 몰라도, 그리스도의 가르침과 본보기를 이용해서 사람들이 자아실현의 욕구를 충족하도록 돕는 데 바탕을 둔 그리스도 교회를 만들 수 있을까요? 예, 당연히 가능합니다. 기꺼이 내 마음에 조율해서 내 아이디어를 받아들일 수 있는 사람들이 있다면 가능합니다. 이것은 상승 마스터를 인식하는 사람들에게 달린 문제가 아닙니다. 그것은 그들이 내 마음에 조율해서 이러한 아이디어들을 받아들이는 문제입니다. 이런 일은 일어날 수 있습니다. 어떤 시도들은 더 많이 조율된 사람들에 의해 이미 이루어졌습니다. 당연히 여러분은 이런 일이 확산되도록 요청할 수 있습니다. 정말 솔직히 말하면, 나는 이런 일이 일어나든 일어나지 않든 거기에 집착하지 않습니다. 새로운 형태의 그리스도교가 출현하든 그렇지 않든, 그리스도 종교가 사라질 것인가의 여부에 나는 집착하지 않습니다. 왜냐하면, 우리가 진입하고 있는 이 시대에는 사람들의 욕구를 실현하기에 더 적합한 다른 형태의 영적인 운동이 출현할 것이기 때문입니다.

내가 말하려고 하는 것은, 새로운 형태의 그리스도교가 나타나면, 정말이지 구약은 그리스도교 경전에서 적출되어야 한다는 것입니다. 또한, 보다 다양한 성경의 배경을 얻기 위해서, 적어도 오늘날 대중적으로 영지주의 복음서(Gnostic Gospels)라고 부르는 것을 포함시킬 필요가 있습니다. 당연히, 여러분은 내가 이 메신저만을 통해 준 가르침을 바탕으로 새로운 그리스도교를 만들 수도 있지만, 하지만 그렇게 될 가능성은 없습니다. 사람들이 경전을 전부 없앨 가능성은 없지만, 구약을 버리고, 일부 외경(外經)을, 솔직히 말하면 어떤 외경은 그리스도 마음에서 나온 것이 아니므로, 반드시 전부는 아니고 일부를 경전에 통합시킬 필요가 있음을 알아야 합니다.

구약은 여성에게 평등함을 줄 수 없습니다

왜 구약을 버려야 할까요? 음, 구약이 신의 말씀이고, 오류가 없는 계시를 통해 전해졌다고 여러분이 믿는 한, 여러분은 여자는 남자보다 열등하며, 여자가 전 인류를 타락하게 만든 원인이라고 규정하는 이러한 짐을 극복할 수 없습니다. 새로운 형태의 그리스도교는 반드시 이런 사고방식을 버려야 합니다. 그렇지 않으면 현대에서 살아남을 가망이 전혀 없습니다. 여러분은 반드시 이 구약의 짐을 놓아버려야 됩니다. 구약을 버리지 않고는 방법이 없습니다. 구약에는 현대인과 관련된 것이 거의 없습니다. 구약은 주로 유대인들의 역사이며 유대인이 아닌 사람들과는 관련이 없습니다. 유대인들이 토라를 지키게 하고, 원한다면 무슬림들은 구약 성서를 지키도록 내버려 두세요. 단지 새로운 증언만이 아니라, 성장을 촉진하고, 자기-초월을 촉진하는, 정적인 형태의 그리스도교가 아닌 보편적인 그리스도 마음을 가지고 새롭게 조율하는, 새로운 형태의 그리스도교로 나아가세요.

이것은 물론 커다란 도전입니다. 왜냐하면, 타락한 존재들은 자기-초월에 기반을 둔 이런 종류의 운동을 원하지 않기 때문입니다. 그들은 가톨릭교회가 형성된 이후 지금까지 여러분이 가졌던 것과 같은 그리스도교, 즉 자기-초월의 능력을 부인하는 유형의 그리스도교를 유지하고 싶어합니다. 그들이 뭐라고 하나요? "오직 교황만이 그리스도가 됩니다. 오직 교황만이 그리스도와 직접 접촉합니다. 오직 성직자들과 사제들만 신과 인간을 중재합니다."

2000년 전 내가 실제로 전해 주러 온 주된 메시지는 무엇이었을까요? 영과 인간 사이에는 중재자가 되는 인간이나 인간의 제도는 없습니다. 오직 그리스도만이 중재자이며, 그리스도는 여러분이 지구에서 창조할 수 있는 어떤 분리라도 모두 초월하는 보편적인 마음입니다. 그리스도는 언제나 모든 사람을 위해 있습니다. 여러분은 그리스도를 어디에서 찾습니까? 자, 그리스도는 신의 왕국에 거주합니다. 그런데

신의 왕국은 어디에 있나요? 신의 왕국이 여러분의 내면에 있는 까닭은, 신의 왕국은 제한적인 자아를 인식하는 여러분의 능력이며, 그리스도를 따르기 위해서 자발적으로 그 자아를 죽게 놓아둘 수 있고, 더 높은 의식으로 올라가기 위해 여러분이 창조되었을 때 가졌던 자아감에 더 가까운, 더 높은 자아감으로 다시 태어나는 능력이기 때문입니다. 그것은 그리스도 마음으로부터 창조되었고, 따라서 그리스도 나선, 즉 형상 세계 전체를 이끄는 자기-초월의 상향나선에 맞춰졌습니다. 이것이 영원한 생명이고, 그리스도 나선입니다.

여러분은 즉각적인 전환으로 영생을 얻을 수 없습니다. 여러분은 점진적으로, 하나씩 하나씩 이들 분리된 이원적 자아들을 죽이고 다시 태어나는 기간을 거칠 수 있습니다. 그렇게 하면, 마지막 자아를 죽게 하고, 이제 그리스도 나선과 다시 합류해서 영생을 얻는 지점에 이를 수 있습니다. 육체의 영생이 아니라 영적인 존재 속에서, 여러분이 점점 이 외면의 자아들이라는 허물을 벗어버리면서 다시 연결되는 영적인 정체성 안에서의 영생 말입니다.

이로써, 나는 여러분을 내가 이 행성에 가져온 기쁨의 그리스도 불꽃에 봉인합니다. 전에도 말했듯이, 그리스도교 안에서 예수 그리스도와 기쁨을 연관시키는 사람이 얼마나 될까요? 그것이 그리스도교가 얼마나 왜곡되었는지 보여줍니다. 왜냐하면, 그리스도의 기쁨이 무엇인가요? 그것은 제한된 자아를 죽게 두고 더 확장된 자아감으로 다시 태어나는 것입니다. 그것이야말로 지구와 같은 어두운 행성에서 여러분이 경험할 수 있는 가장 높은 형태의 기쁨입니다. 그러니, 그 무한한 기쁨의 그리스도 불꽃에 봉인되세요.

17
새로운 형태의 그리스도교를 기원하기-1 (기원)

I AM THAT I AM, 예수 그리스도의 이름으로, 나는 지구에 육화한 존재로서 가진 내 권한을 사용하여 예수님께 이 기원을 증폭해 달라고 요청합니다. 내 차크라들을 통해 이 기원문의 내용을 집단의식으로 방출하시어, 여성과 남성 모두가 타락한 존재들의 심리적, 영적 속박에서 자유로워지도록 의식을 일깨워 주소서. 우리는 영적인 존재들이며 상승 마스터들과 함께 일함으로써 새로운 미래를 공동창조할 수 있다는 진실(reality)을 일깨워 주소서. 나는 특히 이것을 요청합니다... (여기에 개인적인 요청을 추가하세요)

파트 1

1. 사랑하는 예수님, 여성들을 일깨워 여성을 억압하는 종교나 영성 운동을 창조하는 것이 결코 당신의 의도가 아니었음을 알게 하소서.

오 예수님, 내 축복받은 형제시여,
나는 당신이 그려 주는 길을 갑니다.
우리 모두의 위대한 본보기시여,

나는 이제 내면에서 당신의 부름을 따릅니다.

오 예수님, 환희의 불꽃이,
악마의 교묘한 계책을 불태우게 하소서.
우리의 지구 행성은 변형되어,
황금시대의 탄생을 가져올 것입니다.

2. 사랑하는 예수님, 여성들을 일깨워 지구처럼 어두운 행성에 전해질 수 있는 영적 가르침은 어떤 것이든 맥락에 따라야 하고, 그 맥락은 집단의식임을 알게 하소서.

오 예수님, 내면의 눈을 열어 주소서.
에고는 자신이 옳다는 것을 입증하려 하지만,
나는 더 이상 이를 따르지 않으며,
당신과 온전히 하나 되기를 원합니다.

오 예수님, 환희의 불꽃이,
악마의 교묘한 계책을 불태우게 하소서.
우리의 지구 행성은 변형되어,
황금시대의 탄생을 가져올 것입니다.

3. 사랑하는 예수님, 여성들을 일깨워 당신이 중동에 육화했던 이유는 중동이 지구에서 가장 어두운 지역 가운데 하나였기 때문임을 알게 하소서. 중동은 에너지 수준이 가장 낮은 지역이었고, 집단의식이 가장 낮은 상태였으며, 지금도 여전히 그러합니다.

오 예수님, 내게 주어진 대 지혜의 열쇠를,
이제는 명료하게 깨닫습니다.
이에 내가 그리스도 자아를 받아들이니,
당신의 평화가 내면에 넘칩니다.

오 예수님, 환희의 불꽃이,
악마의 교묘한 계책을 불태우게 하소서.
우리의 지구 행성은 변형되어,
황금시대의 탄생을 가져올 것입니다.

4. 사랑하는 예수님, 중동이 성스러운 땅이어서 당신이 중동으로 왔다는 환영을 산산이 부숴주소서.

오 예수님, 뱀의 거짓말을 드러내시고,
내 눈의 들보를 보게 해주소서.
당신이 나에게 그리스도의 분별력을 주시니,
나는 영원히 하나됨 안에 거합니다.

오 예수님, 환희의 불꽃이,
악마의 교묘한 계책을 불태우게 하소서.
우리의 지구 행성은 변형되어,
황금시대의 탄생을 가져올 것입니다.

5. 사랑하는 예수님, 여성들을 일깨워 집단의식이 그 당시 당신이 전할 수 있던 가르침의 한계를 설정했음을 알게 하소서. 당신은 그 당시 남성 지배적인 사회에 도전하는 가르침을 직접적이고 공개적으로 전할 수 없었습니다. 당시 중동 사람들은 이것을 받아들일 준비가 되지 않았었습니다.

오 예수님, 나는 진실로 온유하며,
나의 다른 뺨도 내어줍니다.
핍박자가 나를 공격할 때,
나는 내면으로 들어가 당신과 하나가 됩니다.

오 예수님, 환희의 불꽃이,
악마의 교묘한 계책을 불태우게 하소서.
우리의 지구 행성은 변형되어,
황금시대의 탄생을 가져올 것입니다.

6. 사랑하는 예수님, 여성들을 일깨워 당신은 행동을 통해, 그리고 주변에 형성된 공동체를 통해, 남녀를 영적 성장의 동등한 잠재력을 가진 존재로 대하는 본보기를 보였음을 알게 하소서.

오 예수님, 나는 에고를 죽게 놓아두며,
모든 지상의 속박을 내려놓습니다.
죽은 자는 죽은 자가 장사 지내게 하며,
나는 당신과 함께 걸어갑니다.

오 예수님, 환희의 불꽃이,
악마의 교묘한 계책을 불태우게 하소서.
우리의 지구 행성은 변형되어,
황금시대의 탄생을 가져올 것입니다.

7. 사랑하는 예수님, 여성들을 일깨워 당신에게 남성 제자들만 있었던 것이 아님을 알게 하소서. 직제자들의 남녀 비율은 같았습니다.

오 예수님, 더 높은 사랑을 통해,
내가 악마의 시험을 넘어서게 하소서.
분리된 자아가 비실재임을 보여주시고,
형상을 초월한 내 현존을 드러내소서.

오 예수님, 환희의 불꽃이,
악마의 교묘한 계책을 불태우게 하소서.
우리의 지구 행성은 변형되어,

황금시대의 탄생을 가져올 것입니다.

8. 사랑하는 예수님, 그리스도에게 오직 남성 제자들만 있었기 때문에, 남녀 사이에 차이가 존재한다는 환영을 산산이 부숴주소서.

오 예수님, 내게 속한 모든 것을,
나는 다 놓아버리고 당신을 따릅니다.
이로써 나는 모든 시험을 통과하고,
당신과 함께 영원한 휴식을 발견합니다.

오 예수님, 환희의 불꽃이,
악마의 교묘한 계책을 불태우게 하소서.
우리의 지구 행성은 변형되어,
황금시대의 탄생을 가져올 것입니다.

9. 사랑하는 예수님, 여성들을 일깨워 그리스도교 경전은 당신의 행동과 여성과의 관계, 당신이 여성을 대했던 방법을 정확하게 묘사하고 있지 않음을 알게 하소서. 그들은 당신에게 여자 제자들이 있었다고 묘사하지 않았습니다.

오 예수님, 불꽃 같은 나의 마스터시여,
지금 내 가슴은 당신의 가슴 안으로 녹아듭니다.
가슴과 마음과 영혼을 다하여,
내 지고의 목표인 신을 사랑합니다.

오 예수님, 환희의 불꽃이,
악마의 교묘한 계책을 불태우게 하소서.
우리의 지구 행성은 변형되어,
황금시대의 탄생을 가져올 것입니다.

파트 2

1. 사랑하는 예수님, 여성들을 일깨워, 경전이 기록되고 난 후 그 특정한 경전들만 공식 정전(正典)으로 채택된 초기부터 왜곡이 이루어졌음을 알게 하소서.

오 예수님, 내 축복받은 형제시여,
나는 당신이 그려 주는 길을 갑니다.
우리 모두의 위대한 본보기시여,
나는 이제 내면에서 당신의 부름을 따릅니다.

오 예수님, 환희의 불꽃이,
악마의 교묘한 계책을 불태우게 하소서.
우리의 지구 행성은 변형되어,
황금시대의 탄생을 가져올 것입니다.

2. 사랑하는 예수님, 여성들을 일깨워 당신이 육화에서 떠나자마자, 당신이 시도했던 남녀 간의 평등한 관계는 폐기되거나 사라져버렸음을 알게 하소서.

오 예수님, 내면의 눈을 열어 주소서.
에고는 자신이 옳다는 것을 입증하려 하지만,
나는 더 이상 이를 따르지 않으며,
당신과 온전히 하나 되기를 원합니다.

오 예수님, 환희의 불꽃이,
악마의 교묘한 계책을 불태우게 하소서.
우리의 지구 행성은 변형되어,
황금시대의 탄생을 가져올 것입니다.

3. 사랑하는 예수님, 여성들을 일깨워 베드로가 주도한 운동은 그의 남성 우월주의 사고방식을 극복할 수 없었음을 알게 하소서.

오 예수님, 내게 주어진 대 지혜의 열쇠를,
이제는 명료하게 깨닫습니다.
이에 내가 그리스도 자아를 받아들이니,
당신의 평화가 내면에 넘칩니다.

오 예수님, 환희의 불꽃이,
악마의 교묘한 계책을 불태우게 하소서.
우리의 지구 행성은 변형되어,
황금시대의 탄생을 가져올 것입니다.

4. 사랑하는 예수님, 여성들을 일깨워 중동에는 그런 강한 가부장적, 남성 지배적인 사고방식이 존재했으며, 초기에 그리스도를 따랐던 많은 추종자가 그것을 극복하지 못했음을 알게 하소서. 그들은 여성의 역할을 부차적으로 격하시키는 많은 그룹과 종파들을 만들었습니다.

오 예수님, 뱀의 거짓말을 드러내시고,
내 눈의 들보를 보게 해주소서.
당신이 나에게 그리스도의 분별력을 주시니,
나는 영원히 하나됨 안에 거합니다.

오 예수님, 환희의 불꽃이,
악마의 교묘한 계책을 불태우게 하소서.
우리의 지구 행성은 변형되어,
황금시대의 탄생을 가져올 것입니다.

5. 사랑하는 예수님, 여성들을 일깨워 여성의 역할이 보편적인 것이 아님을 알게 하소서. 신은 남녀를 근본적으로 다르게 창조하지 않았

습니다. 진화는 육체를 제외하고는 남녀 사이에 근본적인 차이를 가
져오지 않았습니다.

오 예수님, 나는 진실로 온유하며,
나의 다른 뺨도 내어줍니다.
핍박자가 나를 공격할 때,
나는 내면으로 들어가 당신과 하나가 됩니다.

오 예수님, 환희의 불꽃이,
악마의 교묘한 계책을 불태우게 하소서.
우리의 지구 행성은 변형되어,
황금시대의 탄생을 가져올 것입니다.

6. 사랑하는 예수님, 여성들을 일깨워 영적인 수준에서는, 남녀 사이
에 근본적인 차이가 없음을 알게 하소서.

오 예수님, 나는 에고를 죽게 놓아두며,
모든 지상의 속박을 내려놓습니다.
죽은 자는 죽은 자가 장사 지내게 하며,
나는 당신과 함께 걸어갑니다.

오 예수님, 환희의 불꽃이,
악마의 교묘한 계책을 불태우게 하소서.
우리의 지구 행성은 변형되어,
황금시대의 탄생을 가져올 것입니다.

7. 사랑하는 예수님, 여성들을 일깨워 우리에게는 오래전에 창조된 특
정한 자아들이 있음을 알게 하소서. 하지만 그 자아들은 이것이 남녀
의 모습이라는 영적, 보편적 정의에 근거하지 않습니다.

오 예수님, 더 높은 사랑을 통해,
내가 악마의 시험을 넘어서게 하소서.
분리된 자아가 비실재임을 보여주시고,
형상을 초월한 내 현존을 드러내소서.

오 예수님, 환희의 불꽃이,
악마의 교묘한 계책을 불태우게 하소서.
우리의 지구 행성은 변형되어,
황금시대의 탄생을 가져올 것입니다.

8. 사랑하는 예수님, 여성들을 일깨워 모든 분리된 자아들이 문화적 맥락에 바탕을 두고 있음을 알게 하소서. 문화적인 맥락은 지구에 근본적인 분열과 갈등을 초래하기 위해, 남자를 우성으로 여자를 열성으로 만들려고 시도했던 타락한 존재들에게 영향받았습니다.

오 예수님, 내게 속한 모든 것을,
나는 다 놓아버리고 당신을 따릅니다.
이로써 나는 모든 시험을 통과하고,
당신과 함께 영원한 휴식을 발견합니다.

오 예수님, 환희의 불꽃이,
악마의 교묘한 계책을 불태우게 하소서.
우리의 지구 행성은 변형되어,
황금시대의 탄생을 가져올 것입니다.

9. 사랑하는 예수님, 여성들을 일깨워 당신은 그리스도를 대변하러 왔고, 그리스도 의식을 가진 한 사람이 어떻게 모든 것에 대한 다른 관점을 가져올 수 있는지를 보여주러 왔음을 알게 하소서.

오 예수님, 불꽃 같은 나의 마스터시여,

지금 내 가슴은 당신의 가슴 안으로 녹아듭니다.
가슴과 마음과 영혼을 다하여,
내 지고의 목표인 신을 사랑합니다.

오 예수님, 환희의 불꽃이,
악마의 교묘한 계책을 불태우게 하소서.
우리의 지구 행성은 변형되어,
황금시대의 탄생을 가져올 것입니다.

파트 3

1. 사랑하는 예수님, 여성들을 일깨워 당신이 남녀를 평등하게 대했음을 알게 하소서. 그리스도에게는, 그리스도 마음에는 남녀 간의 가치와 잠재력이 동등하기 때문입니다.

오 예수님, 내 축복받은 형제시여,
나는 당신이 그려 주는 길을 갑니다.
우리 모두의 위대한 본보기시여,
나는 이제 내면에서 당신의 부름을 따릅니다.

오 예수님, 환희의 불꽃이,
악마의 교묘한 계책을 불태우게 하소서.
우리의 지구 행성은 변형되어,
황금시대의 탄생을 가져올 것입니다.

2. 사랑하는 예수님, 여성들을 일깨워 그리스도 마음에는 남녀의 차이가 없음을 알게 하소서. 그리스도 마음은 어떤 한 사람을 볼 때, 육체의 성(sex)을 초월해서 그 사람의 존재를 봅니다.

오 예수님, 내면의 눈을 열어 주소서.

에고는 자신이 옳다는 것을 입증하려 하지만,
나는 더 이상 이를 따르지 않으며,
당신과 온전히 하나 되기를 원합니다.

오 예수님, 환희의 불꽃이,
악마의 교묘한 계책을 불태우게 하소서.
우리의 지구 행성은 변형되어,
황금시대의 탄생을 가져올 것입니다.

3. 사랑하는 예수님, 여성들을 일깨워 존재의 핵심이 의식하는 자아임을 알게 하소서. 의식하는 자아는 중립적이며, 성적으로도 중립적(gender neutral)입니다. 그리고 아이앰 현존이 있는데, 이 역시 성 중립적입니다.

오 예수님, 내게 주어진 대 지혜의 열쇠를,
이제는 명료하게 깨닫습니다.
이에 내가 그리스도 자아를 받아들이니,
당신의 평화가 내면에 넘칩니다.

오 예수님, 환희의 불꽃이,
악마의 교묘한 계책을 불태우게 하소서.
우리의 지구 행성은 변형되어,
황금시대의 탄생을 가져올 것입니다.

4. 사랑하는 예수님, 여성들을 일깨워 의식하는 자아가 일정한 수의 자아들에 갇혀 있을 수 있고, 따라서 이와 동일시되고 있음을 알게 하소서. 이 자아들은 성 중립적이지 않고 참된 그 사람도 아닙니다. 그러므로 그리스도는 이것을 초월해서 보며 어떻게 하면 분리된 자아들로부터 그 특정한 사람을 해방시킬 수 있을지를 살펴봅니다.

오 예수님, 뱀의 거짓말을 드러내시고,
내 눈의 들보를 보게 해주소서.
당신이 나에게 그리스도의 분별력을 주시니,
나는 영원히 하나됨 안에 거합니다.

오 예수님, 환희의 불꽃이,
악마의 교묘한 계책을 불태우게 하소서.
우리의 지구 행성은 변형되어,
황금시대의 탄생을 가져올 것입니다.

5. 사랑하는 예수님, 여성들을 일깨워 그리스도는 어떻게 하면 사람들을 도와 그들을 제한하고 있는 모든 것에서 자유롭게 할 수 있는지를 살펴봄을 알게 하소서. 남성 지향적인 자아가 일부 있을 수도 있고, 여성 지향적인 자아가 일부 있을 수도 있지만, 그것이 그리스도에게는 중요하지 않습니다.

오 예수님, 나는 진실로 온유하며,
나의 다른 뺨도 내어줍니다.
핍박자가 나를 공격할 때,
나는 내면으로 들어가 당신과 하나가 됩니다.

오 예수님, 환희의 불꽃이,
악마의 교묘한 계책을 불태우게 하소서.
우리의 지구 행성은 변형되어,
황금시대의 탄생을 가져올 것입니다.

6. 사랑하는 예수님, 여성들을 일깨워 그리스도는 어떠한 가치 판단도 하지 않음을 알게 하소서. 그리스도는 여성을 남성과 다르게, 혹은 남성을 여성과 다르게 대하지 않습니다. 언제나 목표는 그것이 무엇이든 사람들이 갇혀 있는 것에서 그들을 해방하는 것입니다.

오 예수님, 나는 에고를 죽게 놓아두며,
모든 지상의 속박을 내려놓습니다.
죽은 자는 죽은 자가 장사 지내게 하며,
나는 당신과 함께 걸어갑니다.

오 예수님, 환희의 불꽃이,
악마의 교묘한 계책을 불태우게 하소서.
우리의 지구 행성은 변형되어,
황금시대의 탄생을 가져올 것입니다.

7. 사랑하는 예수님, 여성들을 일깨워 그리스도교가 남성 지배적인 종교가 된 이유는 경전을 기록하고, 혹은 다양한 종파와 그룹을 창시했던 자들이 당신에게 투사했기 때문임을 알게 하소서. 그들은 당신이 그들이 여성을 보는 방식으로 여성을 보고, 그들이 여성을 대우하는 방식으로 대하고 있다고 투사했습니다.

오 예수님, 더 높은 사랑을 통해,
내가 악마의 시험을 넘어서게 하소서.
분리된 자아가 비실재임을 보여주시고,
형상을 초월한 내 현존을 드러내소서.

오 예수님, 환희의 불꽃이,
악마의 교묘한 계책을 불태우게 하소서.
우리의 지구 행성은 변형되어,
황금시대의 탄생을 가져올 것입니다.

8. 사랑하는 예수님, 여성들을 일깨워 가톨릭교회의 형성은 로마 사회에서 여성들이 열등한 위치에 있었다는 사실에 영향받았음을 알게 하소서.

오 예수님, 내게 속한 모든 것을,
나는 다 놓아버리고 당신을 따릅니다.
이로써 나는 모든 시험을 통과하고,
당신과 함께 영원한 휴식을 발견합니다.

오 예수님, 환희의 불꽃이,
악마의 교묘한 계책을 불태우게 하소서.
우리의 지구 행성은 변형되어,
황금시대의 탄생을 가져올 것입니다.

9. 사랑하는 예수님, 여성들을 일깨워 로마 사회에서 여성들은 의사 결정 과정의 일부가 되는 것에서 제외되는 특정한 위치에 있었음을 알게 하소서.

오 예수님, 불꽃 같은 나의 마스터시여,
지금 내 가슴은 당신의 가슴 안으로 녹아듭니다.
가슴과 마음과 영혼을 다하여,
내 지고의 목표인 신을 사랑합니다.

오 예수님, 환희의 불꽃이,
악마의 교묘한 계책을 불태우게 하소서.
우리의 지구 행성은 변형되어,
황금시대의 탄생을 가져올 것입니다.

파트 4

1. 사랑하는 예수님, 여성들을 일깨워 가톨릭교회는 로마 황제 콘스탄티누스가 제국을 통일하는 정치적 도구로 만들었음을 알게 하소서.

오 예수님, 내 축복받은 형제시여,

나는 당신이 그려 주는 길을 갑니다.
우리 모두의 위대한 본보기시여,
나는 이제 내면에서 당신의 부름을 따릅니다.

오 예수님, 환희의 불꽃이,
악마의 교묘한 계책을 불태우게 하소서.
우리의 지구 행성은 변형되어,
황금시대의 탄생을 가져올 것입니다.

2. 사랑하는 예수님, 여성들을 일깨워 남녀 관계처럼 로마 사회에 이미 구축된 제도에 도전하는 것이 콘스탄티누스의 의도가 아니었음을 알게 하소서.

오 예수님, 내면의 눈을 열어 주소서.
에고는 자신이 옳다는 것을 입증하려 하지만,
나는 더 이상 이를 따르지 않으며,
당신과 온전히 하나 되기를 원합니다.

오 예수님, 환희의 불꽃이,
악마의 교묘한 계책을 불태우게 하소서.
우리의 지구 행성은 변형되어,
황금시대의 탄생을 가져올 것입니다.

3. 사랑하는 예수님, 여성들을 일깨워 콘스탄티누스가 니케아 신조를 포함한 초기 가톨릭교회를 강력하게 장악했음을 알게 하소서. 니케아 신조는 당신을 인간의 지위를 초월한, 따라서 본보기가 될 수 없는 높은 곳으로 격상시켰습니다.

오 예수님, 내게 주어진 대 지혜의 열쇠를,
이제는 명료하게 깨닫습니다.

이에 내가 그리스도 자아를 받아들이니,
당신의 평화가 내면에 넘칩니다.

오 예수님, 환희의 불꽃이,
악마의 교묘한 계책을 불태우게 하소서.
우리의 지구 행성은 변형되어,
황금시대의 탄생을 가져올 것입니다.

4. 사랑하는 예수님, 여성들을 일깨워 로마 가톨릭교회는 당신이 남녀
를 동등하게 대했다는 인식의 잔재를 모두 치워버렸음을 알게 하소서.
그들은 당신이 했던 대로 하려는 것이 아니라, 당신이 했다고 그들이
말하는 것을 하려고 했습니다.

오 예수님, 뱀의 거짓말을 드러내시고,
내 눈의 들보를 보게 해주소서.
당신이 나에게 그리스도의 분별력을 주시니,
나는 영원히 하나됨 안에 거합니다.

오 예수님, 환희의 불꽃이,
악마의 교묘한 계책을 불태우게 하소서.
우리의 지구 행성은 변형되어,
황금시대의 탄생을 가져올 것입니다.

5. 사랑하는 예수님, 여성들을 일깨워 처음부터 가톨릭교회는 그리스
도의 진정한 가르침에 기반을 두지 않았음을 알게 하소서. 가톨릭교
회는 보편적인 그리스도 마음이나 상승 마스터 예수 그리스도와의 조
율에 전혀 기반을 두지 않았습니다.

오 예수님, 나는 진실로 온유하며,
나의 다른 뺨도 내어줍니다.

핍박자가 나를 공격할 때,
나는 내면으로 들어가 당신과 하나가 됩니다.

오 예수님, 환희의 불꽃이,
악마의 교묘한 계책을 불태우게 하소서.
우리의 지구 행성은 변형되어,
황금시대의 탄생을 가져올 것입니다.

6. 사랑하는 예수님, 여성들을 일깨워 가톨릭교회는 인공(人工)적인 이미지를 만들어서 그것을 그리스도에게 투사한, 전적으로 인간이 꾸며낸 인공적인 제도였음을 알게 하소서.

오 예수님, 나는 에고를 죽게 놓아두며,
모든 지상의 속박을 내려놓습니다.
죽은 자는 죽은 자가 장사 지내게 하며,
나는 당신과 함께 걸어갑니다.

오 예수님, 환희의 불꽃이,
악마의 교묘한 계책을 불태우게 하소서.
우리의 지구 행성은 변형되어,
황금시대의 탄생을 가져올 것입니다.

7. 사랑하는 예수님, 여성들을 일깨워 교부(敎父)들이 예수 그리스도가 어떤 사람인지, 당신의 메시지가 어떤 것인지에 대한 인공(人工)적인 이미지를 만들었음을 알게 하소서. 그들은 그것을 당신이 아닌, 당신에 대한 사람들의 관점(view)에 투사했습니다.

오 예수님, 더 높은 사랑을 통해,
내가 악마의 시험을 넘어서게 하소서.
분리된 자아가 비실재임을 보여주시고,

형상을 초월한 내 현존을 드러내소서.

오 예수님, 환희의 불꽃이,
악마의 교묘한 계책을 불태우게 하소서.
우리의 지구 행성은 변형되어,
황금시대의 탄생을 가져올 것입니다.

8. 사랑하는 예수님, 여성들을 일깨워 이 이미지가 천년 넘게 강화되며 구축되어왔으며 지금도 여전히 강화되고 있음을 알게 하소서.

오 예수님, 내게 속한 모든 것을,
나는 다 놓아버리고 당신을 따릅니다.
이로써 나는 모든 시험을 통과하고,
당신과 함께 영원한 휴식을 발견합니다.

오 예수님, 환희의 불꽃이,
악마의 교묘한 계책을 불태우게 하소서.
우리의 지구 행성은 변형되어,
황금시대의 탄생을 가져올 것입니다.

9. 사랑하는 예수님, 여성들을 일깨워 천년 넘게 가톨릭교회는 여성을 억압하고, 여성이 사회에서 부차적인 위치에 있는 현재 상황을 유지하기 위한 도구였음을 알게 하소서.

오 예수님, 불꽃 같은 나의 마스터시여,
지금 내 가슴은 당신의 가슴 안으로 녹아듭니다.
가슴과 마음과 영혼을 다하여,
내 지고의 목표인 신을 사랑합니다.

오 예수님, 환희의 불꽃이,

악마의 교묘한 계책을 불태우게 하소서.
우리의 지구 행성은 변형되어,
황금시대의 탄생을 가져올 것입니다.

봉인

I AM THAT I AM의 이름으로, 나는 대천사 미카엘과 아스트레아와 쉬바께서 나와 모든 건설적인 사람 주위에 뚫을 수 없는 보호막을 형성하여, 우리를 네 옥타브 안에 있는 모든 두려움 기반의 에너지로부터 봉인해 주심을 받아들입니다. 나는 신의 빛(Light of God)이 지구 여성들을 자유롭게 하는 데 저항하는, 어둠의 힘을 구성하는 두려움 기반의 모든 에너지를 변형하고 소멸하고 있음을 받아들입니다!

.

18

새로운 형태의 그리스도교를 기원하기-2 (기원)

I AM THAT I AM, 예수 그리스도의 이름으로, 나는 지구에 육화한 존재로서 가진 내 권한을 사용하여 예수님께 이 기원을 증폭해 달라고 요청합니다. 내 차크라들을 통해 이 기원문의 내용을 집단의식으로 방출하시어, 여성과 남성 모두가 타락한 존재들의 심리적, 영적 속박에서 자유로워지도록 의식을 일깨워 주소서. 우리는 영적인 존재들이며 상승 마스터들과 함께 일함으로써 새로운 미래를 공동창조할 수 있다는 진실(reality)을 일깨워 주소서. 나는 특히 이것을 요청합니다... (여기에 개인적인 요청을 추가하세요)

파트 1

1. 사랑하는 예수님, 여성들을 일깨워 많은 여성이 그리스도교뿐 아니라 사회 전체 현재 상황에 의문을 제기하기 시작했을 때, 가톨릭교회가 마녀사냥을 시작했음을 알게 하소서.

오 예수님, 내 축복받은 형제시여,
나는 당신이 그려 주는 길을 갑니다.

우리 모두의 위대한 본보기시여,
나는 이제 내면에서 당신의 부름을 따릅니다.

오 예수님, 환희의 불꽃이,
악마의 교묘한 계책을 불태우게 하소서.
우리의 지구 행성은 변형되어,
황금시대의 탄생을 가져올 것입니다.

2. 사랑하는 예수님, 여성들을 일깨워 여성들이 자신들이 사회에서 부차적 위치를 차지해야 하는 이유와 자신들의 역할에 의문을 제기하기 시작했을 때, 이것이 위험한 움직임으로 여겨졌음을 알게 하소서. 가톨릭교회만이 아니라, 중세의 왕과 황제, 세속적인 지도자들도 이것을 위험하다 여겼습니다.

오 예수님, 내면의 눈을 열어 주소서.
에고는 자신이 옳다는 것을 입증하려 하지만,
나는 더 이상 이를 따르지 않으며,
당신과 온전히 하나 되기를 원합니다.

오 예수님, 환희의 불꽃이,
악마의 교묘한 계책을 불태우게 하소서.
우리의 지구 행성은 변형되어,
황금시대의 탄생을 가져올 것입니다.

3. 사랑하는 예수님, 여성들을 일깨워 이것이 마녀사냥으로 이어졌으며, 통상적인 규범을 넘어선 지식을 가진 여자들은 모두 마녀라는 꼬리표가 붙어 박해받고 화형에 처해졌음을 알게 하소서.

오 예수님, 내게 주어진 대 지혜의 열쇠를,
이제는 명료하게 깨닫습니다.

이에 내가 그리스도 자아를 받아들이니,
당신의 평화가 내면에 넘칩니다.

오 예수님, 환희의 불꽃이,
악마의 교묘한 계책을 불태우게 하소서.
우리의 지구 행성은 변형되어,
황금시대의 탄생을 가져올 것입니다.

4. 사랑하는 예수님, 여성들을 일깨워 마녀사냥 과정이 유럽 최초의 여성 운동을 근절하려는 의도적이고 공격적인 시도였으며, 그리스도 교가 핵심적인 역할을 했음을 알게 하소서.

오 예수님, 뱀의 거짓말을 드러내시고,
내 눈의 들보를 보게 해주소서.
당신이 나에게 그리스도의 분별력을 주시니,
나는 영원히 하나됨 안에 거합니다.

오 예수님, 환희의 불꽃이,
악마의 교묘한 계책을 불태우게 하소서.
우리의 지구 행성은 변형되어,
황금시대의 탄생을 가져올 것입니다.

5. 사랑하는 예수님, 여성들을 일깨워 현대에 이르기까지 크리스천 운동은, 루터교와 개신교 운동조차, 여성에게 투표권을 주는 것에 반대했음을 알게 하소서.

오 예수님, 나는 진실로 온유하며,
나의 다른 뺨도 내어줍니다.
핍박자가 나를 공격할 때,
나는 내면으로 들어가 당신과 하나가 됩니다.

오 예수님, 환희의 불꽃이,
악마의 교묘한 계책을 불태우게 하소서.
우리의 지구 행성은 변형되어,
황금시대의 탄생을 가져올 것입니다.

6. 사랑하는 예수님, 여성들을 일깨워 개신교 그리스도 교회에도 여성들에게 어떤 지위를 허용하는 것에 큰 저항이 있고, 일부 남자 성직자들은 여성이 사제나 주교로 임명되는 것에 반대함을 알게 하소서.

오 예수님, 나는 에고를 죽게 놓아두며,
모든 지상의 속박을 내려놓습니다.
죽은 자는 죽은 자가 장사 지내게 하며,
나는 당신과 함께 걸어갑니다.

오 예수님, 환희의 불꽃이,
악마의 교묘한 계책을 불태우게 하소서.
우리의 지구 행성은 변형되어,
황금시대의 탄생을 가져올 것입니다.

7. 사랑하는 예수님, 지금까지도 그리스도교가 여성 억압의 도구 역할을 한다는 사실 배후에 있는 어둠의 세력들, 타락한 존재들과 집단 영체들을 결박해 주시기를 요청합니다.

오 예수님, 더 높은 사랑을 통해,
내가 악마의 시험을 넘어서게 하소서.
분리된 자아가 비실재임을 보여주시고,
형상을 초월한 내 현존을 드러내소서.

오 예수님, 환희의 불꽃이,

악마의 교묘한 계책을 불태우게 하소서.
우리의 지구 행성은 변형되어,
황금시대의 탄생을 가져올 것입니다.

8. 사랑하는 예수님, 나는 가톨릭교회와 개신교가 창조한 집단 영체들을 결박해 주시기를 요청합니다. 그 영체들은 남자들로 하여금 자신들이 우월하고, 우월해야 하며, 여자들은 열등해야 한다고 느끼게 만듭니다.

오 예수님, 내게 속한 모든 것을,
나는 다 놓아버리고 당신을 따릅니다.
이로써 나는 모든 시험을 통과하고,
당신과 함께 영원한 휴식을 발견합니다.

오 예수님, 환희의 불꽃이,
악마의 교묘한 계책을 불태우게 하소서.
우리의 지구 행성은 변형되어,
황금시대의 탄생을 가져올 것입니다.

9. 사랑하는 예수님, 자신을 여전히 크리스천으로 여기는 많은 여성이 여성은 부차적인 지위를 가져야 한다는 것을 받아들여 이런 상태를 수용하게 만든 집단 영체들을 결박해 주시기를 요청합니다.

오 예수님, 불꽃 같은 나의 마스터시여,
지금 내 가슴은 당신의 가슴 안으로 녹아듭니다.
가슴과 마음과 영혼을 다하여,
내 지고의 목표인 신을 사랑합니다.

오 예수님, 환희의 불꽃이,
악마의 교묘한 계책을 불태우게 하소서.

우리의 지구 행성은 변형되어,
황금시대의 탄생을 가져올 것입니다.

파트 2

1. 사랑하는 예수님, 이 집단 영체들을 결박하여 사람들이 이런 사고
방식을 놓아버리고 더 이상 최면에 걸리지 않도록 기회를 주소서.

오 예수님, 내 축복받은 형제시여,
나는 당신이 그려 주는 길을 갑니다.
우리 모두의 위대한 본보기시여,
나는 이제 내면에서 당신의 부름을 따릅니다.

오 예수님, 환희의 불꽃이,
악마의 교묘한 계책을 불태우게 하소서.
우리의 지구 행성은 변형되어,
황금시대의 탄생을 가져올 것입니다.

2. 사랑하는 예수님, 교회를 계속 유지시키는 주된 추진력인 여성들을
일깨워 이렇게 자문하게 하소서. "그리스도교가 현대의 선진국에서 살
아남을 수 있을까? 그리스도교는 아직도 우리가 사는 이 현대 민주주
의 국가에서 확고하게 자리를 잡고 있는가? 그리스도교가 지금의 복
잡한 현대 사회와 어떤 연관성이 있을까?"

오 예수님, 내면의 눈을 열어 주소서.
에고는 자신이 옳다는 것을 입증하려 하지만,
나는 더 이상 이를 따르지 않으며,
당신과 온전히 하나 되기를 원합니다.

오 예수님, 환희의 불꽃이,

악마의 교묘한 계책을 불태우게 하소서.
우리의 지구 행성은 변형되어,
황금시대의 탄생을 가져올 것입니다.

3. 사랑하는 예수님, 여성들을 일깨워 그 질문의 답은 그리스도교를 보는 우리의 관점에 달려있음을 알게 하소서.

오 예수님, 내게 주어진 대 지혜의 열쇠를,
이제는 명료하게 깨닫습니다.
이에 내가 그리스도 자아를 받아들이니,
당신의 평화가 내면에 넘칩니다.

오 예수님, 환희의 불꽃이,
악마의 교묘한 계책을 불태우게 하소서.
우리의 지구 행성은 변형되어,
황금시대의 탄생을 가져올 것입니다.

4. 사랑하는 예수님, 여성들을 일깨워 그리스도교가 17세기 전 혹은 20세기 전, 처음 경전이 기록되었을 때 정해진 경계 안에서만 작용해야 하는 고정적인 종교인지 묻게 하소서.

오 예수님, 뱀의 거짓말을 드러내시고,
내 눈의 들보를 보게 해주소서.
당신이 나에게 그리스도의 분별력을 주시니,
나는 영원히 하나됨 안에 거합니다.

오 예수님, 환희의 불꽃이,
악마의 교묘한 계책을 불태우게 하소서.
우리의 지구 행성은 변형되어,
황금시대의 탄생을 가져올 것입니다.

5. 사랑하는 예수님, 여성들을 일깨워 그리스도는 변화를 표현함을 알게 하소서. 상식적이고 이성적인 관점에서, 문화적인 맥락이 전혀 달랐을 때 형성된 교리와 의식(儀式), 남녀관을 고수하는 것은 아무런 의미가 없음을 알게 하소서.

오 예수님, 나는 진실로 온유하며,
나의 다른 뺨도 내어줍니다.
핍박자가 나를 공격할 때,
나는 내면으로 들어가 당신과 하나가 됩니다.

오 예수님, 환희의 불꽃이,
악마의 교묘한 계책을 불태우게 하소서.
우리의 지구 행성은 변형되어,
황금시대의 탄생을 가져올 것입니다.

6. 사랑하는 예수님, 여성들을 일깨워 그리스도교는 특정한 문화적 맥락에서 출현했음을 알게 하소서. 이제 문화적인 맥락이 극적으로 변한 지금, 그리스도 교회가 관련성을 유지하려면 어떤 변화가 일어나야만 합니다.

오 예수님, 나는 에고를 죽게 놓아두며,
모든 지상의 속박을 내려놓습니다.
죽은 자는 죽은 자가 장사 지내게 하며,
나는 당신과 함께 걸어갑니다.

오 예수님, 환희의 불꽃이,
악마의 교묘한 계책을 불태우게 하소서.
우리의 지구 행성은 변형되어,
황금시대의 탄생을 가져올 것입니다.

7. 사랑하는 예수님, 여성들을 일깨워 종교가 사람들과 연관되려면, 반드시 사람들의 일상생활을 개선하는 데 뭔가 도움이 되는 일을 해야 함을 알게 하소서.

오 예수님, 더 높은 사랑을 통해,
내가 악마의 시험을 넘어서게 하소서.
분리된 자아가 비실재임을 보여주시고,
형상을 초월한 내 현존을 드러내소서.

**오 예수님, 환희의 불꽃이,
악마의 교묘한 계책을 불태우게 하소서.
우리의 지구 행성은 변형되어,
황금시대의 탄생을 가져올 것입니다.**

8. 사랑하는 예수님, 여성들을 일깨워 현대 사회의 일상생활에서 사람들이 직면하는 도전은, 가톨릭교회가 형성되었을 때나 몇 세기 전 루터 교회가 형성되었을 때와는 매우 다름을 알게 하소서.

오 예수님, 내게 속한 모든 것을,
나는 다 놓아버리고 당신을 따릅니다.
이로써 나는 모든 시험을 통과하고,
당신과 함께 영원한 휴식을 발견합니다.

**오 예수님, 환희의 불꽃이,
악마의 교묘한 계책을 불태우게 하소서.
우리의 지구 행성은 변형되어,
황금시대의 탄생을 가져올 것입니다.**

9. 사랑하는 예수님, 여성들을 일깨워 그리스도교가 오늘날 사람들이

가진 문제와 관심사를 해결하도록 돕기 위해서는 변화가 필요함을 알게 하소서. 사람들이 그리스도교에서 일상과 관련된 것을 찾지 못한다면, 그들이 어떻게 자신이 그리스도교와 관련이 있다고 느낄 수 있겠으며, 교회가 어떻게 살아남을 수 있겠습니까?

오 예수님, 불꽃 같은 나의 마스터시여,
지금 내 가슴은 당신의 가슴 안으로 녹아듭니다.
가슴과 마음과 영혼을 다하여,
내 지고의 목표인 신을 사랑합니다.

오 예수님, 환희의 불꽃이,
악마의 교묘한 계책을 불태우게 하소서.
우리의 지구 행성은 변형되어,
황금시대의 탄생을 가져올 것입니다.

파트 3

1. 사랑하는 예수님, 여성들을 일깨워 우리가 지구와 같은 행성에서 들어갈 수 있는 기본적인 이원론적 극성은, 지구에 육화하기 위해서는 모든 육화에서 반드시 남자나 여자의 몸 안에 있어야 하는 것임을 알게 하소서.

오 예수님, 내 축복받은 형제시여,
나는 당신이 그려 주는 길을 갑니다.
우리 모두의 위대한 본보기시여,
나는 이제 내면에서 당신의 부름을 따릅니다.

오 예수님, 환희의 불꽃이,
악마의 교묘한 계책을 불태우게 하소서.
우리의 지구 행성은 변형되어,

황금시대의 탄생을 가져올 것입니다.

2. 사랑하는 예수님, 여성들을 일깨워 남자나 여자의 몸 안에 육화하려면 반드시 그 몸에 기반을 둔 자아를 만들어야 하고, 그 자아는 우리가 육화한 곳의 문화적 맥락에 기반을 두게 될 것임을 알게 하소서.

오 예수님, 내면의 눈을 열어 주소서.
에고는 자신이 옳다는 것을 입증하려 하지만,
나는 더 이상 이를 따르지 않으며,
당신과 온전히 하나 되기를 원합니다.

오 예수님, 환희의 불꽃이,
악마의 교묘한 계책을 불태우게 하소서.
우리의 지구 행성은 변형되어,
황금시대의 탄생을 가져올 것입니다.

3. 사랑하는 예수님, 여성들을 일깨워 그리스도의 기능은 우리가 어떤 종류의 분리된 이원론적 자아를 만들었는지와 상관없음을 알게 하소서. 그리스도는 우리가 이 특정한 분리된 자아가 아니고, 따라서 그 자아를 죽게 둘 수 있으며, 그 자아가 죽어도 우리는 죽지 않을 것이라는 관점과 깨달음, 경험을 제공합니다.

오 예수님, 내게 주어진 대 지혜의 열쇠를,
이제는 명료하게 깨닫습니다.
이에 내가 그리스도 자아를 받아들이니,
당신의 평화가 내면에 넘칩니다.

오 예수님, 환희의 불꽃이,
악마의 교묘한 계책을 불태우게 하소서.
우리의 지구 행성은 변형되어,

황금시대의 탄생을 가져올 것입니다.

4. 사랑하는 예수님, 여성들을 일깨워 그리스도교가 그 자신을 초월하지 않고는 현대 민주주의 국가에서 살아남을 수 없음을 알게 하소서. 그리스도교는 반드시 가톨릭교회와 유대교 그리고 구약성서의 역사적인 짐을 초월해야 합니다.

오 예수님, 뱀의 거짓말을 드러내시고,
내 눈의 들보를 보게 해주소서.
당신이 나에게 그리스도의 분별력을 주시니,
나는 영원히 하나됨 안에 거합니다.

오 예수님, 환희의 불꽃이,
악마의 교묘한 계책을 불태우게 하소서.
우리의 지구 행성은 변형되어,
황금시대의 탄생을 가져올 것입니다.

5. 사랑하는 예수님, 여성들을 일깨워 가톨릭 종교는 현재의 형태로는 살아남을 수 없음을 알게 하소서. 문제는 가톨릭교회가 스스로 변혁할 수 있을지 아니면 새로운 형태의 그리스도교가 출현할지 하는 것입니다.

오 예수님, 나는 진실로 온유하며,
나의 다른 뺨도 내어줍니다.
핍박자가 나를 공격할 때,
나는 내면으로 들어가 당신과 하나가 됩니다.

오 예수님, 환희의 불꽃이,
악마의 교묘한 계책을 불태우게 하소서.
우리의 지구 행성은 변형되어,

황금시대의 탄생을 가져올 것입니다.

6. 사랑하는 예수님, 여성들을 일깨워 새로운 형태의 그리스도교가 출현한다면, 상승 마스터 예수 그리스도의 마음에 조율하여 기꺼이 자유로워질 수 있는 여성들이 이것을 주도할 것임을 알게 하소서.

오 예수님, 나는 에고를 죽게 놓아두며,
모든 지상의 속박을 내려놓습니다.
죽은 자는 죽은 자가 장사 지내게 하며,
나는 당신과 함께 걸어갑니다.

오 예수님, 환희의 불꽃이,
악마의 교묘한 계책을 불태우게 하소서.
우리의 지구 행성은 변형되어,
황금시대의 탄생을 가져올 것입니다.

7. 사랑하는 예수님, 여성들을 일깨워 눈에서 갑자기 비늘이 떨어져 나가게 해줄 특정한 아이디어에 그들이 조율할 수 있게 하고, 이를 받아들이게 하소서. 그들은 사람들에게 봉사하는 일과 사람들이 현시대에 직면한 도전들에 대처하도록 돕는 일에 더욱 집중하는 새로운 그리스도 교회를 만들 필요가 있음을 압니다.

오 예수님, 더 높은 사랑을 통해,
내가 악마의 시험을 넘어서게 하소서.
분리된 자아가 비실재임을 보여주시고,
형상을 초월한 내 현존을 드러내소서.

오 예수님, 환희의 불꽃이,
악마의 교묘한 계책을 불태우게 하소서.
우리의 지구 행성은 변형되어,

황금시대의 탄생을 가져올 것입니다.

8. 사랑하는 예수님, 여성들을 일깨워 현대 민주주의 국가의 국민에게 논리적인 다음 단계는, 매슬로우의 욕구 피라미드에 따라 자아-실현의 욕구로 들어가는 것임을 알게 하소서. 사람들이 자아-실현 욕구를 충족하도록 돕기 위해 그리스도의 가르침과 본보기를 이용하는 그리스도 교회를 만드는 일이 가능합니다. 여성들을 일깨워 당신 마음에 조율하여 이 아이디어들을 받아들이게 하소서.

오 예수님, 내게 속한 모든 것을,
나는 다 놓아버리고 당신을 따릅니다.
이로써 나는 모든 시험을 통과하고,
당신과 함께 영원한 휴식을 발견합니다.

오 예수님, 환희의 불꽃이,
악마의 교묘한 계책을 불태우게 하소서.
우리의 지구 행성은 변형되어,
황금시대의 탄생을 가져올 것입니다.

9. 사랑하는 예수님, 여성들을 일깨워 출현할 새로운 형태의 그리스도교에서는, 그리스도교 경전에서 구약을 빼버릴 필요가 있음을 알게 하소서. 보다 다각적인 성서의 배경을 확보하기 위해 영지주의 복음 일부를 포함시킬 필요가 있습니다.

오 예수님, 불꽃 같은 나의 마스터시여,
지금 내 가슴은 당신의 가슴 안으로 녹아듭니다.
가슴과 마음과 영혼을 다하여,
내 지고의 목표인 신을 사랑합니다.

오 예수님, 환희의 불꽃이,

악마의 교묘한 계책을 불태우게 하소서.
우리의 지구 행성은 변형되어,
황금시대의 탄생을 가져올 것입니다.

파트 4

1. 사랑하는 예수님, 여성들을 일깨워 구약을 버릴 필요가 있음을 알게 하소서. 구약이 신의 말씀이며 오류 없는 계시를 통해 주어졌다고 믿는 한, 여성이 남성보다 열등하고, 여성이 전 인류를 추락(downfall) 하게 만든 원인이라고 규정하는 짐을 극복할 수 없습니다.

오 예수님, 내 축복받은 형제시여,
나는 당신이 그려 주는 길을 갑니다.
우리 모두의 위대한 본보기시여,
나는 이제 내면에서 당신의 부름을 따릅니다.

오 예수님, 환희의 불꽃이,
악마의 교묘한 계책을 불태우게 하소서.
우리의 지구 행성은 변형되어,
황금시대의 탄생을 가져올 것입니다.

2. 사랑하는 예수님, 여성들을 일깨워 새로운 형태의 그리스도교는 반드시 이런 전반적인 사고방식을 버려야 함을 알게 하소서. 아니면 현시대에 살아남을 기회가 전혀 없습니다. 우리는 반드시 구약의 짐을 내려놓아야 합니다. 구약을 버리지 않고서는 방법이 없습니다.

오 예수님, 내면의 눈을 열어 주소서.
에고는 자신이 옳다는 것을 입증하려 하지만,
나는 더 이상 이를 따르지 않으며,
당신과 온전히 하나 되기를 원합니다.

오 예수님, 환희의 불꽃이,
악마의 교묘한 계책을 불태우게 하소서.
우리의 지구 행성은 변형되어,
황금시대의 탄생을 가져올 것입니다.

3. 사랑하는 예수님, 여성들을 일깨워 새로운 형태의 그리스도교는 단지 신약성서가 아니라, 성장을 촉진하고 자기-초월을 촉진하는 보편적인 그리스도 마음에 새롭게 조율하는 것이며, 고정된 형태의 그리스도교가 아님을 알게 하소서.

오 예수님, 내게 주어진 대 지혜의 열쇠를,
이제는 명료하게 깨닫습니다.
이에 내가 그리스도 자아를 받아들이니,
당신의 평화가 내면에 넘칩니다.

오 예수님, 환희의 불꽃이,
악마의 교묘한 계책을 불태우게 하소서.
우리의 지구 행성은 변형되어,
황금시대의 탄생을 가져올 것입니다.

4. 사랑하는 예수님, 나는 자기-초월에 바탕을 둔 운동을 원하지 않는 타락한 존재들에 대한 그리스도의 심판을 요청합니다.

오 예수님, 뱀의 거짓말을 드러내시고,
내 눈의 들보를 보게 해주소서.
당신이 나에게 그리스도의 분별력을 주시니,
나는 영원히 하나됨 안에 거합니다.

오 예수님, 환희의 불꽃이,

악마의 교묘한 계책을 불태우게 하소서.
우리의 지구 행성은 변형되어,
황금시대의 탄생을 가져올 것입니다.

5. 사랑하는 예수님, 나는 가톨릭교회가 형성된 이후 우리가 가진 유형의 그리스도교, 즉 자기 초월 능력을 부인하는 그리스도교를 유지하기 원하는 타락한 존재들에 대한 그리스도의 심판을 요청합니다.

오 예수님, 나는 진실로 온유하며,
나의 다른 뺨도 내어줍니다.
핍박자가 나를 공격할 때,
나는 내면으로 들어가 당신과 하나가 됩니다.

오 예수님, 환희의 불꽃이,
악마의 교묘한 계책을 불태우게 하소서.
우리의 지구 행성은 변형되어,
황금시대의 탄생을 가져올 것입니다.

6. 사랑하는 예수님, 나는 오로지 교황만이 그리스도와 직접 접촉한다고 말하는 타락한 존재에 대한 그리스도의 심판을 요청합니다. 오직 성직자들과 사제들만 신과 인간을 중재합니다.

오 예수님, 나는 에고를 죽게 놓아두며,
모든 지상의 속박을 내려놓습니다.
죽은 자는 죽은 자가 장사 지내게 하며,
나는 당신과 함께 걸어갑니다.

오 예수님, 환희의 불꽃이,
악마의 교묘한 계책을 불태우게 하소서.
우리의 지구 행성은 변형되어,

황금시대의 탄생을 가져올 것입니다.

7. 사랑하는 예수님, 여성들을 일깨워 어떤 인간이나 어떤 인간의 제도도 영과 인간 사이의 중재자가 아니라는 것이 당신의 주된 메시지임을 알게 하소서. 오직 그리스도만이 중재자이며, 그리스도는 우리가 지구에서 만들 수 있는 모든 분리를 초월한 보편적인 마음입니다.

오 예수님, 더 높은 사랑을 통해,
내가 악마의 시험을 넘어서게 하소서.
분리된 자아가 비실재임을 보여주시고,
형상을 초월한 내 현존을 드러내소서.

**오 예수님, 환희의 불꽃이,
악마의 교묘한 계책을 불태우게 하소서.
우리의 지구 행성은 변형되어,
황금시대의 탄생을 가져올 것입니다.**

8. 사랑하는 예수님, 여성들을 일깨워 그리스도는 언제나 모든 사람을 위해 그곳에 있으며, 우리 안에 있는 신의 왕국에 계심을 알게 하소서. 그리스도는 의식의 상태입니다.

오 예수님, 내게 속한 모든 것을,
나는 다 놓아버리고 당신을 따릅니다.
이로써 나는 모든 시험을 통과하고,
당신과 함께 영원한 휴식을 발견합니다.

**오 예수님, 환희의 불꽃이,
악마의 교묘한 계책을 불태우게 하소서.
우리의 지구 행성은 변형되어,
황금시대의 탄생을 가져올 것입니다.**

9. 사랑하는 예수님, 여성들을 일깨워 신의 왕국은 우리가 제한적인 자아를 가지고 있음을 인식하는 능력이며, 그리스도를 따르고 더 높은 의식으로 올라가 더 높은 자아감으로 다시 태어나기 위해, 그 자아를 죽게 놔두겠다고 기꺼이 결정할 수 있는 능력임을 알게 하소서.

오 예수님, 불꽃 같은 나의 마스터시여,
지금 내 가슴은 당신의 가슴 안으로 녹아듭니다.
가슴과 마음과 영혼을 다하여,
내 지고의 목표인 신을 사랑합니다.

오 예수님, 환희의 불꽃이,
악마의 교묘한 계책을 불태우게 하소서.
우리의 지구 행성은 변형되어,
황금시대의 탄생을 가져올 것입니다.

봉인
I AM THAT I AM의 이름으로, 나는 대천사 미카엘과 아스트레아와 쉬바께서 나와 모든 건설적인 사람 주위에 뚫을 수 없는 보호막을 형성하여, 우리를 네 옥타브 안에 있는 모든 두려움 기반의 에너지로부터 봉인해 주심을 받아들입니다. 나는 신의 빛(Light of God)이 지구 여성들을 자유롭게 하는 데 저항하는, 어둠의 힘을 구성하는 두려움 기반의 모든 에너지를 변형하고 소멸하고 있음을 받아들입니다
.

▶ 아이앰 출판사 연락처
· 이 책의 오류 및 아래 내용과 관련된 문의 사항은 메일로 해 주세요.
· biosoft@naver.com (리얼셀프)

▶전체 용어집
  cafe.naver.com/christhood/2411 (그리스도 의식을 추구하며 카페)
  이 책에 나오지 않는 용어는 카페의 용어집을 참조하거나 카페에서 검색
및 질문을 할 수 있습니다.

▶온라인, 오프라인 모임 및 행사 안내
· 공부 모임: 서울, 분당, 대전, 대구, 부산 지역별 매달 1~2회 주말 모임
  (공부를 하기 위한 진지한 목적으로는 누구나 참여 가능함)
· 온라인 기원문 낭송: 카페에서 매주 1~2회 저녁에 공동 기원문 낭송
· 성모 마리아 500 세계 기원: 매월 마지막 일요일 개최
  (오후 3시~7시 또는 8시~12시. 전 세계적으로 같은 시간에 진행)
· 상승 마스터 국제 컨퍼런스 및 웨비나: 한국에서 매년 또는 정기적 개최
  (한국, 유럽, 러시아, 미국 등에서 개최함)
· 더 상세한 내용은 네이버 카페 공지사항을 참조하시기 바랍니다.
  (cafe.naver.com/christhood)

▶ 자아통달 과정

상승 마스터들은 2012년부터 매년 한 광선에 해당하는 자아통달 시리즈의 책을 킴 마이클즈를 통해서 전해주고 있습니다. 이 과정은 책만 구매하면 별도의 비용이 들지 않고 개인적으로 누구나 수행할 수 있습니다. 처음 수행하는 분은 비영리 단체인 '그리스도 의식을 추구하며' 카페에서 진행과 관련하여 도움을 받을 수 있습니다.

· 단계별로 아래의 책을 구매 후 개인적으로 수행을 해도 됩니다.
  (카페에서 번역서 구매 가능. 일부 책은 www.yes24.com에서 구매 가능)
· 초기에는 오프라인 모임, '자아통달' 메뉴에서 도움을 받을 수 있습니다.
· 책을 읽고 기원문을 낭송하는 방식으로 진행됩니다.
· 수행 시간은 매일 약 20분~40분 내외입니다.

자아통달 시리즈 책 (킴 마이클즈 저)
(카페에서 한글판 서적 구입 가능)

한글 서적 명	시리즈
'영원한 나'를 찾아가는 여정	1
내면의 창조적인 힘 (1광선)	3
'신성한 지혜'를 찾아가는 여정 (2광선)	4
'조건 없는 사랑'을 찾아가는 여정 (3광선)	5
'영적인 순수함'을 찾아가는 여정 (4광선)	6
'초월적인 비전'을 찾아가는 여정 (5광선)	7
'내면의 평화'를 찾아가는 여정 (6광선)	8
'영원한 자유'를 찾아가는 여정 (7광선)	9
생명의 강과 함께 흐르기 (8광선) (내면의 영체들을 초월하기)	2

주의 사항: 상승 마스터 가르침을 처음 접하면, 몇 권의 책을 읽고, 기원문을 일정 기간 낭송하면서 자신에게 적합한지 살펴본 후에 이 과정을 시작하세요. 이 과정 전체를 마치는데 약 2년 소요됩니다.

▶그리스도 신성 과정

이 과정은 그리스도 신성의 마스터키(Master Keys to Personal Christhood) 책으로 진행하며, 2008년도에 킴 마이클즈가 예수님께서 준 메시지를 책으로 출판했습니다. (카페에서 구입 가능)

이 과정은 예수님과 스승-제자 관계가 되어 그리스도 의식으로 올라가는 과정입니다. 2,000년 전에 예수님께서 제자들에게 모든 것을 말해주셨다는 얘기들 읽었으리라 봅니다. 이 시대에 다시 예수님이 직접 그리스도가 되는 길을 갈 제자를 모집하고 있습니다.

예수님도 육화 중에 이 과정을 동일하게 밟았다고 합니다. 특히 다른 메시지에 언급되듯이, 예수님이 이 과정을 시작할 당시에 이미 높은 의식 수준을 달성해 있었지만, 처음부터 단계를 밟아서 올라갔다고 합니다. 마찬가지로, 여기 온 모든 분들도 자신의 의식 수준을 내세우지 말고 바닥부터 차근차근 올라가시기 바랍니다.

모두 17개의 열쇠가 있으며 열쇠마다 기원문을 낭송하고 메시지의 일부를 읽는 과정을 33일간 실천하라고 제안하고 있습니다. 각 열쇠에 메시지가 있습니다. 메시지를 전체 읽고 나서 기원문을 하시면 됩니다. 그리고 33일간 기원문을 하기 전에 메시지 중 일부를 읽고 생활하면서 숙고하는 과정으로 진행됩니다. 예수님께서 마음속으로 어떤 아이디어와 가르침을 주십니다.

• 책을 보면서 카페의 '그리스도 과정' 메뉴 또는 오프라인 모임에서 도움을 받을 수 있습니다.
• 단계별로 책의 내용을 일부 읽고, 로자리 또는 기원문을 매일 약 40분 내외 낭송합니다. 단계별 33일간 매일 계속합니다.
• 총 17단계이며, 책에 나오는 예수님의 가르침에 따라서 진행합니다.

주의 사항: 상승 마스터 가르침을 처음 접하면, 몇 권의 책을 읽고, 기원문을 일정 기간 낭송하면서 자신에게 적합한지 살펴본 후에 이 과정을 시작하세요. 이 과정 전체를 마치는데 약 2년 소요됩니다.

▶ 힐링 과정

'예수와 함께했던 나의 생애들' 책은 지구에 육화한 어느 존재의 수많은 전생 이야기를 통해 지구 문명과 예수 그리스도의 사명과 악의 기원에 대해 깊은 통찰을 제시하는 자서전적 소설입니다.

'힐링 트라우마' 책은 소설 '예수와 함께했던 나의 생애들'과 짝을 이루는 수행서(workbook)입니다. 그 소설은 많은 영적인 사람이 자원자나 "아바타"로 지구에 오게 되었다는 개념을 소개합니다. 우리는 그때 지구에서 겪은 경험의 결과로 깊은 영적인 트라우마를 받았습니다.

아래의 책들은 이러한 개념에 대한 더 많은 가르침을 포함하고 있습니다. 또한, 여러분이 그 트라우마들을 치유하고, 이 행성에서의 삶의 태도에서 모든 부정성을 극복할 수 있도록 도울 수 있는, 실제적인 도구들을 포함하고 있습니다. 이 책을 활용하기 전에 우선 '예수와 함께했던 나의 생애들' 소설을 읽어볼 것을 권합니다. 그 소설이 여러분이 치유 과정을 시작하도록 도울 수 있는 중요한 가르침을 많이 포함하고 있기 때문입니다.

· 단계별로 아래의 책을 구매 후 개인적으로 수행을 해도 됩니다.
 (카페에서 번역서 구매 가능. 일부 책은 www.yes24.com에서 구매 가능)
· 초기에는 오프라인 모임, '힐링 과정' 메뉴에서 도움을 받을 수 있습니다.
· 책을 읽고 기원문을 낭송하는 방식으로 진행됩니다.

아바타 시리즈 책 (킴 마이클즈 저)
(카페에서 한글판 서적 구입 가능)

한글 서적 명	시리즈
예수와 함께했던 나의 생애들	1
힐링 트라우마	2
신성한 계획 완성하기	3
최상의 영적인 잠재력 구현하기	4
지구에서 평화롭게 존재하기	5